HANDELSRECHT

2019

Patrick Braasch
Rechtsanwalt

ALPMANN UND SCHMIDT Juristische Lehrgänge Verlagsges. mbH & Co. KG
48143 Münster, Alter Fischmarkt 8, 48001 Postfach 1169, Telefon (0251) 98109-0
AS-Online: www.alpmann-schmidt.de

Zitiervorschlag: Braasch, Handelsrecht, Rn.

Braasch, Patrick
Handelsrecht
18. Auflage 2019
ISBN: 978-3-86752-667-8

Verlag Alpmann und Schmidt Juristische Lehrgänge
Verlagsgesellschaft mbH & Co. KG, Münster

INHALTSVERZEICHNIS

LITERATURVERZEICHNIS

Verweise in den Fußnoten auf „RÜ“ und „RÜ2“ beziehen sich auf die Ausbildungszeitschriften von Alpmann Schmidt. Dort werden Urteile so dargestellt, wie sie in den Examensklausuren geprüft werden: in der RechtsprechungsÜbersicht als Gutachten und in der Rechtsprechungs-Übersicht 2 als Urteil/Behördenbescheid/Anwaltsschriftsatz etc.

RÜ-Leser wussten mehr: Immer wieder orientieren sich Examensklausuren an Gerichtsentscheidungen, die zuvor in der RÜ klausurmäßig aufbereitet wurden. Die aktuellsten RÜ-Treffer aus ganz Deutschland finden Sie auf unserer Homepage.

Abonnenten haben Zugriff auf unser digitales RÜ-Archiv.

Bamberger/Roth	Beck´scher Online Kommentar BGB Stand 01.11.2018 (zitiert: BeckOK-BGB/Bearbeiter)
Baumbach/Hopt	Handelsgesetzbuch 38. Auflage 2018
Brox/Henssler	Handels- und Wertpapierrecht 22. Auflage 2016
Canaris	Handelsrecht 24. Auflage 2006
Ebenroth/Boujong/Joost/ Strohn	Handelsgesetzbuch Band 1, §§ 1–342 e (3. Auflage 2014) Band 2, §§ 343–475 h (3. Auflage 2015) zitiert: EBJS/Bearbeiter
Ensthaler	Gemeinschaftskommentar zum HGB 8. Auflage 2015 zitiert: GK/Bearbeiter
Giesler/Nauschütt	Franchiserecht 3. Auflage 2015
Heidelberger Kommentar	Handelsgesetzbuch 7. Auflage 2007 zitiert: HK/Bearbeiter
Heidel/Schall	Handelsgesetzbuch 2. Auflage 2015

Ingerl/Rohnke	Markengesetz 3. Auflage 2010
Koller/Kindler/Roth/Morck	Handelsgesetzbuch 8. Auflage 2015
Münchener Kommentar	Bürgerliches Gesetzbuch Band 1: §§ 1–240 (8. Auflage 2018) Band 6: §§ 705–853 (7. Auflage 2017) Band 7: §§ 854–1296 (7. Auflage 2017) zitiert: MünchKommBGB/Bearbeiter
Münchener Kommentar	Handelsgesetzbuch Band 1: §§ 1–104 a (4. Auflage 2016) Band 5: §§ 343–406, CISG (4. Auflage 2018) Band 7: §§ 407–457 h (3. Auflage 2014) zitiert: MünchKommHGB/Bearbeiter
Musielak/Voit	Zivilprozessordnung 15. Auflage 2018 zitiert: Musielak/Voit/Bearbeiter
Oetker	Handelsgesetzbuch, Kommentar 5. Auflage 2017
Palandt	Bürgerliches Gesetzbuch 77. Auflage 2018 zitiert: Palandt/Bearbeiter
Röhricht/Graf v. Westphalen/ Haas	HGB Kommentar 4. Auflage 2014 zitiert: Röhricht/v. Westphalen/Haas/Bearbeiter
Schmidt	Handelsrecht 6. Auflage 2014
Staub	Handelsgesetzbuch Großkommentar Band 1: Einleitung; §§ 1–47 b 5. Auflage 2009 Band 2: §§ 48–104 5. Auflage 2008 Band 4: §§ 343–382 4. Auflage 2004

	Band 9: §§ 373–376, 383–406 5. Auflage 2013
	Band 12: §§ 407–424, 436–442 5. Auflage 2014
	zitiert: Staub/Bearbeiter
Staudinger	J. v. Staudingers Kommentar zum Bürgerlichen Gesetzbuch mit Einführungsgesetz und Nebengesetzen
	Buch 2: Recht der Schuldverhältnisse §§ 433–480 (2014)

Überblick

Das Handelsrecht ist das **besondere Privatrecht der Kaufleute**. Es dient den Anforderungen des Wirtschaftsverkehrs, für den das bürgerliche Recht nicht immer ausreichende Regelungen enthält („Im Handelsrecht weht ein härterer Wind"). So sind die Bedürfnisse des kaufmännischen Rechtsverkehrs insbesondere gerichtet auf: 1

- rasche Abwicklung (z.B. unverzügliche Mängelrüge, § 377 HGB),
- Rechtsklarheit, Publizität und erhöhten Vertrauensschutz (§§ 5, 15, 366 HGB),
- stärkere Bindung an Bräuche und Gepflogenheiten, § 346 HGB,
- Professionalität, insbesondere Entgeltlichkeit, §§ 353, 354 HGB,
- Selbstverantwortung des Handelnden, §§ 348 ff. HGB u.a.

Das Handelsrecht steht aber nicht isoliert neben dem BGB, sondern ist mit diesem eng verknüpft. So werden manche Regelungen des bürgerlichen Rechts durch das Handelsrecht lediglich ergänzt (für die Mängelgewährleistung z.B. § 377 HGB neben §§ 434 ff. BGB), andere durch Sondernormen ersetzt (nach § 350 HGB sind die Formvorschriften der §§ 766 S. 1, 780, 781 BGB unanwendbar). Man kann sich das HGB als das sechste Buch des BGB vorstellen.

Nach Art. 2 Abs. 1 EGHGB kommen in Handelssachen die Vorschriften des BGB nur insoweit zur Anwendung, als nicht im HGB etwas anderes bestimmt ist. Das HGB hat damit als spezielleres Gesetz Vorrang gegenüber dem allgemeineren BGB.

Zum Handelsrecht im engeren Sinne gehören 2

- das Recht des **Handelsstands** (1. Buch des HGB, also das Recht der Kaufleute und ihrer Hilfspersonen) und
- das Recht der **Handelsgeschäfte** (4. Buch des HGB).

Nur diese beiden Gebiete werden im Folgenden dargestellt.

Im weiteren Sinne zählen zum Handelsrecht auch das Recht der Handelsgesellschaften (§§ 105 ff. HGB [2. Buch des HGB], AktG, GmbHG, GenG), die Vorschriften über die Handelsbücher (3. Buch des HGB: §§ 238–342 e HGB), das Bank- und Börsenrecht, das Wettbewerbs- und Markenrecht, das Wertpapierrecht, das Versicherungsrecht und das Seehandelsrecht (5. Buch des HGB: §§ 476 ff. HGB). Diese Rechtsgebiete bleiben hier außer Betracht. Soweit sie für das Examen von Bedeutung sind, wird auf das AS-Skript Gesellschaftsrecht verwiesen.

Maßgebend für die Anwendbarkeit des Handelsrechts ist der Begriff des **Kaufmanns**. 3
Die Abgrenzung zum übrigen Zivilrecht erfolgt also nach einem **subjektiven System**. Hierbei handelt es sich um eine Fortwirkung des Ständewesens. Entscheidend ist nicht der Inhalt des Rechtsgeschäfts („was?"), sondern der Status der beteiligten Personen („wer?").

Anders das objektive System in anderen Rechtsordnungen, bei dem ein bestimmter Inhalt des einzelnen Rechtsgeschäftes über die Anwendung von Sondernormen entscheidet.

Grundsätzlich gilt das Handelsrecht demnach **nur für Kaufleute**. Zum Teil wird dieses subjektive System jedoch mit objektiven Kriterien verbunden: So sind die Regeln über Handelsgeschäfte in den §§ 343 ff. HGB teilweise auch dann anwendbar, wenn an dem Geschäft auf einer Seite ein Nichtkaufmann beteiligt ist (vgl. § 345 HGB).

In Ausnahmefällen gelten handelsrechtliche Vorschriften auch für Nichtkaufleute:

Nach den §§ 84 Abs. 4, 93 Abs. 3 und 383 Abs. 2 S. 1 HGB gelten die Vorschriften über Handelsvertreter, Handelsmakler und Kommissionäre auch dann, wenn das jeweilige Unternehmen nach Art oder Umfang einen in kaufmännischer Weise eingerichteten Geschäftsbetrieb nicht erfordert. Auch die Regeln über das Frachtgeschäft, Speditionsgeschäft und Lagergeschäft setzen keinen kaufmännischen, sondern lediglich einen gewerblichen Betrieb voraus. Darüber hinaus sind beim Kommissionsgeschäft, Frachtgeschäft, Speditionsgeschäft und Lagergeschäft die allgemeinen Vorschriften über die Handelsgeschäfte (4. Buch, 1. Abschnitt, §§ 343–372 HGB) mit Ausnahme der §§ 348–350 HGB anwendbar (§§ 383 Abs. 2 S. 2, 407 Abs. 3 S. 2, 453 Abs. 3 S. 2, 467 Abs. 3 S. 2 HGB).

Nach Rechtsscheinsgrundsätzen können handelsrechtliche Normen für Scheinkaufleute gelten (vgl. unten Rn. 235 ff.).

Diese Ausnahmen ändern nichts an der grundsätzlichen Konzeption, dass das Handelsrecht ein Sonderprivatrecht für Kaufleute ist. In der Klausur ist häufig die entscheidende Frage, ob die beteiligten Personen Kaufleute und Sondernormen des HGB demnach anwendbar sind. Während der Großteil der rechtlichen Probleme in der Regel im bürgerlichen Recht angesiedelt ist, führt dann innerhalb der Prüfung ein Exkurs in das HGB.

Beispiel: A erklärt sich telefonisch gegenüber B bereit, für eine Verbindlichkeit des C zu bürgen. Als C bei Fälligkeit nicht zahlt, nimmt B den A aus der Bürgschaft in Anspruch.

Nach dem BGB hat B keinen Anspruch gegen A aus § 765 Abs. 1 BGB, da das Schriftformerfordernis des § 766 BGB nicht eingehalten wurde. Anders sieht es jedoch aus, wenn die Bürgschaft für A ein Handelsgeschäft ist. Dann findet § 766 BGB nach § 350 HGB keine Anwendung. Handelsgeschäfte sind nach § 343 Abs. 1 HGB alle Geschäfte eines Kaufmanns, die zum Betrieb seines Handelsgewerbes gehören. Entscheidend für den Anspruch des B ist also die Frage, ob A Kaufmann ist.

4 Der Begriff des Kaufmanns darf nicht mit dem des **Unternehmers** verwechselt werden, § 14 BGB. Letzterer stammt aus dem Verbraucherschutzrecht der EU und bildet den Gegenbegriff zum Verbraucher, § 13 BGB. Trotz vieler Überschneidungen ist der Unternehmerbegriff weiter als der Kaufmannsbegriff. Gewerbliche Tätigkeiten i.S.d. § 14 Abs. 1 BGB umfassen jedes planmäßige Anbieten von Waren und Dienstleistungen gegen Entgelt. Es kommt nicht darauf an, ob die weiteren Voraussetzungen der Kaufmannseigenschaft (siehe im Folgenden) vorliegen.

1. Abschnitt: Der Kaufmann

Die Kaufmannseigenschaft einer Person bestimmt sich nach den §§ 1–6, 105 HGB.

5
- Nach § 1 Abs. 1 HGB ist Kaufmann, „wer ein Handelsgewerbe betreibt". Was als Handelsgewerbe anzusehen ist, bestimmen § 1 Abs. 2 HGB und § 2 HGB.
- Für Betriebe der Land- und Forstwirtschaft gilt als Sonderregelung § 3 HGB.
- Formkaufleute gemäß § 6 Abs. 2 HGB sind u.a. die GmbH, die AG, die KGaA (Kommanditgesellschaft auf Aktien) und die Genossenschaft.
- Auch ohne den Betrieb eines Handelsgewerbes ist nach § 105 Abs. 2 HGB die eingetragene Vermögensverwaltungsgesellschaft Kaufmann.
- Gemäß § 5 HGB müssen sich im Handelsregister eingetragene Gewerbetreibende als Kaufleute behandeln lassen.
- Nach Rechtsscheinsgrundsätzen (§ 5 HGB analog, § 242 BGB) werden unter bestimmten Voraussetzungen die für Kaufleute geltenden Vorschriften auch auf Nichtkaufleute angewandt.

A. Kaufmann nach §§ 1 und 2 HGB

Nach § 1 Abs. 1 HGB ist Kaufmann, „wer ein Handelsgewerbe betreibt“. 6

- Ein Handelsgewerbe setzt voraus,
  - dass die ausgeübte Tätigkeit überhaupt ein **Gewerbe** darstellt und
  - nach den §§ 1 und 2 HGB als **Handels**gewerbe zu behandeln ist.
- Das Handelsgewerbe muss **betrieben** werden.

I. Der Begriff des Gewerbes

Gewerbe ist nach h.M. jede äußerlich erkennbare, selbstständige, planmäßig auf gewisse Dauer, zum Zwecke der Gewinnerzielung (bzw. entgeltlich) ausgeübte Tätigkeit, die nicht „freier Beruf“ ist. Umstritten ist, ob und inwieweit die Tätigkeit „erlaubt“ sein muss. 7

Der Begriff des Gewerbes und die Abgrenzung zu den freien Berufen sind auch in anderen Rechtsgebieten relevant, so etwa im öffentlich-rechtlichen Gewerberecht (GewO) sowie im Steuerrecht (§§ 15 Abs. 2, 18 Abs. 1 Nr. 1 EStG, § 2 GewStG).

- Die Tätigkeit muss **nach außen** hin in Erscheinung treten. 8

  Die innere, für Dritte nicht erkennbare Absicht reicht allein nicht aus, wie z.B. das heimliche Spekulieren an der Börse oder die stille Beteiligung an einem Handelsgewerbe (§ 230 HGB). Auch Besitzgesellschaften und reine Vermögensverwaltungsgesellschaften treten nicht nach außen hin auf und betreiben damit kein Gewerbe.[1] Sie können aber nach § 105 Abs. 2 S. 2 HGB i.V.m. § 2 S. 2 HGB in das Handelsregister eingetragen werden und sind dann als Handelsgesellschaften gemäß § 6 Abs. 1 HGB Kaufleute.

- Es muss eine **rechtliche**, nicht notwendigerweise wirtschaftliche **Selbstständigkeit** vorliegen. Abgrenzungskriterien zur unselbstständigen Tätigkeit enthält für den Handelsvertreter § 84 Abs. 1 S. 2 HGB, die aber auch in anderen Fällen herangezogen werden können. Danach ist selbstständig, wer im Wesentlichen frei seine Tätigkeit gestalten und seine Arbeitszeit bestimmen kann.[2] 9

- Zum Begriff des Gewerbes gehört weiterhin, dass es **planmäßig auf gewisse Dauer**, also nicht nur gelegentlich betrieben wird. 10

  Die Arbeitsgemeinschaft (Arge) als Zusammenschluss von Fachunternehmen zur gemeinsamen Durchführung eines Bauvorhabens wird grundsätzlich nicht gewerblich tätig. Da die Bau-Arge nur einmalig gegenüber einem einzelnen Bauherrn oder gegenüber einer bestimmten Anzahl von Bauherrn tätig wird, fehlt es an einer planmäßigen, auf Dauer ausgerichteten Tätigkeit.[3] Als nicht gewerblich tätiger Zusammenschluss ist die Arge eine Gesellschaft bürgerlichen Rechts.[4] Bei umfangreichen Bauvorhaben wird teilweise eine gewerbliche Tätigkeit der Arge bejaht und eine OHG angenommen.[5] Nach h.M. ist jedoch nicht der Umfang des Bauvorhabens entscheidend, sondern die Frage, ob sich der Zweck der Arge auf ein Bauvorhaben beschränkt (was regelmäßig der Fall ist) oder ob ausnahmsweise eine Vielzahl von Bauvorhaben durchgeführt werden sollen. Nur im letzteren Fall ist eine gewerbliche Tätigkeit zu bejahen.[6]

---

1 K. Schmidt ZIP 1997, 909, 914; Schön DB 1998, 1169.

2 Zur Abgrenzung Selbstständiger/Arbeitnehmer vgl. AS-Skript Arbeitsrecht (2019), Rn. 17 ff.

3 K. Schmidt DB 2003, 703, 704.

4 BGHZ 170, 206.

5 OLG Dresden DB 2003, 703; LG Bonn ZIP 2003, 2160.

6 MünchKommBGB/Ulmer Vor § 705 Rn. 43; K. Schmidt DB 2003, 703, 705; Schmitz EWiR 2004, 341, 342; OLG Karlsruhe BauR 2006, 1190; offengelassen in BGHZ 155, 240, 245; BGH NJW 2006, 2250.

11 ■ Ob für ein Gewerbe eine **Gewinnerzielungsabsicht** erforderlich ist, ist umstritten.

- Insbesondere nach der Rspr. muss die Tätigkeit **auf Gewinnerzielung gerichtet** sein, d.h. es muss die Absicht bestehen, einen Überschuss der Einnahmen über die Ausgaben zu erzielen.[7] Ob tatsächlich ein Gewinn erwirtschaftet wird, ist dagegen unerheblich.[8] Bei einem Privatunternehmen wird die Gewinnerzielungsabsicht vermutet. Dagegen muss sie bei einem Unternehmen der öffentlichen Hand im Einzelfall festgestellt werden.
- In der Lit. wird vertreten, dass eine Gewinnerzielungsabsicht für den Gewerbebegriff entbehrlich sei.[9] Überwiegend wird dabei angenommen, dass anstelle der Gewinnerzielungsabsicht zu prüfen sei, ob eine **anbietende, entgeltliche Tätigkeit** am Markt gegeben ist.[10]
- Die Frage der Gewinnerzielungsabsicht hat nur geringe praktische Bedeutung. Sie ist zumeist für Unternehmen der öffentlichen Hand diskutiert worden, z.B. bei Eigenbetrieben einer Gemeinde (z.B. Stadtwerken)[11] oder der ehemaligen Bundesbahn.[12] Die Frage hat jedoch zunehmend an Bedeutung verloren, da öffentliche Unternehmen in der Regel als zivilrechtliche Gesellschaften (AG, GmbH) betrieben werden. Diese Gesellschaften sind Handelsgesellschaften und als solche gemäß § 6 Abs. 1 HGB Kaufleute, unabhängig von der Frage, ob sie ein Gewerbe betreiben.
- Für das Merkmal der gewerblichen Tätigkeit i.S.d. § 14 Abs. 1 BGB (Unternehmereigenschaft) hat der BGH eine Gewinnerzielungsabsicht nicht für erforderlich gehalten; eine Entgeltlichkeit der Tätigkeit reicht hier aus.[13]

12 ■ Als „negatives Tatbestandsmerkmal" setzt der Begriff des Gewerbes voraus, dass die Tätigkeit **nicht** zu den **freien Berufen** gehört, die durch Tätigkeiten „höherer Art" geprägt sind. Diese Ausnahme rechtfertigt sich heute allein aus historischen Gründen und aus der sozialen Anschauung. Deshalb üben z.B. Ärzte, Zahnärzte, Rechtsanwälte, Notare, Wirtschaftsprüfer, Steuerberater und Architekten kein Gewerbe aus. Oftmals wird dies durch Spezialgesetze bestimmt.

§ 2 BRAO: „Der Rechtsanwalt übt einen freien Beruf aus. Seine Tätigkeit ist kein Gewerbe."; ähnlich § 1 Abs. 2 der Bundesärzteordnung, § 1 Abs. 4 des Zahnheilkundegesetzes, § 32 Abs. 2 des Steuerberatungsgesetzes u.a.

§ 18 Abs. 1 des Einkommensteuergesetzes (EStG) und § 1 Abs. 2 des Partnerschaftsgesellschaftsgesetzes (PartGG) enthalten (identische) Aufzählungen freier Berufe. Die damit beschriebenen Begriffe gelten jedoch nur für die jeweiligen Gesetze.[14] Der Begriff der freien Berufe i.S.d. EStG und PartGG

---

7 OLG Düsseldorf NJW-RR 2003, 1120.

8 Zu § 196 Abs. 1 Nr. 1 BGB a.F.: BGHZ 74, 273, 276; BGHZ 83, 382, 386; BGHZ 95, 155, 157; BGH NVwZ 1991, 606; zu § 1 HGB: BGHZ 114, 257, 258; GK/Ensthaler § 1 Rn. 2 b.

9 K. Schmidt § 9 IV 2 d, S. 288 ff.; Staub/Oetker § 1 Rn. 39; MünchKommHGB/K. Schmidt § 1 Rn. 31; Baumbach/Hopt § 1 Rn. 15 ff.; HK/Ruß § 1 Rn. 33; Röhricht/v. Westphalen/Haas/Haas/Röhricht § 1 Rn. 50; EBJS/Kindler § 1 Rn. 27; Koller/Kindler/Roth/Morck § 1 Rn. 10; Canaris § 2 Rn. 14.

10 OLG Dresden DB 2003, 703; K. Schmidt § 9 IV 2 d, S. 288 ff.; MünchKommHGB/K. Schmidt § 1 Rn. 28, 31; EBJS/Kindler § 1 Rn. 27; Koller/Kindler/Roth/Morck § 1 Rn. 10; Canaris § 2 Rn. 3.

11 BGH NVwZ 1991, 606.

12 BGHZ 95, 155.

13 BGHZ 155, 240, 245; BGH NJW 2006, 2250.

14 MünchKommHGB/K. Schmidt § 1 Rn. 36; Röhricht/v. Westphalen/Haas/Haas/Röhricht § 1 Rn. 67 ff.; Koller/Kindler/Roth/Morck § 1 Rn. 13; GK/Ensthaler § 1 Rn. 6.

ist für das Handelsrecht zu weit. In § 18 Abs. 1 EStG und § 1 Abs. 2 PartGG sind z.B. Journalisten und Bildberichterstatter als freie Berufe genannt. Ein Pressebildservice ist aber ein Gewerbe und kein freier Beruf i.S.d. Handelsrechts. Auch Ingenieure sind nach § 18 Abs. 1 EStG, § 1 Abs. 2 PartGG den Freiberuflern zugeordnet, werden aber – bei Entwicklung und Vertrieb von Software – als Gewerbetreibende im Sinne des Handelsrechts angesehen.[15]

Aufgrund der Verkehrsanschauung unterfallen **wissenschaftliche und künstlerische Tätigkeiten** ebenso wie die freien Berufe nicht dem handelsrechtlichen Gewerbebegriff.[16]

Als wissenschaftliche Tätigkeit in diesem Sinne wird nur die ursprüngliche wissenschaftliche Schöpfung angesehen, z.B. die Ausarbeitung von Gutachten und Vorträgen.[17] Die künstlerische Tätigkeit sollte zumindest einen gewissen gestalterischen Anspruch und eine „Einmaligkeit" haben, die z.B. bei einem Siebdruck noch gewahrt ist, aber beim Kunstgewerbe fehlt.

- Fraglich ist, ob und inwieweit die Tätigkeit **„erlaubt"** sein muss. Aus § 7 HGB ergibt sich, dass eine öffentlich-rechtliche Erlaubnis nicht als Voraussetzung für ein Gewerbe angesehen werden kann. Umstritten ist, ob der Gewerbebegriff ein „Erlaubtsein" in dem Sinne voraussetzt, dass die in dem Betrieb typischerweise abgeschlossenen Geschäfte nicht gesetzeswidrig oder sittenwidrig (§§ 134, 138 BGB) sein dürfen. 13
  - Nach der traditionellen und wieder zunehmend vertretenen Lehre muss die beabsichtigte gewerbliche Tätigkeit den Abschluss rechtlich wirksamer Verträge zum Gegenstand haben. Gewerbsmäßiger Wucher, Hehlerei und Schmuggel begründen danach kein Gewerbe.[18]
  - Die Gegenansicht bejaht auch bei einer gesetzes- oder sittenwidrigen Tätigkeit ein Gewerbe. Der Gewerbebegriff sei nicht dazu da, „Gut und Böse" zu trennen. Im Übrigen sei der Streit eher akademisch. Die Prüfung, ob ein nach § 134 BGB nichtiger Kaufvertrag ein Handelskauf sei, mache keinen Sinn. Auch würden z.B. Streitigkeiten zwischen Waffenhändlern wohl kaum vor den Kammern für Handelssachen ausgetragen.[19]

II. Handelsgewerbe nach §§ 1 und 2 HGB

Nach § 1 Abs. 2 HGB ist **jeder Gewerbebetrieb** ein Handelsgewerbe, es sei denn, dass das Unternehmen nach Art oder Umfang einen in kaufmännischer Weise eingerichteten Gewerbebetrieb nicht erfordert (Kleingewerbe). 14

Gemäß § 2 HGB gilt jedes **im Handelsregister eingetragene** gewerbliche Unternehmen als Handelsgewerbe, selbst wenn es „nicht schon nach § 1 Abs. 2 Handelsgewerbe ist", d.h. auch dann, wenn es sich um ein Kleingewerbe handelt, das nach Art und Umfang einen kaufmännischen Geschäftsbetrieb nicht erfordert. Kleingewerbe sind grundsätzlich nicht kaufmännisch, sie können sich aber im Handelsregister eintragen lassen.

---

15 BayObLG NJW-RR 2002, 968; kritisch Siems NJW 2003, 1296, 1297.

16 MünchKommHGB/K. Schmidt § 1 Rn. 32; Baumbach/Hopt § 1 Rn. 19; K. Schmidt § 9 IV 2 a cc, S. 282.

17 MünchKommHGB/K. Schmidt § 1 Rn. 33.

18 HK/Ruß § 1 Rn. 38; GK/Ensthaler § 1 Rn. 9; Staub/Oetker § 1 Rn. 42; Brox/Henssler Rn. 27; für strafbare Handlungen Koller/Kindler/Roth/Morck § 1 Rn. 11.

19 K. Schmidt § 9 IV 2 b cc, S. 286; MünchKommHGB/K. Schmidt § 1 Rn. 29; EBJS/Kindler § 1 Rn. 31; Canaris § 2 Rn. 13; Baumbach/Hopt § 1 Rn. 21.

Hieraus ergibt sich folgendes Prüfungsschema:

- Ist das Unternehmen im Handelsregister eingetragen?
- Falls nicht: Ist nach Art und Umfang ein kaufmännischer Betrieb erforderlich?

Gewerbebetriebe

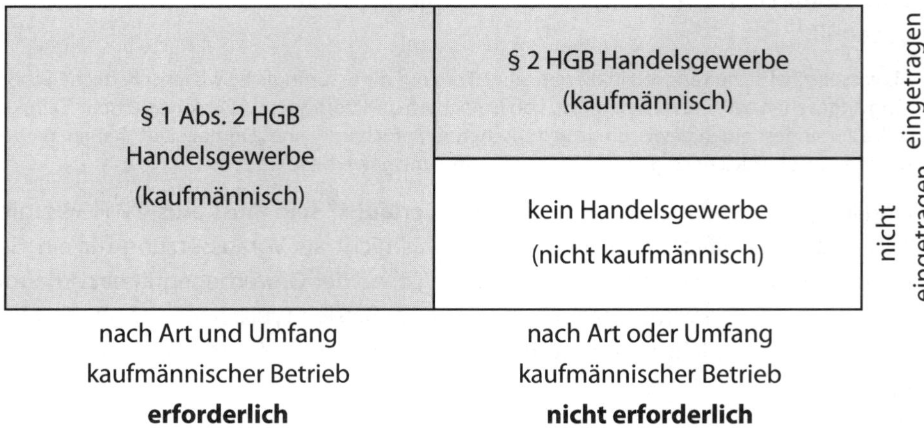

Für die Frage, ob ein Gewerbe ein Handelsgewerbe ist, unterscheidet das Gesetz zunächst danach, ob **Art und Umfang** einen kaufmännischen Betrieb erfordern.

Unter einem in „kaufmännischer Weise eingerichteten Geschäftsbetrieb" sind diejenigen Einrichtungen zu verstehen, die ein Kaufmann für eine ordnungsgemäße Geschäftsführung benötigt.

Dazu gehören beispielsweise die kaufmännische Buchführung, Inventarerrichtung, Bilanzerstellung, Aufbewahrung der Geschäftskorrespondenz; also das, was notwendig ist, um einen Betrieb übersichtlich und zuverlässig abwickeln zu können.

15 Ein Gewerbetreibender ist demnach bereits dann kein Kaufmann, wenn sein Betrieb entweder nur der Art oder aber nur dem Umfang nach eine kaufmännische Einrichtung nicht erfordert. Ist eine solche sogar nach Art und Umfang nicht erforderlich, so ist er erst recht kein Kaufmann.

Kriterien für die (Nicht-)Erforderlichkeit eines kaufmännischen Geschäftsbetriebes

Art	**Umfang**
■ Vielfalt des Geschäftsgegenstandes	■ Umsatz
■ Schwierigkeit der Geschäftsvorgänge	■ Höhe des Anlage- und Kapitalvermögens
■ Inanspruchnahme von Kredit- oder Teilzahlungen	■ Anzahl der Betriebsstätten und deren Größe
■ Erhebliche Teilnahme am Wechsel- und Scheckverkehr	■ Anzahl der Beschäftigten
■ Bilanzierung	■ Lohnsumme
■ Umfang der Geschäftskorrespondenz	
■ Art und Weise der betrieblichen Organisation	

Die genannten Kriterien sind nur Anhaltspunkte, letztlich entscheidend ist die Würdigung des **Gesamtbildes** des gewöhnlichen Geschäftsablaufes in dem betroffenen Gewerbebetrieb.[20] Häufig ist ein entscheidendes Kriterium, ob die Geschäftsvorgänge so komplex sind, dass eine kaufmännische Buchführung erforderlich ist.

Beispiele:

1. Ein Dönerimbiss mit einem Jahresumsatz vom 240.000 €, Abwicklung sämtlicher Geschäfte im Barverkehr und keinem Lieferantenkreis erfordert keinen kaufmännischen Geschäftsbetrieb.[21]

2. Das Unternehmen eines Optikers mit einem Jahresumsatz von 90.000 € erfordert einen kaufmännischen Geschäftsbetrieb, wenn die Abwicklung der Geschäftsvorgänge kompliziert ist, weil mit verschiedenen Krankenkassen für ca. 2.000 Kunden abgerechnet werden muss und eine unbare verzögerte Zahlungsweise üblich ist.[22]

Materiell-rechtlich liegt demnach kein Handelsgewerbe vor, wenn ein Kleingewerbe nicht eingetragen ist. Von erheblicher praktischer Bedeutung ist aber, dass mit der Formulierung „es sei denn" demjenigen die Darlegungs- und Beweislast auferlegt wird, der sich auf das Vorliegen eines Kleingewerbes berufen will. Für die Rechtsanwendung kann man daher davon ausgehen, dass **jeder Gewerbetreibende Kaufmann** ist.[23] Nur wenn ein Sachverhalt Angaben über Art und Umfang des Gewerbebetriebes enthält, ist zu prüfen, ob danach ein in kaufmännischer Weise eingerichteter Geschäftsbetrieb nicht erforderlich ist. 16

Fall 1: Bürgschaft

Der Bäckermeister B ist nicht im Handelsregister eingetragen. Für die Darlehensschuld seines Bruders D gibt B der G-Bank gegenüber schriftlich eine Bürgschaftserklärung ab. Nach einigen Monaten nimmt G den B in Anspruch. B wendet ein, G müsse sich zunächst an D halten. Er sei kein Kaufmann. Der Betrieb des B hat einen Jahresumsatz von 500.000 €. Die von B mit einem Gesellen und zwei Lehrlingen hergestellten Backwaren werden von seiner Ehefrau und der Tochter in der im Haus des B befindlichen Bäckerei verkauft. Die Bäckerei wird nur von zwei Lieferanten versorgt. Die Abrechnung mit diesen erfolgt teils durch Barzahlung, teils durch Banküberweisung. Teilzahlungs- oder Wechselgeschäfte werden nicht getätigt.

Anspruch der G-Bank gegen B aus Bürgschaft gemäß § 765 Abs. 1 BGB 17

I. G und B haben sich wirksam darüber geeinigt, dass B verpflichtet sein sollte, für die Erfüllung der Darlehensschuld des D einzustehen. Ob die Bürgschaftserklärung der Form des § 766 BGB bedarf oder dies gemäß § 350 HGB entbehrlich ist, kann offenbleiben, da die Schriftform eingehalten wurde.

II. Grundsätzlich kann der Bürge jedoch die Befriedigung des Gläubigers verweigern, solange nicht der Gläubiger eine Zwangsvollstreckung gegen den Hauptschuldner ohne Erfolg versucht hat (§ 771 BGB, Einrede der Vorausklage). Diese Einrede steht dem B jedoch nach § 349 HGB nicht zu, wenn die Bürgschaft für ihn ein Handelsge-

20 OLG Dresden NJW-RR 2002, 33; OLG Brandenburg, Urt. v. 04.04.2007 – 7 U 170/06, BeckRS 2009, 05899; Kaiser JZ 1999, 495.

21 KG, Urt. v. 21.10.2002 – 8 U 255/01, BeckRS 2002, 30288780.

22 OLG Hamm OLGZ 1969, 131.

23 Röhricht/v. Westphalen/Haas/Haas/Röhricht § 1 Rn. 126 ff.; Mönkemöller JuS 2002, 30 ff.

schäft darstellt. Handelsgeschäfte sind nach § 343 HGB alle Geschäfte eines Kaufmanns, die zum Betrieb seines Handelsgewerbes gehören. Fraglich ist, ob B ein Kaufmann ist.

1. B betreibt ein **Gewerbe** i.S.d. § 1 HGB.
2. Da B nicht im Handelsregister eingetragen ist, ist er gemäß § 1 Abs. 2 HGB kein Kaufmann, wenn sein Betrieb nach **Art oder Umfang** einen kaufmännischen Geschäftsbetrieb nicht erfordert.
   a) Bei der Bäckerei des B handelt es sich dem Umfang nach um einen einfach strukturierten Familienbetrieb. Die Betriebsräume sind im Wohnhaus des B und neben einem Gesellen und zwei Lehrlingen sind nur die Ehefrau und die Tochter beschäftigt. Doch der Umsatz i.H.v. 500.000 € ist erheblich und erfordert regelmäßig kaufmännische Einrichtungen.
   b) Dennoch ist B kein Kaufmann, wenn der Betrieb seiner Art nach keine kaufmännischen Einrichtungen erfordert. Da der B die Waren nur von zwei Lieferanten bezieht und sie regelmäßig sofort aus eigenen oder aus Mitteln eines eingeräumten Kredits bezahlt, ist die Betriebsführung insoweit einfach und durchsichtig. Die Weiterveräußerung erfolgt überwiegend gegen Barzahlung, sodass eine einfache Gewinn- und Verlustrechnung einen hinreichenden Überblick über die finanzielle Lage des Betriebes gewährt. Zudem ist keine umfangreiche Lohnbuchhaltung geboten, sodass bei Würdigung des Gesamtbildes des gewöhnlichen Geschäftsablaufes die Art des Betriebes keinen kaufmännisch eingerichteten Betrieb erfordert.

   B ist kein Kaufmann. Da § 349 HGB nicht eingreift, kann sich B auf die Einrede der Vorausklage gemäß § 771 BGB berufen.

III. Das Betreiben des Handelsgewerbes

18 **1.** Liegt ein Handelsgewerbe vor, so ist nach § 1 Abs. 1 HGB derjenige Kaufmann, der es „betreibt". Betreiber ist derjenige, in dessen Namen das Handelsgewerbe geführt wird und der aus den im Handelsgewerbe geschlossenen Geschäften berechtigt und verpflichtet wird.[24]

Keine Kaufleute sind gesetzliche Vertreter, Insolvenzverwalter, Vorstandsmitglieder einer AG, mithin solche Personen, die Geschäfte im fremden Namen oder als Verwalter fremden Vermögens abschließen. Kaufmann ist vielmehr der Vertretene (auch der Minderjährige, vgl. § 112 BGB), der Insolvenzschuldner, die AG, die GmbH etc.

Irrelevant ist, für wessen Rechnung die Verträge abgeschlossen werden oder wem die Betriebsmittel gehören. Kaufmann ist demnach auch der Kommissionär, obwohl er Waren für fremde Rechnung kauft oder verkauft (§ 383 HGB); ebenso der Strohmann, der Pächter oder Nießbraucher.

24 Vgl. mit geringfügigen Unterschieden: Baumbach/Hopt § 105 Rn. 19 ff.; MünchKommHGB/K. Schmidt § 1 Rn. 5; Röhricht/v. Westphalen/Haas/Haas/Röhricht § 1 Rn. 73; GK/Ensthaler § 1 Rn. 10.

Insbesondere der **Geschäftsführer einer GmbH** ist kein Kaufmann im Sinne des HGB, da nicht er, sondern nur die GmbH das Handelsgewerbe betreibt. Nur die GmbH ist gemäß § 13 Abs. 3 GmbHG, § 6 Abs. 1 HGB Kaufmann. Dies gilt sogar dann, wenn der Geschäftsführer gleichzeitig auch Allein- oder Mehrheitsgesellschafter der GmbH ist.[25] 19

2. Bei den Handelsgesellschaften betreibt die Gesellschaft selbst das Gewerbe. Bei den **Gesellschaftern** ist zu unterscheiden: 20

a) Keine Kaufleute sind die Gesellschafter der juristischen Personen (GmbH, AG, KGaA, Genossenschaft), da ausschließlich die juristische Person selbst das Handelsgewerbe betreibt.[26]

b) Für die **Gesellschafter** der Personenhandelsgesellschaften (OHG, KG) gilt Folgendes: 21

aa) Kommanditisten, die für Verbindlichkeiten der KG nur beschränkt haften (§ 171 Abs. 1 HGB), sind keine Kaufleute.[27]

bb) Fraglich ist, ob die Gesellschafter einer OHG und die persönlich haftenden Gesellschafter einer KG (Komplementäre) das Handelsgewerbe betreiben und daher als Kaufleute anzusehen sind. Da die Handelsgesellschaften rechtsfähig sind, ist der Unternehmensträger die Gesellschaft selbst. Die in dem Handelsgewerbe geschlossenen Geschäfte werden im Namen der Gesellschaft geschlossen; diese ist auch die aus diesen Geschäften unmittelbar Berechtigte und Verpflichtete. Für die persönlich haftenden Gesellschafter, die danach eigentlich keine Kaufleute sind, werden jedoch wegen der persönlichen und unbeschränkten Haftung gemäß § 128 HGB die für Kaufleute geltenden Vorschriften (zumindest teilweise) entsprechend angewandt.[28]

B. Die Sonderregelung für Land- und Forstwirte, § 3 HGB

Land- und Forstwirte sind kraft Gesetzes grundsätzlich keine Kaufleute (§ 3 Abs. 1 HGB). 22
Sie können sich jedoch optional in das Handelsregister eintragen lassen, wenn ihr Unternehmen nach Art und Umfang einen in kaufmännischer Weise eingerichteten Geschäftsbetrieb erfordert (§ 3 Abs. 2 HGB). Das Gleiche gilt gemäß § 3 Abs. 3 HGB für Nebenbetriebe. Ein Land- oder Forstwirt, der von der Möglichkeit Gebrauch macht, sich in das Handelsregister eintragen zu lassen, wird als Kannkaufmann bezeichnet. Die Eintragung wirkt wie bei § 2 HGB konstitutiv. Die Eigenschaft als Kannkaufmann hat drei Voraussetzungen:

- Es muss sich um ein land- oder forstwirtschaftliches Unternehmen oder einen Nebenbetrieb (z.B. Molkerei) hierzu handeln.
- Das Unternehmen muss nach Art und Umfang einen in kaufmännischer Weise eingerichteten Geschäftsbetrieb erfordern (§ 3 Abs. 2 HGB).
- Der Land- oder Forstwirt hat sich – freiwillig – ins Handelsregister eintragen lassen.

---

25 BGH BB 2006, 177.
26 BGH NJW-RR 1987, 42; BGH NJW-RR 1991, 757; BGHZ 121, 224, 228.
27 BGH NJW 1980, 1572, 1574; BGH NJW 1982, 569, 570; Baumbach/Hopt § 161 Rn. 5.
28 BGH NJW 1966, 1960; Baumbach/Hopt § 105 Rn. 19 ff.; MünchKommHGB/K. Schmidt § 1 Rn. 67, 100.

Landwirtschaftliche Tätigkeit setzt voraus, dass der Grund und Boden in bestimmter Weise genutzt wird (Ackerbau, Gemüse-/Obstanbau, Viehzucht). So betreiben z.B. Gärtnereien und Baumschulen nur dann Landwirtschaft i.S.d. § 3 HGB, wenn der Betrieb auf die Gewinnung und Züchtung von Pflanzen im Eigenanbau gerichtet ist. Werden dagegen lediglich gekaufte Pflanzen vertrieben, liegt keine Landwirtschaft vor.

C. Gesellschaften als Kaufleute

I. Handelsgesellschaften (§ 6 Abs. 1 HGB) und Genossenschaften

23 Nach § 6 Abs. 1 HGB finden die für Kaufleute geltenden Vorschriften auch auf die **Handelsgesellschaften** Anwendung. Handelsgesellschaften sind Gesellschaften, die als solche im Handelsregister eingetragen werden.

24 **OHG und KG** sind die Handelsgesellschaften des HGB. Für sie hat § 6 Abs. 1 HGB allerdings im Regelfall keine Bedeutung. Diese Gesellschaften sind regelmäßig schon deswegen Kaufleute, weil sie ein Handelsgewerbe betreiben. Die Gesellschaften sind dann Kaufleute nach § 1 HGB und § 2 HGB (i.V.m. § 105 Abs. 1 [§ 161 Abs. 2] HGB).

Eine Gesellschaft, die nur ein Kleingewerbe betreibt, kann sich in das Handelsregister eintragen lassen. Letzteres ist in § 105 Abs. 2 HGB ausdrücklich bestimmt, auch wenn man es schon aus § 105 Abs. 1 HGB i.V.m. § 2 HGB schließen kann.[29]

OHG und KG können ausnahmsweise auch ohne den Betrieb eines Gewerbes Handelsgesellschaften sein und zwar dann, wenn sie nur eigenes Vermögen verwalten und sich in das Handelsregister eintragen lassen (§ 105 Abs. 2 HGB). Dabei muss nach h.M. der Zweck der Gesellschaft in der Verwaltung eigenen Vermögens liegen.[30] Beispiele sind die Besitzgesellschaft nach einer Betriebsaufspaltung oder Immobilienverwaltungsgesellschaften.

25 Durch besondere gesetzliche Anordnung werden als Handelsgesellschaften bezeichnet: die **GmbH** (§ 13 Abs. 3 GmbHG), die **AG** (§ 3 Abs. 1 AktG), die **SE** (Art. 9 Abs. 1 lit. c ii SE-VO i.V.m § 3 AktG), die **KGaA** (§ 278 Abs. 3 AktG i.V.m. § 3 Abs. 1 AktG) und die **EWIV** (§ 1 EWIV-AusführungsG).

Die Kaufmannseigenschaft setzt die Eintragung in das Handelsregister voraus (vgl. § 41 Abs. 1 S. 1 AktG, § 11 Abs. 1 GmbHG, wonach die Gesellschaft vor Eintragung „als solche" nicht besteht). Die Vorgesellschaften können nach §§ 1, 105 Abs. 1 HGB Kaufleute sein.[31]

Ausländische Handelsgesellschaften sind den deutschen Gesellschaften gleichgestellt.[32]

26 **Genossenschaften** sind keine Handelsgesellschaften. Sie gelten aber gemäß § 17 Abs. 2 GenG als Kaufleute im Sinne des HGB. **Partnerschaftsgesellschaften** sind kraft ausdrücklicher gesetzlicher Anordnung dem Handelsrecht entzogen (§ 1 Abs. 1 S. 2 PartGG).

---

29 K. Schmidt § 10 VII 1, S. 321.
30 HK/Stuhlfelner § 105 Rn. 1; Schön DB 1998, 1169 ff.
31 K. Schmidt § 10 II 2 b, S. 296.
32 OLG Düsseldorf NJW-RR 1995, 1184.

II. Klarstellung in § 6 Abs. 2 HGB

§ 6 Abs. 2 HGB stellt klar, dass bestimmte Gesellschaften auch dann als Handelsgesellschaften gelten, wenn sie kein Handelsgewerbe betreiben. Dabei handelt es sich um juristische Personen und Kapitalgesellschaften, die in anderen Gesetzen als Handelsgesellschaften definiert und kraft ihrer Rechtsform Kaufleute sind. Formkaufleute in diesem Sinne sind die **GmbH**, die **AG**, die **SE**, die **KGaA** und die **Genossenschaft**. Nach dem Wortlaut des § 6 Abs. 2 HGB sind diese Gesellschaften Kaufleute, auch wenn nach Art oder Umfang kein kaufmännischer Geschäftsbetrieb erforderlich ist („auch wenn die Voraussetzungen des § 1 Abs. 2 nicht vorliegen"). § 6 Abs. 2 HGB enthält die Klarstellung, dass die – sich aus anderen Regelungen ergebende – Kaufmannseigenschaft dieser Gesellschaft unabhängig davon ist, ob die Gesellschaften ein Handelsgewerbe betreiben. Die genannten Gesellschaften sind allerdings schon kraft gesetzlicher Anordnung Handelsgesellschaften. Da diese gesetzlichen Regelungen den Betrieb eines Handelsgewerbes nicht voraussetzen, wird die Regelung in § 6 Abs. 2 HGB teilweise als überflüssig angesehen.[33] 27

Eine GmbH ist als Handelsgesellschaft Kaufmann gemäß § 6 Abs. 1 HGB i.V.m. § 13 Abs. 3 GmbHG. Betreibt die GmbH kein Handelsgewerbe, stellt § 6 Abs. 2 HGB klar, dass dies an der Kaufmannseigenschaft der Gesellschaft nichts ändert.

Die genannten Gesellschaften sind auch dann Handelsgesellschaften, wenn sie überhaupt kein Gewerbe betreiben. 28

Beispiel zur Kaufmannseigenschaft von Gesellschaften: A und B gründen eine OHG, die eine Baumschule betreiben und die eigenen Erzeugnisse in einem Ladengeschäft verkaufen soll. Noch bevor die OHG zum Handelsregister angemeldet wird, wird der Betrieb aufgenommen. Ist die OHG zu diesem Zeitpunkt Kaufmann? 29

Eine OHG ist nach § 105 Abs. 1 HGB eine Handelsgesellschaft i.S.v. § 6 Abs. 1 HGB, wenn sie ein Handelsgewerbe betreibt. Die Eintragung in das Handelsregister ist lediglich deklaratorisch und für die Eigenschaft als Handelsgesellschaft nicht erforderlich. Da die OHG den Betrieb aufgenommen hat, liegt die Kaufmannseigenschaft nach § 6 Abs. 1 HGB grundsätzlich vor, wenn der Anbau und Verkauf von Pflanzen ein Handelsgewerbe i.S.v. § 1 Abs. 2 HGB darstellt. Dies ist dann nicht der Fall, wenn ein Gewerbe nach § 3 HGB vorliegt, welches erst mit der dann konstitutiven Eintragung in das Handelsregister zu einem Handelsgewerbe wird (Kannkaufmann). Das Geschäft der OHG ist geprägt durch die Gewinnung und Verwertung von pflanzlichen Erzeugnissen durch Bodennutzung und stellt deshalb ein Gewerbe i.S.v. § 3 HGB dar. Solange die OHG noch nicht im Handelsregister eingetragen ist, ist sie somit kein Kaufmann.

D. Der Fiktivkaufmann, § 5 HGB

Nach § 5 HGB kann bei einer Eintragung im Handelsregister nicht geltend gemacht werden, dass das unter der Firma betriebene Gewerbe kein Handelsgewerbe sei. 30

Da ein eingetragenes **Kleingewerbe** bereits nach § 2 HGB als Handelsgewerbe gilt, fragt sich, ob § 5 HGB daneben überhaupt einen Anwendungsbereich hat. 31

Überwiegend wird angenommen, § 5 HGB sei neben § 2 HGB bedeutungslos. Wolle ein im Handelsregister eingetragener Unternehmer geltend machen, dass sein Gewerbe kein Handelsgewerbe ist, so sei ihm dieser Einwand bereits durch § 2 HGB genommen. § 5 HGB habe daneben keinen eigenen Regelungsgehalt.[34]

---

33 Baumbach/Hopt § 6 Rn. 6.

34 Treber AcP 199 (1999), 525, 582 ff.; Bydlinski ZIP 1998, 1169, 1172; K. Schmidt ZIP 1997, 909, 914; ders. NJW 1998, 2161, 2164; ders. ZHR 163 (1999) 87, 89, 96 ff.; Schulz JA 1998, 890, 893; Körber Jura 1998, 452, 454.

Nach der Gegenansicht gilt § 2 HGB nur für die Fälle, in denen ein kleingewerbliches Unternehmen freiwillig aufgrund einer wirksamen Anmeldung ins Handelsregister eingetragen wird. § 5 HGB greife darüber hinaus in zwei Fällen ein, nämlich dann, wenn ein Gewerbebetrieb nach der Eintragung zu einem Kleingewerbe herabsinke und dann, wenn die Eintragung zur Anmeldung fehle oder nichtig sei.[35]

32 Nach der ganz h.M. setzt § 5 HGB entsprechend seinem Wortlaut voraus, dass das eingetragene Unternehmen überhaupt ein Gewerbe betreibt. Eingetragene **Nichtgewerbetreibende** gelten auch nach § 5 HGB nicht als Kaufleute.[36] Die Fiktion des § 5 HGB gilt ferner nicht im Straf- und Ordnungswidrigkeitenrecht, im öffentlichen Recht und im Steuerrecht, wenn die Kaufmannseigenschaft Voraussetzung für die Strafbarkeit oder für eine Eingriffsermächtigung ist.[37]

E. Der Scheinkaufmann

33 Wer im Rechtsverkehr als Kaufmann auftritt, muss sich gegenüber gutgläubigen Dritten wie ein Kaufmann behandeln lassen. Dieser Grundsatz, der sich auf das Verbot widersprüchlichen Verhaltens (venire contra factum proprium, § 242 BGB) sowie allgemeine Rechtsscheinsgrundsätze zurückführen lässt, dient der zügigen Geschäftsabwicklung im Handelsverkehr. Diese wäre beeinträchtigt, wenn der Geschäftspartner die Kaufmannseigenschaft jeweils nachprüfen müsste. Daher ist es erforderlich, dass u.U. auch solche Personen wie Kaufleute behandelt werden, die es in Wahrheit nicht sind (Scheinkaufleute).

Ähnlich gelagerte Probleme ergeben sich hinsichtlich des Scheinunternehmers, der Scheingesellschaft und des Scheingesellschafters.[38]

Der Scheinkaufmann ist nicht ausdrücklich gesetzlich geregelt, aber gewohnheitsrechtlich anerkannt.[39]

34 **Beispiel:** K betreibt ein kleines Lebensmittelgeschäft und ist nicht im Handelsregister eingetragen. Tritt er nach außen als „Großhandel K" auf, muss er sich gutgläubigen Dritten gegenüber wie ein Kaufmann behandeln lassen.[40]

Gegenbeispiel: K betreibt ein kleines Lebensmittelgeschäft und ist nicht im Handelsregister eingetragen. Für Verbindlichkeiten eines Freundes gibt er mündlich eine Bürgschaftserklärung ab. Hier wäre es fehlerhaft, K bei der Prüfung der Bürgschaftsverpflichtung als Scheinkaufmann zu behandeln, weil er eine mündliche Bürgschaftserklärung abgegeben und sich deshalb wie ein Kaufmann geriert habe. Da die Kaufmannseigenschaft gerade eine Voraussetzung für die Wirksamkeit der mündlichen Bürgschaftsverpflichtung ist, droht ansonsten ein Zirkelschluss.

Da die Problematik des Scheinkaufmanns in der Falllösung oftmals im Zusammenhang mit § 15 HGB sowie mit sonstigen Rechtsscheinstatbeständen zu prüfen ist, wird auf die Voraussetzungen und Rechtsfolgen unten im 5. Abschnitt näher eingegangen.

---

35 Lieb NJW 1999, 35, 36; Röhricht/v. Westphalen/Haas/Haas/Röhricht § 1 Rn. 8 ff.; Koller/Kindler/Roth/Morck § 5 Rn. 1; GK/Ensthaler § 5 Rn. 7.

36 GK/Ensthaler § 5 Rn. 3; HK/Ruß § 5 Rn. 4; Koller/Kindler/Roth/Morck § 5 Rn. 3; a.A. K. Schmidt ZIP 1997, 909, 914; ders. NJW 1998, 2161, 2164.

37 Baumbach/Hopt § 5 Rn. 6.

38 MünchKommHGB/K. Schmidt Anhang zu § 5 Rn. 7 ff.

39 BGH NJW 1966, 1915; MünchKommHGB/K. Schmidt, Anhang zu § 5 Rn. 2 f.

40 Vgl. unten Rn. 235 ff.

Der Kaufmann

Kaufmann nach §§ 1 und 2 HGB

Kaufmann ist, wer ein Handelsgewerbe betreibt.

- Gewerbe ist nach h.M. jede äußerlich erkennbare, selbstständige, planmäßig auf gewisse Dauer, zum Zwecke der Gewinnerzielung ausgeübte Tätigkeit, die nicht freier Beruf ist.
- Handelsgewerbe: Nach § 1 Abs. 2 HGB ist grundsätzlich jeder Gewerbebetrieb ein Handelsgewerbe. Dies gilt bei einem eingetragenen Betrieb gemäß § 2 HGB selbst dann, wenn nach Art oder Umfang ein in kaufmännischer Weise eingerichteter Betrieb nicht erforderlich ist. Nur wenn keine Eintragung vorliegt und der Sachverhalt Angaben enthält, die zweifelhaft erscheinen lassen, ob ein kaufmännischer Geschäftsbetrieb erforderlich ist, ist die Erforderlichkeit im Einzelnen zu prüfen. Kriterium u.a.: Sind die Geschäftsvorgänge so komplex, dass eine kaufmännische Buchführung erforderlich ist?
- Betrieben wird das Gewerbe von demjenigen, in dessen Namen das Handelsgewerbe geführt wird und der aus den im Handelsgewerbe geschlossenen Geschäften berechtigt und verpflichtet wird.

Land- und Forstwirte, § 3 HGB

Land- und Forstwirte sind unter folgenden Voraussetzungen Kaufleute:

- Land- oder forstwirtschaftliches Unternehmen bzw. Nebenbetrieb
- Erforderlichkeit eines in kaufmännischer Weise eingerichteten Geschäftsbetriebes nach Art und Umfang
- Eintragung in das Handelsregister

Gesellschaften

- Handelsgesellschaften sind gemäß § 6 Abs. 1 HGB Kaufleute. Dies sind die OHG und KG sowie die GmbH, AG, SE, KGaA und die EWIV.
- Genossenschaften werden gemäß § 17 Abs. 2 GenG als Kaufleute behandelt.
- § 6 Abs. 2 HGB stellt klar, dass bestimmte Gesellschaften kraft ihrer Rechtsform Kaufleute sind, unabhängig davon, ob sie ein Handelsgewerbe betreiben. Formkaufleute sind die GmbH, die AG, die SE, die KGaA und die Genossenschaft.

Scheinkaufmann

Der Scheinkaufmann ist kein Kaufmann im eigentlichen Sinne, er wird lediglich nach Rechtsscheinsgrundsätzen als solcher behandelt.

2. Abschnitt: Die Handelsfirma – der Name des Kaufmanns

A. Begriff und Bedeutung der Firma

35 Die Firma ist der **Name des Kaufmanns**, unter dem er im Handelsverkehr seine Geschäfte betreibt, seine Unterschrift abgibt sowie klagen und verklagt werden kann (§ 17 HGB). Die Firma ist der **Handelsname** des Kaufmanns, den er neben seinem bürgerlichen Namen (§ 12 BGB) führt und der von diesem verschieden sein kann. Die Firma ist nur der Name des Handelsgeschäfts und nicht das Unternehmen oder der Betrieb selbst (insofern weicht die juristische Fachsprache von der Umgangssprache ab). Die Firma ist jedoch mit dem Unternehmen unlösbar verknüpft. Sie kann nur mit dem Unternehmen zusammen und niemals selbstständig veräußert werden, § 23 HGB.

36 Die Firma ersetzt **nur im Handelsverkehr** den Namen des Kaufmanns. Dies ist indes bloß für den Einzelkaufmann von Bedeutung; nur er führt zwei – u. U. verschiedene – Namen: die Firma als Handelsname und den bürgerlichen Namen. Handelsgesellschaften haben dagegen nur einen Namen – die Firma. Außerhalb des Handelsverkehrs soll der Einzelkaufmann nur unter seinem bürgerlichen Namen handeln. Benutzt er auch im privaten Bereich seine Firma oder schließt er umgekehrt unter seinem bürgerlichen Namen Handelsgeschäfte ab, so hindert dies die Wirksamkeit der Geschäfte jedoch nicht. Denn durch beide Namen wird dieselbe Person lediglich in verschiedener Weise bezeichnet.

37 Nichtkaufleute dürfen keine Firma, wohl aber eine Geschäfts- oder Etablissementsbezeichnung führen.

Zum Schutz von Geschäftsbezeichnungen findet das Firmenrecht keine Anwendung, sondern nur das Markenrecht (§§ 5, 15 MarkenG), ggf. das Namensrecht (§ 12 BGB) und das UWG.

B. Grundsätze der Firmenbildung

38 Da die Firma den Inhaber des Unternehmens individualisieren soll, muss zum Schutz des Rechtsverkehrs sichergestellt werden, dass die Firma den Unternehmensträger auch zutreffend angibt und nicht über ihn täuscht. Thematisch gehört das Recht der Firmenbildung damit zum Wettbewerbsrecht. Zum Schutz des Rechtsverkehrs enthält das Gesetz in den §§ 18 ff. HGB (aber auch in den §§ 4, 279 AktG; § 4 GmbHG; § 3 GenG) zwingende Regelungen darüber, wie die Firma zu lauten hat. Es gelten folgende **Firmengrundsätze**:

- Das Firmenrecht stellt den Grundsatz der **Firmenunterscheidbarkeit** in den Vordergrund. Die Firma muss zur Kennzeichnung geeignet sein und Unterscheidungskraft besitzen (§ 18 Abs. 1 HGB). Sie muss sich weiterhin von allen an demselben Ort eingetragenen Firmen deutlich unterscheiden (§ 30 Abs. 1 HGB).
- Nach dem Grundsatz der **Firmenwahrheit** darf die Firma keine irreführenden Angaben enthalten (§ 18 Abs. 2 HGB). Weiterhin ist ein Rechtsformzusatz erforderlich (§ 19 HGB, § 4 GmbHG, §§ 4, 279 AktG, § 3 GenG).
- Der Grundsatz der **Firmenbeständigkeit** besagt, dass die Firma in bestimmten Fällen unverändert bestehen bleiben darf, obwohl sie unrichtig (unwahr) geworden ist.

- Nach dem Grundsatz der **Firmeneinheit** darf ein Kaufmann für ein- und dasselbe Unternehmen nur eine Firma führen.
- Der Grundsatz der **Firmenöffentlichkeit** besagt, dass die Firma der Öffentlichkeit kundgegeben werden muss. Dem dient vor allem die Eintragung im Handelsregister (§ 29 HGB) und die Veröffentlichungspflicht auf Geschäftsbriefen (§§ 37 a, 125 a HGB, § 35 a GmbHG, § 80 AktG).

Die §§ 18 ff. HGB sind in zweifacher Weise relevant: **39**

- Das Registergericht prüft einen eventuellen Verstoß vor allem im Eintragungsverfahren (§ 29 HGB i.V.m. §§ 374 ff. FamFG) sowie – eher selten – im Firmenmissbrauchsverfahren (§ 37 Abs. 1 HGB i.V.m. § 392 FamFG) und im Amtslöschungsverfahren (§§ 395 FamFG).
- Dritte können gemäß § 37 Abs. 2 HGB Unterlassung verlangen, wenn sie durch den unzulässigen Firmengebrauch in ihren Rechten verletzt werden. Unterlassungsansprüche Dritter (insbesondere Wettbewerber) sind der Hauptanwendungsfall im Examen.

I. Die Firmenunterscheidbarkeit

1. Eignung zur Kennzeichnung und Unterscheidungskraft

Nach § 18 Abs. 1 HGB muss die Firma zur Kennzeichnung des Kaufmanns geeignet sein und Unterscheidungskraft besitzen. **40**

Die Regelung gilt für alle Kaufleute, für den Einzelkaufmann ebenso wie für die GmbH oder die AG. Beispielsweise könnte die Bezeichnung „Semilodei" von einem Einzelkaufmann, einer GmbH oder einer AG verwendet werden. Unterschiede ergäben sich nur bei dem zwingend notwendigen Rechtsformzusatz („Semilodei e.K.", „Semilodei GmbH").

Die frühere Rspr. hat die Begriffe „Kennzeichnungseignung" und „Unterscheidungskraft" praktisch als gleichbedeutend verwendet.[41] Mit der h.Lit. definiert der BGH in der aktuellen Rspr. die Begriffe unterschiedlich.[42]

a) Eignung zur Kennzeichnung

Die Kennzeichnungseignung **erfordert, dass die Firma überhaupt als Name für ein Unternehmen dienen kann** (abstrakte Namensfähigkeit).[43] Firmenkern und Firmenzusätze müssen eine wörtliche Bezeichnung enthalten. **41**

Bildzeichen können allein keine namensrechtliche Funktion erfüllen. Das @-Zeichen ist aber mittlerweile weit verbreitet. Es kann in einer Firma als zusätzliches Zeichen verwendet werden (z.B. „F@ir-Credit"[44]).

---

41 Vgl. z.B. BGHZ 130, 134, 144 – Altenburger Spielkartenfabrik; BGH WM 1998, 306 – RBB; BayObLG NJW-RR 2000, 111.
42 BGH ZIP 2009, 168.
43 BGH ZIP 2009, 168.
44 EuGH, Urt. v. 19.09.2012 – T-220/11; Oetker/Schlingloff § 18 Rn. 8.

Buchstabenfolgen (wie als Abkürzungen üblich) sind zur Kennzeichnung geeignet, wenn sie artikulierbar sind („DBK" als „Debeka"[45]).

b) Unterscheidungskraft

42 Unterscheidungskraft besitzt eine Firma dann, wenn sie ihrer Art nach das Handelsgewerbe von anderen Unternehmen unterscheiden und auf diese Weise individualisieren kann.[46]

- Eine Bezeichnung hat **ursprüngliche Unterscheidungskraft**, wenn sie aus sich heraus hinreichend individualisierend ist. Nach Sinn und Zweck des Gesetzes nicht unterscheidungskräftig sind Firmenbezeichnungen, für die ein **Freihaltebedürfnis** besteht. Dies ist dann der Fall, wenn die Allgemeinheit oder Mitbewerber die Firma zur ungehinderten Verwendung im Geschäftsverkehr benötigen.
- Ursprünglich nicht individualisierende Bezeichnungen – auch solche, für die ein Freihaltebedürfnis besteht – können **durch Verkehrsgeltung** Unterscheidungskraft erlangen.

43 Wann die hinreichende Individualisierung eines Betriebes durch seine Firma gegeben ist, lässt sich nicht allgemein beschreiben. Für einzelne Fallgruppen ergeben sich jedoch näher bezeichnete Anforderungen. Dabei können auch die für Marken nach dem MarkenG geltenden Grundsätze weitgehend auf Firmen übertragen werden.

	Marke ①	**Firma**
Eintragung	Eintragungshindernisse, insb. aus § 8 Abs. 2 MarkenG ■ Nr. 1: Fehlende Unterscheidungskraft ■ Nr. 2: Freihaltebedürfnis ② ■ Nr. 3: Üblichkeit im allg. Sprachgebrauch o. in Verkehrsgepflogenheiten ③	Eintragungsanforderungen, insb. § 18 Abs. 1 HGB ■ Unterscheidungskraft fehlt, wenn Freihaltebedürfnis, fehlt bei Begriffen der Alltagssprache
④ **Schutz**	■ § 14 MarkenG, insb. Schutz vor: Identischer Benutzung (Abs. 2 Nr. 1), Benutzung mit Verwechslungsgefahr (Abs. 2 Nr. 2), bei bekannten Marken: Rufausbeutung u. Rufschädigung (Abs. 2 Nr. 3)	■ § 15 MarkenG, insb. Schutz vor: Identischer Benutzung, Benutzung mit Verwechslungsgefahr (Abs. 2), bei bekannten geschäftlichen Bezeichnungen: Rufausnutzung u. Rufschädigung (Abs. 3) ■ § 37 Abs. 2 HGB: unbefugte Benutzung = Verstoß gegen §§ 18 ff. HGB

① Marken sind Bezeichnungen der Produkte (Waren oder Dienstleistungen) eines Unternehmens (§ 3 MarkenG). Im Gegensatz dazu ist die Firma der Name des Unternehmens selbst.

Beispiel: Daimler-Chrysler AG war die Firma, Mercedes-Benz war eine Marke dieser Firma. Nach der Aufspaltung der Unternehmen ist Mercedes-Benz sowohl die Firma als auch die Marke.

45 BGH ZIP 2009, 168.
46 BGH ZIP 2009, 168.

Anders als Firmen können alle Zeichen – auch Abbildungen, Buchstaben, Zahlen, Hörzeichen, dreidimensionale Gestaltungen usw. – als Marke dienen (§ 3 MarkenG). Die für Wortmarken geltenden Grundsätze sind aber weitestgehend auf Firmen übertragbar, auch weil Firma (bzw. Bestandteile der Firma) und Marke insoweit oft identisch sind.

② Die fehlende Unterscheidungskraft ist nach § 8 Abs. 2 Nr. 1 MarkenG ein absolutes Eintragungshindernis. § 8 Abs. 2 Nr. 2 MarkenG regelt das Eintragungshindernis für Zeichen und Angaben, für die ein Freihaltebedürfnis besteht. Allerdings besteht im Markenrecht zwischen Unterscheidungskraft und Freihaltebedürfnis eine Wechselwirkung. Je geringer das Freihaltebedürfnis ist, umso geringere Anforderungen werden auch an die Unterscheidungskraft gestellt.[47]

Da im Firmenrecht der §§ 18 ff. HGB das Freihaltebedürfnis nicht genannt ist, ist dessen Prüfung in die der Unterscheidungskraft zu integrieren, d. h. eine Bezeichnung ist als nicht unterscheidungskräftig anzusehen, wenn ein Freihaltebedürfnis besteht. Dies läuft im Ergebnis sowohl bei Marken als auch bei Firmen darauf hinaus, dass die Gerichte ein Freihaltebedürfnis verneinen, wenn die ursprüngliche Unterscheidungskraft bejaht wird. Umgekehrt wird ein Freihaltebedürfnis bejaht, wenn die Unterscheidungskraft verneint wird (vgl. die Beispiele unten).

③ § 8 Abs. 2 Nr. 3 MarkenG wird einschränkend ausgelegt. Die Vorschrift gilt nur für Gattungsbezeichnungen sowie für ursprünglich unterscheidungskräftige Bezeichnungen, die von mehreren Unternehmen zur Bezeichnung bestimmter Waren verwendet werden und deshalb vom Verkehr nicht mehr als kennzeichnend verstanden werden.[48] Die Verwendung von – ganz allgemein – verkehrsüblichen Worten und Begriffen fällt nicht unter § 8 Abs. 2 Nr. 3 MarkenG; diese Begriffe sind nicht unterscheidungskräftig i. S. d. § 8 Abs. 2 Nr. 1 MarkenG. Gebräuchliche Worte der Alltagssprache haben auch im Firmenrecht keine Unterscheidungskraft.[49]

④ Das Erfordernis der Unterscheidungskraft gilt auch beim Schutz von Marken und Firmen. Eine Bezeichnung ohne Unterscheidungskraft ist weder als Marke noch als Firma gegen eine Verwendung durch Dritte geschützt. Im Eintragungsverfahren sind die Anforderungen an die Unterscheidungskraft allerdings geringer als in einem Verfahren, in dem der Schutz einer Bezeichnung – etwa vor einer Verwechslungsgefahr – beansprucht wird.[50]

aa) Wortkombinationen mit beschreibenden Angaben

Bezeichnungen, die ausschließlich den Unternehmensgegenstand beschreiben, sind nicht unterscheidungskräftig (z. B.: Bäckerei, Druckerei, Leasing-Partner). Außerdem besteht für solche Begriffe ein Freihaltebedürfnis, da auch Mitbewerber ein berechtigtes Interesse an der Verwendung der Bezeichnungen als Firmenbestandteil haben. Beschreibende Bezeichnungen können aber dann Unterscheidungskraft haben, wenn sie sich nicht nur in der beschreibenden Angabe erschöpfen. 44

Beispiel 1: Video-Rent[51]

I. Die Bezeichnung „Video-Rent" ist nicht unterscheidungskräftig. BGH NJW 1987, 438: „Die Wörter „Video" und „rent" sind für sich betrachtet nicht unterscheidungskräftig. Das Wort „Video" ist (...) eine beschreibende Angabe und gehört inzwischen der deutschen Umgangssprache an. Gleichermaßen wird auch das Wort „rent" als beschreibende Angabe verstanden. Die Verbindung der Wörter „Video" und „rent" besitzt ebenfalls keine hinreichende Unterscheidungskraft als Firmenbezeichnung für einen Geschäftsbetrieb, der Geräte der Unterhaltungselektronik einschließlich Videogeräte und Videokassetten umfasst. Eine ausreichende Unterscheidungskraft wäre nur anzunehmen, wenn es sich um eine eigenartige, fantasievolle Zusammenstellung dieser beiden Begriffe handelte, die der Verkehr als individuellen Herkunftshinweis auffassen würde (...). Davon kann jedoch im vorliegenden Fall nicht ausgegan-

47 BGH NJW 1991, 1424 – NewMan.

48 BGH NJW-RR 2000, 415 – YES.

49 Vgl. unten Rn. 45.

50 BGH WM 1979, 922, 923; BGH NJW 1993, 2236; BayObLG NJW-RR 2000, 111; vgl. auch BGH NJW-RR 2000, 415 – YES: „Großzügiger Maßstab", jede noch so geringe Unterscheidungskraft reicht zur Eintragungsfähigkeit einer Marke.

51 BGH NJW 1987, 438.

gen werden; vielmehr ergibt auch die Wortzusammenfügung nur ein sprachübliches Wort beschreibenden Inhalts."

II. Für den beschreibenden Begriff „Video-Rent" besteht auch ein Freihaltebedürfnis. Andere Gewerbetreibende haben ein schutzwürdiges Interesse daran, diesen Begriff als Firmenbestandteil (z.B. „Alfa Video-Rent GmbH") zu verwenden.

Beispiel 2: Altberliner Bücherstube[52]

I. Die Bezeichnung „Altberliner" für einen Verlag (Klägerin in dem vom BGH entschiedenen Fall: „Altberliner Verlag GmbH") oder eine Buchhandlung (Beklagter: „Altberliner Bücherstube, Inhaber O.S.") ist nicht beschreibend und hat Unterscheidungskraft. BGH GRUR 1999, 492: „Für die Annahme einer Unterscheidungskraft von Hause aus reicht schon, dass ein bestimmter beschreibender Inhalt der Bezeichnung nicht festzustellen ist; eine besondere Originalität, etwa durch eigenartige Wortbildung oder eine sonstige Heraushebung aus der Umgangssprache ist hierfür nicht Voraussetzung. (...) Deshalb kann dem Bestandteil „Altberliner" eine hinreichende, wenn auch – da an beschreibende Begriffe angelehnt, nicht besonders eigenartig oder phantasievoll – schwache Unterscheidungskraft nicht abgesprochen werden."

II. Die Annahme eines Freihaltebedürfnisses hat der BGH insbesondere mit dem Argument abgelehnt, dass der Begriff „Altberliner" unklar ist, weil nicht deutlich ist, ob er sich auf die Altstadt von Berlin oder das Berliner Leben bezieht.

Weitere Beispiele:

Die Bezeichnung „Immo-Data" erschöpft sich nicht in der beschreibenden Angabe des Unternehmensgegenstandes und hat als sprachunübliche Kombination ursprüngliche Unterscheidungskraft.[53]

Die Bezeichnung „Cotton-Line" beschreibt den Gegenstand eines Textilunternehmens. Die Unterscheidungskraft ist zu verneinen.[54]

Der Firmenbestandteil „Immobilien-Börse" ist rein beschreibend und verfügt über keine Unterscheidungskraft.[55]

Die Bezeichnung „Grundbesitz AG" beschreibt nur den Unternehmensgegenstand und ist wegen mangelnder Unterscheidungskraft nicht eintragungsfähig.[56]

Auch die Bezeichnung „Profi-Handwerker GmbH" hat keine ausreichende Unterscheidungskraft.[57]

Die Bezeichnung eines Unternehmens, welche sich aus einem Vornamen und einem Hinweis auf den Unternehmensgegenstand zusammensetzt („Holger's Objektservice") ist nach der Rspr. ausreichend unterscheidungkräftig.[58]

bb) Begriffe der Alltagssprache

45 Gebräuchlichen Worten der Alltagssprache, die vom Verkehr stets nur in ihrem Ursprungssinn und nicht als Unterscheidungsmittel verstanden werden, fehlt die Unterscheidungskraft. Eine – wenn auch nur geringe – Unterscheidungskraft ist zu bejahen, wenn die Begriffe nicht ausschließlich in ihrem wörtlichen Sinn verstanden werden.

52 BGH GRUR 1999, 492.
53 BGH NJW-RR 1997, 1402.
54 BGH NJW-RR 1996, 230.
55 KG NJOZ 2002, 2289.
56 OLG Frankfurt DB 2005, 1732.
57 BayObLG NJW-RR 2003, 1544.
58 OLG Frankfurt am Main NZG 2016, 1079.

Begriffen wie „modern" oder „aktuell" fehlt die Unterscheidungskraft ebenso wie der Bezeichnung „Today".[59] Die Unterscheidungskraft wurde bejaht für die Bezeichnungen „Yes",[60] „Premiere"[61] und „Garant-Möbel".[62]

2. Keine Verwechslungsgefahr mit anderen örtlichen Firmen (§ 30 HGB)

Jede neue Firma muss sich von den am gleichen Ort bereits bestehenden Firmen deutlich unterscheiden. Die Unterscheidbarkeit ist dann gegeben, wenn keine Verwechslungen hervorgerufen werden können. Verwechslungsgefahr besteht z.B. dann, wenn die Firmenkerne übereinstimmen und nur verschiedene Rechtsformzusätze hinzugefügt sind. Dies gilt auch für das Verhältnis der Firma der GmbH & Co. KG zu der Firma ihrer Komplementär-GmbH.[63] Dementsprechend reicht allein der Zusatz „& Co. KG" nicht aus, um die KG hinreichend deutlich von der im Übrigen gleichlautenden Firma der rechtlich selbstständigen GmbH zu unterscheiden. 46

Beispiel: Bei einer GmbH & Co. KG kann nicht die Komplementär-GmbH als „X-GmbH" firmieren und die KG als „X-GmbH & Co. KG", da allein der Gesellschaftszusatz keine ausreichende Unterscheidbarkeit begründet.

Um die Verwechslungsgefahr zu vermeiden, wird häufig die Komplementär-GmbH als „Verwaltungs-GmbH" gegründet und bei der Firmierung der KG der Zusatz „Verwaltungs" weggelassen. Es besteht auch die Möglichkeit, der GmbH einen ganz anderen Namen als der KG zu geben. Man kann z.B. die Komplementär-GmbH als „Alfa-GmbH" gründen und die KG als „X-GmbH & Co. KG" firmieren lassen oder die Firmen mit lokalisierenden Zusätzen, Sachzusätzen oder sonstigen Abkürzungen versehen (X-GmbH Berlin & Co. KG; X Verlag GmbH & Co. KG; XIO X GmbH & Co. KG[64]).

II. Die Firmenwahrheit

1. Verbot irreführender Angaben (§ 18 Abs. 2 HGB)

Nach § 18 Abs. 2 S. 1 HGB darf die Firma keine Angaben enthalten, die geeignet sind, über geschäftliche Verhältnisse, die für die angesprochenen Verkehrskreise wesentlich sind, irrezuführen. 47

a) Voraussetzungen des § 18 Abs. 2 HGB:

- **Angabe** über geschäftliche Verhältnisse 48

  Angaben sind alle objektiv nachprüfbaren Aussagen. In einer Firmierung werden eher selten ausdrückliche Angaben gemacht. Es muss häufig durch Auslegung ermittelt werden, welche möglicherweise irreführende Angabe die Firma enthält.

59 BGH NJW-RR 1998, 1261 – Today.
60 BGH NJW-RR 2000, 415 – YES.
61 BGH NJW-RR 1999, 1057 – Premiere II.
62 BGH NJW-RR 1995, 357 – Garant-Möbel.
63 BGHZ 46, 7, 10; BGHZ 80, 353, 354.
64 GK/Steitz § 30 Rn. 9.

- **Zur Irreführung** der angesprochenen Verkehrskreise **geeignet**

  Zur Irreführung ist eine Angabe geeignet, die bei einem nicht unerheblichen Teil der angesprochenen Verkehrskreise eine irrige Vorstellung über die Aussage hinsichtlich der Firma hervorrufen kann.[65]

  Im Verfahren vor dem Registergericht wird gemäß § 18 Abs. 2 S. 2 HGB nur die „ersichtliche" Eignung zur Irreführung berücksichtigt. Das Gericht soll nur ein gewisses „Grobraster" bei der Überprüfung anlegen.[66]

- **Wesentlichkeit** der Angabe für die angesprochenen Verkehrskreise

  Mit der Beschränkung auf wesentliche Angaben soll verhindert werden, dass auch Irreführungen über unbedeutende oder nebensächliche geschäftliche Verhältnisse unter das Verbot des § 18 Abs. 2 HGB fallen.

  Für die Beurteilung der Wesentlichkeit ist auf die Sicht des durchschnittlichen Angehörigen des betroffenen Personenkreises bei verständiger Würdigung abzustellen.[67]

b) Beispiele

49 **Beispiel 1: GbRmbH**[68]
Eine Sozietät von Rechtsanwälten, Steuerberatern und Wirtschaftsprüfern tritt unter dem Namen „SWR Gesellschaft bürgerlichen Rechts mit beschränkter Haftung" bzw. „SWR GbRmbH" auf. Das Registergericht erlässt eine Unterlassungsverfügung.

I. Nach der ganz h.M. kann das Registergericht auch gegen Nichtkaufleute vorgehen, wenn diese eine Firma oder eine firmenähnliche Bezeichnung gebrauchen.[69] Da die von der Gesellschaft verwendeten Bezeichnungen zumindest firmenähnlich sind, ist die Zuständigkeit des Registergerichts zu bejahen.

II. Die Bezeichnungen „Gesellschaft bürgerlichen Rechts mit beschränkter Haftung" und „GbRmbH" sind irreführend i.S.d. § 18 Abs. 2 HGB. Es besteht die Gefahr, dass der Eindruck entsteht, es handele sich um einen gesetzlich normierten Gesellschaftstypus, bei dem die Haftungsbeschränkung – wie bei der GmbH – eine gesetzliche Folge der gewählten Gesellschaftsform ist.

Anm.: *Die o.g. Bezeichnungen führen auch gesellschaftsrechtlich nicht zu einer Haftungsbeschränkung auf das Gesellschaftsvermögen.*[70]

50 **Beispiel 2: Euro-Spirituosen**[71]

A betreibt einen lokalen Getränkemarkt und möchte als „Euro-Spirituosen A" firmieren.

I. Der BGH hat in einer 1969 getroffenen Entscheidung[72] angenommen, dass der Zusatz „Euro" bei einem kleineren Unternehmen zur Irreführung geeignet sei, da er die Vorstellung vermittele, es handele sich um ein nach Größe und Marktstellung den Verhältnissen des europäischen Marktes entsprechendes Unternehmen.[73]

---

65 GK/Steitz § 18 Rn. 20.
66 BT-Drucks. 13/8444, S. 54; OLG Rostock DB 2006, 1674.
67 BT-Drucks. 13/8444, S. 53; GK/Steitz § 18 Rn. 22.
68 BayObLG NJW 1999, 297.
69 K. Schmidt § 12 I 2 b bb, S. 346.
70 BGH RÜ 2000, 13.
71 Nach BGHZ 53, 339 – Euro Spirituosen.
72 *Ibid.*
73 Ähnlich auch BGH NJW 1997, 2818 – Euromint.

II. Dies ist heute zumindest zweifelhaft. BT-Drucks. 13/8444, S. 36: „Die Gerichte führen zwar bei der Anmeldung der Firma eine ‚vorbeugende' Kontrolle durch, die jedoch mitunter unberücksichtigt lässt, dass die abstrakt vielleicht täuschungsgeeignete Firma im Geschäftsverkehr tatsächlich nicht missverstanden wird. Dies wird namentlich von Angaben wie ‚Autohaus', ‚Möbelcenter', ‚Euro-' usw. angenommen, denen täuschende Aussagen über die Größe oder überregionale Bedeutung des Unternehmens beigemessen werden, obwohl sich hier die Erwartungen der angesprochenen Verkehrskreise möglicherweise gewandelt haben."

Bezug nehmend auf diese Intention des Gesetzgebers hat das OLG Hamm[74] entschieden, dass Firmenbestandteile wie „Euro" oder „European" grundsätzlich unbedenklich sind und sich die Täuschungseignung nur ausnahmsweise aufgrund der konkreten Umstände des Einzelfalls ergeben kann.

Beispiel 3: Meditec[75] 51

Die Firma „Meditec e.K." für ein Unternehmen, das Hard- und Software vertreibt, ist nicht irreführend, auch wenn Medizintechnik nicht zum Geschäftsgegenstand gehört. Das BayObLG hat sich auf die vom Gesetzgeber beabsichtigte „Entschärfung" und „Entsteinerung" des firmenrechtlichen Irreführungsgebots bezogen und eine „ersichtliche" Irreführung abgelehnt. „Meditec" werde als Fantasiebezeichnung erkannt und nicht als Sachfirma angesehen.

Beispiel 4: Kardiologisches Institut[76] 52

Die Bezeichnung einer ärztlichen Praxisgemeinschaft als „Kardiologisches Institut" ist irreführend. Durch die Bezeichnung wird der Eindruck erweckt, es handele sich um eine öffentliche oder unter öffentlicher Aufsicht stehende wissenschaftliche Einrichtung. Die Bezeichnung als „Institut" darf im privatwirtschaftlichen Bereich nur benutzt werden, wenn durch einen Zusatz eindeutig klargestellt wird, dass es sich nicht um eine öffentliche oder unter öffentlicher Aufsicht stehende Einrichtung handelt.[77]

Beispiel 5: KG mit dem Namen des Kommanditisten[78] 53

Eine KG führt den Namen „R.L. KG". Beteiligt an der Gesellschaft sind Herr A.L. als Komplementär und Herr R.L. als Kommanditist. Ist die Eintragung der KG mit dieser Firma zulässig?

I. Im früheren Firmenrecht (bis 1998) war in § 19 Abs. 2 HGB a.F. bestimmt, dass die Firma der Kommanditgesellschaft den Namen eines persönlich haftenden Gesellschafters führen muss. Teilweise wird auch heute noch angenommen, die Namensnennung in der Firma einer KG würde vom Geschäftsverkehr als Hinweis auf einen persönlich haftenden Gesellschafter verstanden.[79] Danach ist die Verwendung des Namens eines Kommanditisten als Firmenbezeichnung ebenso unzulässig wie die Verwendung des Namens einer dritten Person.

II. Seit 1998 ist nach § 19 HGB nicht mehr erforderlich, dass die Firma einer KG den Namen wenigstens eines persönlich haftenden Gesellschafters enthält. Auch das in § 19 Abs. 4 HGB a.F. enthaltene Verbot, den Namen anderer Personen in die Firma aufzunehmen, ist gestrichen worden. Deswegen wird heute überwiegend angenommen, die Firma einer KG dürfe auch den Namen eines Kommanditisten enthalten.[80] Da Sach- oder Fantasiebezeichnungen als Firma zulässig seien, erwarte der Geschäftsverkehr nicht mehr, dass ein in der Firma Genannter persönlich haftender Gesellschafter sei.

Beispiel 6: P Capital Partners GmbH[81] 54

Die P-GmbH ändert ihre Firma in „P Capital Partners GmbH" und meldet die Änderung zur Eintragung im Handelsregister an. Die Firma ist wegen ihres Bestanteils „Partners" nicht eintragungsfähig. Nach § 11 Abs. 1 S. 1 PartGG dürfen den Zusatz „Partnerschaft" oder „und Partner" nur Gesellschafter nach dem PartGG führen; allen anderen Gesellschaftsformen ist die Führung dieser Zusätze verwehrt. Auch

74 OLG Hamm NJW-RR 1999, 1710.
75 BayObLG NJW-RR 2000, 111.
76 OLG Frankfurt NJW-RR 2002, 459.
77 OLG Düsseldorf DB 2004, 1720; KG GRUR-RR 2012, 86.
78 OLG Saarbrücken NJW-RR 2006, 902.
79 Kögel BB 1997, 796; EBJS/Zimmer § 18 Rn. 11.
80 OLG Saarbrücken NJW-RR 2006, 902; OLG Karlsruhe MDR 2010, 1130; MünchKommHGB/Heidinger § 18 Rn. 100.
81 KG NZG 2018, 1235.

der englische Plural ist nach Sinn und Zweck dieser Regelung erfasst, da die Begriffe im Wesentlichen gleich klingen und auch die gleiche Bedeutung haben.[82]

2. Rechtsformzusatz

55 Alle Kaufleute – auch die Einzelkaufleute – müssen in ihrer Firma einen Rechtsformzusatz führen.

56 **Die Anforderungen an den Rechtsformzusatz im Überblick:**

Einzelkaufmann	§ 19 Abs. 1 Nr. 1 HGB: „eingetragener Kaufmann", „eingetragene Kauffrau" oder eine allgemein verständliche Abkürzung dieser Bezeichnung, insbesondere „e. K.", „e. Kfm." oder „e. Kfr."
OHG	§ 19 Abs. 1 Nr. 2 HGB: „offene Handelsgesellschaft" oder eine allgemein verständliche Abkürzung
KG	§ 19 Abs. 1 Nr. 3 HGB: „Kommanditgesellschaft" oder eine allgemein verständliche Abkürzung
OHG oder KG, bei der keine natürliche Person persönlich haftet (z.B. GmbH & Co. KG)	§ 19 Abs. 2 HGB: Hinweis auf Haftungsbeschränkung
GmbH	§ 4 GmbHG: „Gesellschaft mit beschränkter Haftung" oder eine allgemein verständliche Abkürzung
AG	§ 4 AktG: „Aktiengesellschaft" oder eine allgemein verständliche Abkürzung
KGaA	§ 279 AktG: „Kommanditgesellschaft auf Aktien" oder eine allgemein verständliche Abkürzung
Genossenschaft	§ 3 GenG: „eingetragene Genossenschaft" oder „eG"
SE	Art. 11 VO (EG) Nr. 2157/2001: „SE"
PartG	§ 2 PartGG: „und Partner" oder „Partnerschaft"
PartG mbB	wie PartG; zusätzlich nach § 8 Abs. 4 PartGG: „mit beschränkter Berufshaftung" oder „mbB"

Bei der Verwendung „allgemein verständlicher Abkürzungen" besteht praktisch kein Gestaltungsspielraum, da der Zusatz die Gesellschafts- und Haftungsverhältnisse zutreffend wiedergeben muss.

Beispiel: Der Rechtsformzusatz „gGmbH" für eine gemeinnützige GmbH wurde lange als unzulässig angesehen. Zur Begründung hieß es, die Hinzufügung weiterer Bestandteile zu der allgemein verständlichen Abkürzung GmbH berge die Gefahr, dass die Gesellschaft im Geschäftsverkehr als Sonderform angesehen werde und Unklarheit darüber bestehe, inwieweit sie dem Recht der GmbH unterliege.[83] Zwischenzeitlich hat der Gesetzgeber in § 4 S. 2 GmbHG klargestellt, dass eine Gesellschaft, die ausschließlich und unmittelbar gemeinnützige Zwecke verfolgt (vgl. §§ 51–68 AO), die Abkürzung „gGmbH" führen darf.

---

82 A.A. OLG München NZG 2007, 457, sofern der Begriff „Partner" lediglich als Bestandteil eines zusammengesetzten Wortes verwendet wird („GV-Partner GmbH & Co. KG"). Vgl. BeckOK-BGB/Schöne § 11 PartGG Rn. 3 m.w.N.

83 OLG München NJW 2007, 1601; Krause NJW 2007, 2156.

III. Die Firmenbeständigkeit

Der Grundsatz der Firmenbeständigkeit besagt, dass die ursprünglich richtige Firma in bestimmten Fällen unverändert bestehen bleiben darf, obwohl sie unrichtig (unwahr) geworden ist. Damit gewährt das Firmenrecht Bestandsschutz, welcher Ihnen aus dem öffentlichen Baurecht bekannt ist. **57**

Die Unrichtigkeit einer Firma kann u.a. darauf beruhen, dass in der Firma der Name des Inhabers enthalten ist und sich dieser geändert hat, § 21 HGB (z.B. durch Heirat), der Inhaber des Handelsgeschäfts rechtsgeschäftlich oder kraft Erbfolge gewechselt hat (§ 22 HGB) oder Gesellschafter ein- oder ausgetreten sind (§ 24 HGB). Der Grundsatz der Firmenbeständigkeit führt also zu Durchbrechungen der Firmenwahrheit. Dies beruht auf dem Gedanken, dass die Firma einen erheblichen Vermögenswert darstellen kann, der dem Geschäftsinhaber auch bei Veränderungen erhalten bleiben soll.

Beispiel 1:

Der Kaufmann A firmiert unter dem Namen „Autohaus A e.K.". Er verkauft sein Unternehmen und überträgt es an B. B will den Firmennamen beibehalten.

I. Wenn B unter dem Namen „Autohaus A e.K." firmiert, ist dies grundsätzlich irreführend i.S.d. § 18 Abs. 2 HGB. Wenn der Kaufmann unter einem Personennamen firmiert wird, muss dies zur Vermeidung von Irreführungen grundsätzlich der Name des Firmeninhabers sein.

II. Der Grundsatz der Firmenwahrheit tritt hier jedoch zugunsten der Firmenbeständigkeit zurück. § 22 Abs. 1 HGB erlaubt es B, den Namen „Autohaus A e.K." unverändert oder mit einem Nachfolgezusatz beizubehalten. Die Fortführung der Firma ist allerdings nur mit ausdrücklicher Zustimmung des bisherigen Firmeninhabers A oder dessen Erben zulässig.

Beispiel 2:

Der Mühlenbesitzer HM und sein Sohn S betreiben die „HM & Sohn OHG". Nach dem Tod des HM möchte der Sohn das Handelsgeschäft ohne Änderung der Firma fortführen.

I. Durch das Ausscheiden des HM ist aus der OHG ein Einzelhandelsunternehmen geworden, das grundsätzlich auch als solches firmieren muss (z.B. als „S e.K.").

II. Bei dem Übergang des Geschäfts von einer Personengesellschaft auf einen Einzelkaufmann wird § 22 HGB nicht angewandt.[84] Mit einer Firmierung als „OHG" würde der Geschäftsverkehr darüber irregeführt, dass nur eine Person und nicht mehrere Personen persönlich haften. Zulässig ist allerdings die Fortführung der bisherigen Firma mit einem Nachfolgezusatz, z.B. „HM & Sohn OHG, Inhaber S".[85]

Beispiel 3:

Die Partnerschaftsgesellschaft „Rechtsanwälte Dr. H & Partner" besteht seit 1999. Im Jahr 2005 scheidet der namensgebende Partner Dr. H aus der Partnerschaft aus. Er stimmt zu, dass die Partnerschaft ihren bisherigen Namen fortführen darf. Die verbleibenden Partner sind allerdings nicht promoviert.

I. Grundsätzlich ist die Fortführung der bisherigen Firma nach § 24 Abs. 1 HGB zulässig. Die Zustimmung nach § 24 Abs. 2 HGB i.V.m. § 2 Abs. 2 PartGG wurde erteilt.

II. Allerdings steht die Fortführungsbefugnis unter dem Vorbehalt des Irreführungsverbots des § 18 Abs. 2 S. 1 HGB i.V.m. § 2 Abs. 2 PartGG. Zusätze, die im Rechtsverkehr unzutreffende Vorstellungen über Umfang und Art des Unternehmens sowie über geschäftlich bedeutsame persönliche Verhältnisse und Eigenschaften des neuen Unternehmensträgers hervorrufen, sind danach unzulässig.

---

84 BGH NJW 1985, 736, 737.

85 *Ibid.*; Baumbach/Hopt § 22 Rn. 17.

III. Im konkreten Einzelfall liegt jedoch keine unzulässige Irreführung vor, da jeder Rechtsanwalt – ob promoviert oder nicht – eine akademische Ausbildung durchlaufen muss und nicht davon auszugehen ist, dass der Doktortitel eines Partners zur Irreführung über die Vorbildung und Fähigkeiten der Partner geeignet ist. [86]

58 Nach **§ 24 Abs. 2 HGB** ist bei einem freiwilligen Ausscheiden eines Gesellschafters, dessen Name in der Firma enthalten ist, die ausdrückliche Einwilligung zur Fortführung der Firma erforderlich.

Beispiel: Aus der „Vossius OHG" scheidet der Gesellschafter Vossius aus. Die OHG darf ihre bisherige Firma nur mit Zustimmung des ausgeschiedenen Namensgebers fortführen.[87]

59 Fraglich ist, ob bei Übertragung einer Firma im Insolvenzverfahren allein die Zustimmung des Insolvenzverwalters ausreicht oder ob auch der Insolvenzschuldner, dessen Name in der Firma enthalten ist, gemäß § 22 Abs. 1 HGB in die Firmenfortführung durch den Erwerber einwilligen muss. Nach der heute h.M. und Rspr. **gehört die Firma des Gemeinschuldners zur Insolvenzmasse**, weil das Firmenrecht zumindest auch ein Vermögensrecht ist.[88] Gemäß § 35 Abs. 1 InsO erfasst das Insolvenzverfahren das gesamte Vermögen, das dem Schuldner zur Zeit der Eröffnung des Verfahrens gehört. Für die Übertragung der Firma im Insolvenzverfahren reicht die Zustimmung des Insolvenzverwalters.

IV. Die Firmeneinheit

60 Der Grundsatz der Firmeneinheit besagt, dass ein Kaufmann zur Vermeidung von Täuschungen im Rechtsverkehr für ein- und dasselbe Unternehmen **nur eine Firma** führen darf.[89]

61 **Ausnahmen**, bei denen der **Einzelkaufmann** unter verschiedenen Firmen auftreten darf, sind aber von der h.M. anerkannt:[90]

- wenn von dem Kaufmann mehrere Unternehmen betrieben werden, die organisatorisch voneinander getrennt und selbstständig sind. Eine solche Trennung liegt in der Regel nicht vor, wenn die Unternehmen dem gleichen Geschäftszweig angehören.
- wenn der Kaufmann ein weiteres Handelsgeschäft erwirbt und unter dessen alter Firma fortführt (§ 22 HGB). Erforderlich ist in diesem Fall jedoch, dass beide Unternehmen organisatorisch streng getrennt bleiben; wird das neue Unternehmen mit dem bisherigen vereinigt, ist die Führung mehrerer Firmen unzulässig.[91]

---

86 BGH NZG 2018, 900; ebenso für Steuerberater: BGH NZG 2018, 1016.

87 OLG München NZG 2000, 367.

88 BGHZ 85, 221, 224; BGHZ 109, 364, 367; OLG Hamm DB 2003, 2381; Staub/Burgard § 22 Rn. 55 f.; K. Schmidt § 12 I 3 c, S. 349 ff.; Uhlenbruck ZIP 2000, 401, 403; Röhricht/v. Westphalen/Haas/Haas/Ammon/Ries § 22 Rn. 33.

89 BGH NJW 1991, 2023, 2024.

90 MünchKommHGB/Heidinger § 17 Rn. 9; a.A. Staub/Burgard Vor § 17 Rn. 41.

91 Baumbach/Hopt § 17 Rn. 8.

Auch wenn der Kaufmann zwei verschiedene Firmen führt, so handelt es sich dabei nicht um zwei verschiedene Rechtssubjekte, sondern nur um besondere Bezeichnungen verschiedener Vermögensmassen des Kaufmanns.

Personen- und Kapitalgesellschaften dürfen nach h.M. nur eine einzige Firma führen, 62
auch wenn sie mehrere selbstständige Unternehmen betreiben. Dies beruht darauf, dass die Firma der alleinige Name der Gesellschaft ist.[92]

Nach h.M. dürfen auch **Zweigniederlassungen** eine selbstständige Firma haben. Aller- 63
dings muss darin auch die Firma der Hauptniederlassung genannt sein und deutlich werden, dass es sich um eine Zweigniederlassung handelt.[93] Anders als eine unselbstständige Geschäftsstelle ist die Zweigniederlassung (Filiale) mit einer gewissen organisatorischen und wirtschaftlichen Selbstständigkeit ausgestaltet. Die Zweigniederlassung wird in vielerlei Hinsicht wie ein eigenständiges Handelsunternehmen behandelt:

Sie hat ihren eigenen Sitz (wichtig für den Leistungsort nach § 269 BGB und den besonderen Gerichtsstand nach §§ 17, 21 ZPO); sie ist gesondert zum Handelsregister anzumelden und einzutragen (Einzelheiten in §§ 13 ff. HGB); für die Publizitätswirkungen gemäß § 15 HGB stellt § 15 Abs. 4 HGB auf Eintragung und Bekanntmachung durch das Gericht der Zweigniederlassung ab; eine Prokura kann auf den Bereich einer Zweigniederlassung beschränkt werden (Filialprokura, § 50 Abs. 3 HGB[94]).

V. Die Firmenöffentlichkeit

Der Grundsatz der Firmenöffentlichkeit besagt, dass die Firma der Öffentlichkeit kund- 64
gegeben werden muss. Dem dient vor allem die Eintragung im Handelsregister (§ 29 HGB).

Auf den Geschäftsbriefen sind Firma, Rechtsformzusatz, Ort der Handelsniederlassung, Registergericht und Handelsregisternummer anzugeben (§§ 37 a, 125 a HGB, § 35 a GmbHG, § 80 AktG). Auch eine E-Mail ist als Geschäftsbrief im Sinne dieser Vorschrift anzusehen.[95]

92 MünchKommHGB/Heidinger § 17 Rn. 11; Staub/Burgard Vor § 17 Rn. 39.

93 BayObLG NJW-RR 1992, 1062; GK/Steitz § 17 Rn. 9; Staub/Burgard § 17 Rn. 48; K. Schmidt § 12 II 3 a, S. 358 ff.

94 Siehe unten Rn. 131.

95 LG Baden-Baden NJOZ 2012, 1168.

Firmengrundsätze

Firmenunterscheidbarkeit

- Nach § 18 Abs. 1 HGB muss die Firma Unterscheidungskraft besitzen. Dies ist die hinreichende individuelle Eigenart, die die Firmennamen als einen Hinweis auf das Unternehmen verstehen lässt. Insbesondere rein beschreibende Angaben haben keine Unterscheidungskraft, es besteht insoweit in der Regel auch ein Freihaltebedürfnis.
  Aus der Unterscheidungskraft folgt die Eignung zur Kennzeichnung.
- § 30 HGB erfordert, dass sich jede neue Firma von den am gleichen Ort bestehenden Firmen deutlich unterscheidet.

Firmenwahrheit

- § 18 Abs. 2 HGB verbietet Angaben, die zur Irreführung der angesprochenen Verkehrskreise geeignet sind. Dabei sind nur Angaben relevant, die wesentlich sind.
- Alle Kaufleute, auch der Einzelkaufmann, müssen einen Rechtsformzusatz führen.

Firmenbeständigkeit

- Namensänderung bei Inhaberidentität, § 21 HGB
- Erwerb unter Lebenden oder von Todes wegen (mit oder ohne Nachfolgezusatz), § 22 HGB
- Ein- oder Austritt von Gesellschaftern, § 24 HGB

Firmeneinheit

- Grundsatz: für ein- und dasselbe Unternehmen nur eine Firma
- Ausnahme: mehrere Firmen bei
  - Organisatorischer Selbstständigkeit
  - Selbstständigen Filialen

Firmenöffentlichkeit

- Eintragungspflicht im HReg, § 29 HGB
- Angaben auf Briefköpfen (§§ 37 a, 125 a HGB, § 35 a GmbHG, § 80 AktG) und in E-Mails

C. Der Schutz der Firma

Führt jemand eine Firma unberechtigt (z.B. Gebrauch einer unzulässigen Firma oder Fortführung ohne Zustimmung des bisherigen Geschäftsinhabers, §§ 22 Abs. 1, 24 Abs. 2 HGB), so wird der Schutz der Firma in zweifacher Hinsicht gewährleistet: **65**

Registerrechtlich durch das Firmenmissbrauchsverfahren nach § 37 Abs. 1 HGB und das Amtslöschungsverfahren nach § 395 FamFG.

Privatrechtliche Ansprüche Dritter können sich aus § 15 MarkenG, § 37 Abs. 2 HGB, evtl. auch aus § 12 BGB, § 823 Abs. 1 BGB und §§ 3 ff. UWG ergeben.

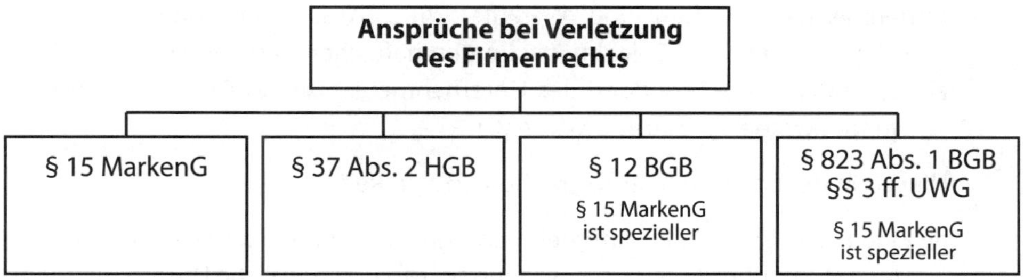

- Der Anspruch aus § 15 MarkenG hat für den Schutz der Firma die praktisch größte Bedeutung. Dies beruht darauf, dass § 37 Abs. 2 HGB nur einen eingeschränkten Schutz bietet und das MarkenG gegenüber den anderen Anspruchsgrundlagen zunehmend als Spezialgesetz angesehen wird. **66**

  Nach § 15 MarkenG sind „geschäftliche Bezeichnungen" geschützt. Das sind vor allem die Bezeichnungen des Unternehmens selbst (§ 5 Abs. 1 und 2 MarkenG).

  Demgegenüber schützt § 14 MarkenG die Marken, d.h. die Bezeichnungen der Unternehmensprodukte („Waren oder Dienstleistungen", § 3 MarkenG).

- Die Bedeutung des § 37 Abs. 2 HGB ist relativ gering, da nach dieser Vorschrift nur die registerrechtliche Unzulässigkeit einer Firmenbezeichnung geltend gemacht werden kann.

- Der weite zivilrechtliche Namensbegriff des § 12 BGB umfasst auch den Schutz der Firma. Der Anspruch aus § 15 MarkenG geht aber als Spezialregelung in seinem Anwendungsbereich dem zivilrechtlichen Namensschutz vor.[96]

- Eine Anwendung der §§ 3 ff. UWG und des § 823 Abs. 1 BGB wird durch die speziellen Vorschriften des MarkenG ausgeschlossen.[97]

  Wie § 12 BGB können auch §§ 3 ff. UWG und § 823 Abs. 1 BGB anwendbar sein, soweit das MarkenG einen Sachverhalt nicht abschließend regelt.

---

96 BGHZ 149, 191, 196 – shell.de.

97 BGHZ 138, 349 – Mac Dog.

I. Schutz der Firma nach § 15 MarkenG

Fall 2: McDonald's / McChinese

Die „McChinese GmbH" ist im Handelsregister in Hamburg eingetragen. Sie betreibt Schnellrestaurants, in denen chinesische Speisen zubereitet werden. Die McDonald's AG, die seit 1965 im Handelsregister in München eingetragen ist, verlangt Unterlassung der Firmenbezeichnung.

67 I. Anspruch aus § 15 Abs. 4 MarkenG

1. Nach § 15 MarkenG sind „geschäftliche Bezeichnungen" geschützt. Dies sind Unternehmenskennzeichen und Werktitel (§ 5 Abs. 1 MarkenG). Unternehmenskennzeichen sind Zeichen, die im geschäftlichen Verkehr als Name, Firma, als besondere Bezeichnungen des Unternehmens oder als Geschäftsabzeichen verwendet werden (§ 5 Abs. 2 MarkenG).

   Hier steht der Schutz der Firma „McDonald's" in Rede.

   a) Eine Firma ist wie alle Unternehmenskennzeichen nur schutzfähig, wenn sie Unterscheidungskraft hat. Diese kann sich als ursprüngliche Unterscheidungskraft aus der Bezeichnung selbst ergeben oder durch Verkehrsgeltung erlangt werden. Die Firma „McDonald's" besitzt ursprüngliche Kennzeichnungskraft.

   b) Der Schutz einer Firma mit ursprünglicher Unterscheidungskraft beginnt mit der Ingebrauchnahme im geschäftlichen Verkehr.[98] Kann sich auch der Anspruchsgegner auf den Schutz eines Unternehmenskennzeichens berufen, gilt der Prioritätsgrundsatz. Das Recht, das zeitlich früher erworben wurde, ist schutzwürdig, sofern keine Ausnahmetatbestände – wie z.B. Verwirkung nach § 21 MarkenG – eingreifen. Die Firma „McDonald's" ist vor der Firma „McChinese" in Gebrauch genommen worden.

2. Die Verwendung der Firma „McChinese" erfolgt unbefugt, d.h. ohne Zustimmung der McDonald's AG, und im geschäftlichen Verkehr.

3. § 15 Abs. 4 i.V.m. Abs. 2 MarkenG schützt davor, dass Dritte geschäftliche Bezeichnungen in einer Weise benutzen, „die geeignet ist, Verwechslungen mit der geschützten Bezeichnung hervorzurufen".

68 a) Der Begriff der Verwechslungsgefahr hat zwei Ausprägungen. Man versteht darunter die Gefahr der Irreführung eines nicht unerheblichen Teils der angesprochenen Verkehrskreise

   - darüber, dass die bezeichneten Unternehmen identisch sind (Verwechslungsgefahr im engeren Sinn)
   - oder dass zwischen den bezeichneten Unternehmen besondere Beziehungen – etwa Lizenzverträge oder Konzernzugehörigkeiten – bestehen (Verwechslungsgefahr im weiteren Sinn).

98 BGH NJW 2008, 3716, Rn. 16.

b) Bei der Prüfung der Verwechslungsgefahr stellt man auf drei Gesichtspunkte ab, deren Bedeutung in einer Wechselbeziehung steht: die Zeichenähnlichkeit, die Branchennähe und die Kennzeichnungskraft der geschützten Bezeichnung. **69**

aa) § 15 Abs. 2 MarkenG verbietet es, „die geschäftliche Bezeichnung" (identisch) „oder ein ähnliches Zeichen" zu benutzen. Die **Zeichenähnlichkeit** ist der Grad der Übereinstimmung zwischen den von den Parteien verwendeten Firmen oder Unternehmenskennzeichen. Hier beschränkt sich die Zeichenähnlichkeit auf die Verwendung des Zusatzes „Mc".

bb) Bei der **Branchennähe** wird festgestellt, inwieweit sich die Tätigkeitsbereiche der beteiligten Unternehmen nahe- oder fernstehen. Im vorliegenden Fall besteht unmittelbare Branchennähe: Die Parteien sind in derselben Branche (Fast Food) tätig und treten sich unmittelbar als Wettbewerber gegenüber.

cc) Für die **Kennzeichnungskraft** ist entscheidend, inwieweit der Name oder das Zeichen zur Unterscheidung von Unternehmen und Waren im Verkehr geeignet ist. Schon die ursprüngliche Kennzeichnungskraft der Firma „McDonald's" ist recht hoch, da es sich um einen nicht ganz gewöhnlichen Eigennamen handelt. Prägend für die überragende Kennzeichnungskraft der Firma „McDonald's" ist aber die mit der Zeit erworbene hohe Verkehrsgeltung.

dd) Prüft man nun die Gefahr der Irreführung der angesprochenen Verkehrskreise, so ist die **Wechselbeziehung** dieser Merkmale zu berücksichtigen. Sie besteht darin, dass bei hochgradigem Vorliegen eines Faktors an das Vorliegen eines anderen Faktors geringere Anforderungen gestellt werden können.[99]

Im vorliegenden Fall ist bei der unmittelbaren Branchennähe und der hohen Kennzeichnungskraft auch die nur teilweise Übereinstimmung („Mc") geeignet, die unzutreffende Vorstellung hervorzurufen, dass die Firma „McChinese" Tochter oder Lizenznehmerin der Firma „McDonald's" ist.

Gegenbeispiele: Wegen der geringen Branchennähe hat das OLG München (MDR 1995, 817) eine Verwechslungsgefahr zwischen „McDonald's" und „McShirt" (Name eines Unternehmens, das T-Shirts bedruckt) verneint. Eine Verwechslungsgefahr zwischen den Produkten von McDonald's und dem Hunde- und Katzenfutter „MAC Dog" und „MAC Cat" ist ebenfalls zu verneinen.[100]

4. McDonald's kann aus § 15 Abs. 4 MarkenG Unterlassung der Firmenbezeichnung „McChinese" verlangen.

II. Als weitere Anspruchsgrundlage kommt § 37 Abs. 2 HGB in Betracht. Danach ist jedoch Voraussetzung, dass die Benutzung der Firma „unbefugt" erfolgt. Der Firmen- **70**

---

99 BGH 2002, 898 – defacto; BGH WRP 2008, 232 – Interconnect.

100 OLG München MDR 1996, 66.

gebrauch erfolgt unbefugt, wenn die Firma dem Verwender i.S.d. § 37 Abs. 1 HGB nicht zusteht, d.h. handelsrechtlich nach den §§ 18 ff. HGB unzulässig ist.[101]

Hier kommt eine Verletzung des registerrechtlichen Grundsatzes der Unterscheidbarkeit aus § 30 Abs. 1 HGB in Betracht. Dieser bezieht sich aber nur auf ältere Firmen an demselben Ort oder derselben Gemeinde. Da die McChinese GmbH in Hamburg eingetragen ist und die McDonald's AG in München, ist die Firmierung „McChinese" registerrechtlich zulässig. Damit besteht kein Anspruch aus § 37 Abs. 2 HGB.

71 III. Ein weiterer Anspruch könnte sich aus § 12 BGB ergeben. Der Anspruch aus § 15 MarkenG geht in seinem Anwendungsbereich aber dem Namensschutz aus § 12 BGB vor.[102]

Wenn § 2 MarkenG bestimmt, dass andere Vorschriften anwendbar bleiben, bedeutet dies nicht, dass diese neben dem MarkenG gelten, sondern nur, dass ein ergänzender Schutz nach anderen Gesetzen möglich ist, wenn der Schutz nach dem MarkenG nicht ausreicht. Besteht – wie hier – ein Anspruch aus § 15 MarkenG, ist § 12 BGB nicht anwendbar.

72 IV. Ansprüche aus §§ 3 ff. UWG oder § 823 Abs. 1 BGB scheitern schon daran, dass diese Normen neben dem MarkenG nicht anwendbar sind.

BGHZ 138, 349 – Mac Dog: „Die Regelung zum Schutz bekannter Marken und Unternehmenskennzeichnungen ist an die Stelle des bisherigen von der Rspr. entwickelten Schutzes getreten und lässt in ihrem Anwendungsbereich für eine gleichzeitige Anwendung des § 1 UWG[103] oder des § 823 Abs. 1 BGB grundsätzlich keinen Raum."

Ergebnis: Neben dem Unterlassungsanspruch aus § 15 Abs. 4 MarkenG bestehen keine weiteren Ansprüche.

---

73 Für einen Teil einer Firmenbezeichnung kann der Schutz als Unternehmenskennzeichen beansprucht werden, wenn es sich um einen unterscheidungskräftigen Firmenbestandteil handelt, der im Vergleich zu den übrigen Firmenbestandteilen geeignet erscheint, sich im Verkehr als schlagwortartiger Hinweis auf das Unternehmen durchzusetzen.[104]

II. Anwendbarkeit der §§ 12, 823 BGB, §§ 3 ff. UWG bei Schutzlücken

74 § 15 MarkenG schließt § 12 BGB als Spezialregelung aus. Ein Anspruch aus § 12 BGB kann sich aber ergeben, soweit § 15 MarkenG – wie im außergeschäftlichen Verkehr – nicht eingreift.

101 MünchKommHGB/Krebs § 37 Rn. 41 ff.; GK/Steitz § 37 Rn. 17.
102 BGHZ 149, 191, 196 – shell.de; MünchKommBGB/Säcker § 12 Rn. 197; Petersen Jura 2007, 175.
103 Nach heutigem Recht: § 3 UWG.
104 BGH NJW-RR 2001, 118 – Comtes/ComTel.

Fall 3: Shell.de

A. Shell hat bei der DENIC die Domain „shell.de" für sich registrieren lassen. Er verwendet die Adresse für eine private Homepage. Die Deutsche Shell GmbH, ein Tochterunternehmen des bekannten Mineralölkonzerns, verlangt Unterlassung der Verwendung des Domainnamens.

I. Ein Anspruch aus § 15 Abs. 4 MarkenG setzt voraus, dass die Bezeichnung „entgegen Absatz 2 oder 3 benutzt" wird. Sowohl Abs. 2 als auch Abs. 3 erfordern jedoch, dass der Anspruchsgegner die Bezeichnung „im geschäftlichen Verkehr" benutzt. A. Shell benutzt die Domain für seine private Homepage und nicht im geschäftlichen Verkehr. **75**

II. Anspruch aus § 12 BGB **76**

1. Bei einer Verwendung des Namens außerhalb des geschäftlichen Verkehrs ist § 12 BGB anwendbar.[105]

2. Gemäß § 12 BGB ist zunächst der bürgerlich-rechtliche Name eines Menschen geschützt. Der Schutzbereich erstreckt sich aber auch auf die Firma oder Firmenbestandteile. Der Schutz einer Firma oder eines Firmenbestandteils aus § 12 BGB ist jedoch auf den Funktionsbereich des betreffenden Unternehmens beschränkt und reicht nur soweit, wie geschäftliche Beeinträchtigungen zu befürchten sind. Diese Voraussetzung ist bei der Registrierung des fremden Kennzeichens als Domainnamen gegeben, weil der Berechtigte von einer entsprechenden eigenen Nutzung ausgeschlossen wird.

3. Die Beeinträchtigung kann durch Namensleugnung oder Namensanmaßung erfolgen.

   a) Eine Namensleugnung ist stets rechtswidrig. Sie liegt vor, wenn das Recht des Namensträgers zur Führung seines Namens bestritten wird. Die Registrierung eines Domainnamens ist kein Bestreiten des fremden Namensrechts.[106] **77**

   b) Eine Namensanmaßung hat weitere Voraussetzungen: **78**

      - Es muss ein unbefugter Namensgebrauch vorliegen.
      - Dadurch muss es zu einer Zuordnungsverwirrung kommen.
      - Schutzwürdige Interessen des Namensträgers müssen verletzt werden.[107]

   Bei der Verwendung eines fremden Kennzeichens in einem Domainnamen liegen diese Voraussetzungen regelmäßig vor. Es kommt zu einer Zuordnungsverwirrung und, da der Domainname nur einmal vergeben werden kann, sind schutzwürdige Interessen des Namensträgers verletzt. Hier ist allerdings fraglich, ob A. Shell den Namen der Deutschen Shell GmbH unbefugt gebraucht.

105 BGHZ 149, 191 – shell.de.

106 BGH RÜ 2003, 481.

107 BGHZ 161, 216 – Pro Fide Catholica; BGH NJW 2007, 2633 – grundke.de.

Der Gebrauch des eigenen bürgerlich-rechtlichen Namens ist grundsätzlich nicht unbefugt. In den Fällen der Gleichnamigkeit ist eine **Abwägung** vorzunehmen. Grundsätzlich gilt der **Prioritätsgrundsatz.**[108] Derjenige, der sich zuerst den Domainnamen hat eintragen lassen, hat auch das bessere Recht. Nur in besonderen Ausnahmefällen ist dieser Grundsatz zu korrigieren. Das Kennzeichen „Shell" hat eine derart überragende Bedeutung, dass die privaten Interessen zurückstehen müssen.[109] A. Shell darf den Namen „Shell" in einem Domainnamen nur mit einem zusätzlichen individualisierenden Zusatz (z.B. „andreas-shell.de") verwenden.[110]

---

79 Der Name (und damit auch die Firma) ist Bestandteil des allgemeinen Persönlichkeitsrechts und als solcher auch nach § 823 Abs. 1 BGB geschützt. Da das Markenrecht spezieller ist, bleibt insoweit für § 823 Abs. 1 BGB nur ein kleiner Anwendungsbereich.

Da sich aus § 12 BGB kein Schadensersatzanspruch ergibt, kann § 823 Abs. 1 BGB neben dieser Regelung ergänzend eingreifen – soweit nicht § 12 BGB durch das MarkenG ausgeschlossen ist. Weiterhin werden Ansprüche wegen der bloßen Namensnennung auf § 823 Abs. 1 BGB gestützt.

80 Wird im geschäftlichen Verkehr eine rein beschreibende Bezeichnung verwendet, kommen Ansprüche aus §§ 3 ff. UWG in Betracht. Regelmäßig wird jedoch ein Wettbewerbsverstoß zu verneinen sein, da eine gezielte Behinderung der Mitbewerber (§ 4 Nr. 10 UWG) nicht vorliegt und die Verwendung der beschreibenden Bezeichnung nicht irreführend i.S.d. § 5 Abs. 1 UWG ist.[111]

D. Inhaberwechsel und Firmenfortführung

81 Schließt der Geschäftsinhaber unter seiner Firma ein Rechtsgeschäft ab, ist nicht die „Firma" Geschäftspartner, da sie nicht rechtsfähig ist und daher nicht Träger von Rechten und Pflichten sein kann (anders aber bei Handelsgesellschaften und juristischen Personen). Vielmehr wird der jeweilige Inhaber persönlich berechtigt und verpflichtet.

Der Handelsverkehr geht allerdings davon aus, dass Gläubiger von Geschäftsverbindlichkeiten diese grundsätzlich gegen „das Unternehmen" als solches geltend machen können, gleichgültig, wer der jeweilige Inhaber ist. Ebenso werden Geschäftsforderungen wegen des sachlichen Zusammenhangs „dem Unternehmen" selbst zugeordnet. Dieser Verkehrsanschauung entsprechen die §§ 25, 27 und 28 HGB, wonach unter den dort genannten Voraussetzungen Verbindlichkeiten grundsätzlich auf den neuen Unternehmensträger übergehen und die im Betrieb begründeten Forderungen dem Schuldner gegenüber als auf den Erwerber übergegangen gelten. Das Gesetz unterscheidet hierbei drei Fälle:

---

108 BGH NJW 2007, 2633 – grundke.de.

109 BGH NJW 2004, 1793 – kurt-biedenkopf.de.

110 BGHZ 149, 191 – shell.de.

111 BGH ZIP 2001, 1976 – mitwohnzentrale.de.

- Inhaberwechsel kraft Rechtsgeschäfts, § 25 HGB,
- Inhaberwechsel durch Erbfolge, § 27 HGB, und
- Eintritt in das Geschäft eines Einzelkaufmanns, § 28 HGB.

I. Fortführung der Firma durch den rechtsgeschäftlichen Erwerber

1. Haftung für die Verbindlichkeiten gemäß § 25 Abs. 1 S. 1 HGB

Gemäß § 25 Abs. 1 S. 1 HGB haftet der Erwerber eines Handelsgeschäfts für die Verbindlichkeiten des früheren Inhabers, wenn er das Geschäft unter der bisherigen Firma fortführt. Die Norm betrifft damit die Frage, von wem der Gläubiger einer Forderung gegen das Handelsgeschäft im Fall der Übernahme des Handelsgeschäfts durch einen Dritten die Leistung verlangen kann. 82

§ 25 Abs. 1 S. 1 HGB: Voraussetzungen und Rechtsfolgen

- Handelsgeschäft
- Erwerb unter Lebenden
- Fortführung unter der bisherigen Firma
  - Fortführung des Handelsgeschäfts
  - Fortführung der Firma
- Kein Haftungsausschluss gemäß § 25 Abs. 2 HGB
- Rechtsfolge: Haftung für die im Betrieb des Geschäfts begründeten Verbindlichkeiten

a) Handelsgeschäft

Nach dem Wortlaut des § 25 HGB muss der erworbene Betrieb ein Handelsgeschäft sein. Teilweise wird gefordert, die Regelung auch auf den Erwerb eines nichtkaufmännischen Betriebes analog anzuwenden.[112] Dies wird von der h.M. abgelehnt, weil in diesem Fall kein Haftungsausschluss gemäß § 25 Abs. 2 HGB in das Handelsregister eingetragen werden könnte.[113] 83

b) Erwerb unter Lebenden

Der Erwerb setzt einen Wechsel des Rechtsträgers voraus. Die bloße Umbenennung eines Unternehmens führt nicht zur Anwendung des § 25 Abs. 1 HGB. Bei einer bloßen Firmenänderung besteht eine Haftung für Altschulden, weil sich der Rechtsträger nicht ändert. 84

Beispiel: Das „Autohaus R. GmbH" benennt sich um in das „R. Auto- und Servicehaus GmbH". Die GmbH haftet für Altschulden weiter, weil der Rechtsträger identisch geblieben ist und die Gesellschaft nur ihre Bezeichnung geändert hat.

112 K. Schmidt § 8 II 1 a.

113 Oetker/Vossler § 25 Rn. 13.

Gegenbeispiel: Das „Autohaus R. GmbH" wird insolvent. Der Geschäftsführer gründet die „R. Auto- und Servicehaus GmbH", die die Geschäfte der „Autohaus R. GmbH" weiterführt. Hier findet ein Wechsel des Rechtsträgers statt. Inhaber des Unternehmens ist eine andere GmbH. Die „R. Auto- und Servicehaus GmbH" haftet für Altschulden gemäß § 25 Abs. 1 S. 1 HGB.

85 Für den Erwerbstatbestand reicht **jeder rein tatsächliche Erwerb**. Die Haftung aus § 25 Abs. 1 HGB beruht entscheidend auf der Fortführung des Unternehmens. Wie der Inhaber an das Unternehmen gelangt ist, ist unbedeutend. Es ist weder ein dinglicher Eigentumserwerb noch ein wirksamer schuldrechtlicher Vertrag erforderlich. Auch der zeitlich beschränkte Erwerb durch Pacht[114] oder Nießbrauch stellt einen Erwerb i.S.d. § 25 HGB dar (vgl. auch § 22 Abs. 2 HGB).[115] Ein abgeleiteter Erwerb von dem früheren Inhaber des Handelsgeschäfts ist nicht erforderlich.[116]

Beispiel:[117] V hat im Januar Waren im Wert von 20.000 € an die „Industrie-Böden Salur GmbH" (IB-GmbH) geliefert. Im März wird die „Fußbodenbau Salur GmbH" (FS-GmbH) gegründet. Beide Unternehmen stellen Industrieböden her. Sie sind unter derselben Adresse ansässig und haben denselben Geschäftsführer und Gründungsgesellschafter. Nachdem über das Vermögen der IB-GmbH das Insolvenzverfahren eröffnet wurde, verlangt V von der FS-GmbH Zahlung.

I. Die IB-GmbH betrieb ein Handelsgeschäft.
II. Die FS-GmbH hat das Unternehmen nicht rechtsgeschäftlich von der IB-GmbH erworben. Es reicht aber der rein tatsächliche Übergang des Unternehmens.
III. Da die FS-GmbH das gleiche Unternehmen weitergeführt hat und der Firmenkern „Salur GmbH" identisch ist, haftet die FS-GmbH gemäß § 25 Abs. 1 S. 1 HGB.

86 Das Erfordernis des Erwerbs **unter Lebenden** grenzt § 25 HGB von der Fortführung durch Erbfolge nach § 27 HGB ab.

87 § 25 Abs. 1 HGB greift **nicht** ein **beim Erwerb des Handelsgeschäfts im Insolvenzverfahren**. Würde der Erwerber hier nach § 25 Abs. 1 HGB haften, wäre eine Veräußerung praktisch nicht erreichbar. Die Insolvenzgläubiger sollen sich nur aus der vom Erwerber erbrachten Gegenleistung befriedigen, nicht dagegen durch Rückgriff auf das sonstige Vermögen des Erwerbers.[118] Bei einer Übernahme der Verbindlichkeiten durch den Erwerber würde eine gleichmäßige Befriedigung der Gläubiger gefährdet.[119]

c) Fortführung des Handelsgeschäfts unter der bisherigen Firma

88 Der Erwerber muss das Geschäft fortführen **und** die Firma beibehalten.

aa) Fortführung des Handelsgeschäfts

89 Das Handelsgeschäft ist fortgeführt, wenn zumindest der den Schwerpunkt des Unternehmens bildende **wesentliche Kern** desselben übernommen wird, sodass sich der nach außen für den Rechtsverkehr in Erscheinung tretende Tatbestand als Weiterfüh-

114 BGH NJW 2006, 1002; a.A. Kanzleiter DNotZ 2006, 590; Lettl WM 2006, 2336.
115 BGH RÜ 2008, 769; Baumbach/Hopt § 25 Rn. 4; GK/Steitz § 25 Rn. 6.
116 BGH RÜ 2008, 769.
117 Nach BGH RÜ 2008, 769.
118 BGH RÜ 2008, 769; Staub/Burgard § 25 Rn. 54; GK/Steitz § 25 Rn. 11.
119 Staub/Burgard § 25 Rn. 46.

rung des Unternehmens in seinem wesentlichen Bestand darstellt.[120] § 25 Abs. 1 HGB greift auch dann ein, wenn einzelne Vermögensbestandteile oder Betätigungsfelder von der Übernahme ausgeschlossen werden, solange nur der wesentliche Kern übernommen wird.

bb) Fortführung der Firma

Das Handelsgeschäft muss unter der bisherigen Firma fortgeführt werden. Dabei ist eine wort- und buchstabengetreue Übereinstimmung zwischen alter und neuer Firma nicht erforderlich. **Entscheidend ist, ob der Geschäftsverkehr die neue Firma noch mit der alten identifiziert**. Es genügt, dass der **„Kern" der Firma und die „prägenden Zusätze"** übernommen werden.[121] 90

Ein **Familienname** gehört regelmäßig zum Firmenkern oder ist zumindest ein prägender Zusatz. Führt ein Einzelkaufmann neben seinem Familiennamen auch seinen **Vornamen** als Firmenbestanteil, sind beide Bestandteile gleichermaßen prägend. Wird im Zuge einer Übertragung des Unternehmens zwar der Nachname beibehalten, aber der Vorname ausgetauscht (etwa bei Übertragung auf Geschwister oder Ehepartner), liegt in der Regel eine derart gravierende Veränderung vor, dass der Geschäftsverkehr von einem gänzlich anderen Unternehmensträger ausgehen muss.[122]

Nach h.M. ist die **Änderung des Rechtsformzusatzes ohne Bedeutung**. 91

Beispiel: Der Kaufmann Z ist Inhaber der Unternehmens „Z. Metallbau e.K.". Er gründet die „Z. Metallbau GmbH", die das Handelsgeschäft fortführt. Haftet die GmbH für Altschulden?

1. In der Lit. wird teilweise angenommen, der Rechtsformzusatz gehöre zu den prägenden Bestandteilen der Firma.[123] Gemäß § 19 Abs. 1 HGB stelle er eine Essentialie der Firma dar. Bei einer Änderung der Rechtsform identifiziere der Geschäftsverkehr die neue Firma nicht mehr mit der alten und gehe regelmäßig nicht von einer Übernahme der Altschulden durch den neuen Unternehmensträger aus.

2. Nach h.M. hat der Rechtsformzusatz keinen prägenden Charakter.[124] Allein die Änderung der Rechtsform besagt nichts darüber, ob das Unternehmen fortgeführt worden ist. Im vorliegenden Fall wird die Firma durch den Eigennamen „Z." geprägt. Der Rechtsverkehr sieht die Unternehmen als identisch an, auch wenn der Rechtsträger gewechselt hat. Die GmbH haftet demnach für die Verbindlichkeiten des Einzelkaufmanns Z.

Entscheidend ist **allein die tatsächliche Firmenfortführung**. Unerheblich ist z.B.: 92

- ob im Handelsregister eine andere Firma eingetragen wurde,[125]
- ob die Fortführung im Innenverhältnis zum Veräußerer berechtigt ist, insbesondere ob dieser gemäß § 22 HGB zugestimmt hat.

---

120 BGH NZG 2010, 112; Baumbach/Hopt § 25 Rn. 6.
121 BGH NJW 1992, 911, 912; BGH RÜ 2001, 213; BGH NJW-RR 2004, 1173; GK/Steitz § 25 Rn. 8 ff.
122 OLG Hamm NZG 2018, 33.
123 Canaris § 7 Rn. 30.
124 BGH RÜ 2012, 561; BGH RÜ 2009, 764; Oetker/Vossler § 25 Rn. 27.
125 BGH NJW 1987, 1633 mit Anm. K. Schmidt.

- Die Firma muss auch nicht firmenrechtlich zulässig sein.[126] Erforderlich ist nur, dass die geführte Bezeichnung als Firma überhaupt möglich ist.[127]

Nach K. Schmidt[128] ist eine Firmenfortführung für den Tatbestand des § 25 Abs. 1 HGB nicht erforderlich. Entscheidend sei allein die Unternehmensfortführung und Unternehmensidentität. Gegen diese Ansicht spricht der eindeutige Wortlaut der Vorschrift.

93 Die Fortführung einer **Etablissement- oder Geschäftsbezeichnung reicht nicht.**[129]

Beispiel: K betreibt die Gaststätte „Zum Viertele" als kaufmännischen Betrieb unter der Firma „Friedrich K., e.K." Er überträgt das Unternehmen auf den E, der den Namen „Zum Viertele" weiter benutzt, aber als „Hermann E., e.K." firmiert. E haftet nicht gemäß § 25 Abs. 1 S. 1 HGB, weil er nicht die Firma, sondern nur die Geschäftsbezeichnung fortgeführt hat.

94 Eine Firmenfortführung liegt auch dann nicht vor, wenn eine Handelsgesellschaft beabsichtigt, den Namen einer anderen, bislang unter dieser Firma am Markt tätigen Handelsgesellschaft **„ähnlich einer Marke"** weiterzuverwenden.[130]

Beispiel: Die E GmbH erwirbt umfangreiche Vermögenswerte der P GmbH. Die Parteien vereinbaren, dass die E GmbH ferner den Namen „P" im Rechtsverkehr verwenden darf, wobei dieser nicht in die Firma der E GmbH übernommen werden soll. Die E GmbH möchte jedoch nicht für bestehende Verbindlichkeiten der P GmbH haften. Kann sie hierzu einen Haftungsausschluss nach § 25 Abs. 2 HGB (dazu sogleich) im Handelsregister eintragen?

Dann müsste die Möglichkeit einer Haftung nach § 25 Abs. 1 HGB zumindest ernsthaft in Betracht kommen. Voraussetzung hierfür ist das Vorliegen einer Firmenfortführung. Die bloße Übernahme von Vermögenswerten und die Verwendung des Namens ähnlich einer Marke soll nach der Rspr. jedoch keine Firmenfortführung darstellen, da der Name „P" nicht in die Firma der E GmbH übernommen werden sollte und somit nur eine – vom Firmennamen zu unterscheidende – Geschäftsbezeichnung betreffe. Da eine solche Verwendung des Namens „ähnlich einer Marke" nicht dem Tatbestand des § 25 Abs. 1 HGB unterfällt, ist auch ein Haftungsausschluss nach § 25 Abs. 2 HGB nicht eintragungsfähig.

d) Kein Haftungsausschluss gemäß § 25 Abs. 2 HGB

95 Die Haftung kann durch Vereinbarung zwischen dem Erwerber und dem Veräußerer ausgeschlossen werden. Gegenüber Dritten wirkt eine solche Vereinbarung gemäß § 25 Abs. 2 HGB aber nur, wenn sie im Handelsregister eingetragen und bekannt gemacht oder dem Dritten vom Erwerber oder Veräußerer mitgeteilt worden ist. Dies muss allerdings **unverzüglich** nach der Übergabe erfolgen, da der Übergang der Verbindlichkeiten und Forderungen kraft Gesetzes im Zeitpunkt des Geschäftsübergangs erfolgt.[131] Das Risiko einer verzögerten Eintragung und Bekanntmachung trifft den neuen Unternehmensträger; es kommt weder auf dessen Verschulden noch auf ein solches des Registergerichts an.[132]

Die Eintragung nach § 25 Abs. 2 HGB ist nur zulässig, wenn eine Haftung nach § 25 Abs. 1 HGB ernsthaft in Betracht kommt. Grund ist, dass der Erwerber davor geschützt werden

126 BGH NJW 1986, 581, 582.
127 OLG Köln NJW-RR 1994, 725; OLG Brandenburg NJW-RR 1999, 395.
128 K. Schmidt § 8 II 1 c.
129 OLG Köln NZG 2012, 188; VGH Baden-Württemberg NVwZ-RR 2012, 105.
130 OLG Saarbrücken NZG 2018, 349.
131 BGH NJW 1984, 1186, 1187; BGH NJW-RR 1992, 866; OLG Düsseldorf NJW-RR 2003, 1120.
132 OLG Hamm ZIP 1998, 2092, 2094; Röhricht/v. Westphalen/Haas/Haas/Ammon/Ries § 25 Rn. 41; Waldner NZG 1999, 248.

soll, dass das Registergericht die Eintragungsfähigkeit des Haftungsausschlusses verneint, ein Prozessgericht aber der Klage eines Gläubigers auf Grundlage des § 25 Abs. 1 HGB stattgibt.

e) Rechtsfolge: Haftung für die im Betrieb des Geschäfts begründeten Verbindlichkeiten

Gemäß § 25 Abs. 1 S. 1 HGB haftet der Erwerber für die im Betrieb des Geschäfts begründeten Verbindlichkeiten des früheren Inhabers. 96

Nach h.M. handelt es sich bei dieser Haftung um einen gesetzlichen Schuldbeitritt.[133] Die Haftung des früheren Inhabers bleibt unberührt, es kann lediglich gemäß § 26 HGB eine Enthaftung eintreten.

Im Zusammenhang mit einem Anspruch aus § 25 Abs. 1 S. 1 HGB können – je nach Sachverhalt – weitere Ansprüche zu prüfen sein:

*Es kann eine **Vertragsübernahme** vorliegen (selten, da dafür entweder ein dreiseitiger Vertrag erforderlich ist oder ein Vertrag zwischen ausscheidender und eintretender Partei mit Zustimmung des Anspruchsinhabers).*

*Auch eine **Schuldübernahme** gemäß §§ 414, 415 BGB ist möglich (aber ebenfalls selten, da auch diese die Zustimmung des Anspruchsinhabers voraussetzt).*

*Insbesondere wenn der Vertrag vom Inanspruchgenommenen durchgeführt wird, kann darin ein **Schuldbeitritt** liegen. Gerade bei andauernden Geschäftsbeziehungen zu dem Anspruchsteller wird dies zu prüfen sein. Die Haftung aus § 25 Abs. 1 S. 1 HGB stellt einen gesetzlichen Schuldbeitritt dar. Neben dieser Haftung wird ein vertraglicher Schuldbeitritt regelmäßig nicht erklärt. Ein vertraglicher Schuldbeitritt kann aber insbesondere dann erklärt sein, wenn die Voraussetzungen des § 25 Abs. 1 S. 1 HGB nicht vorliegen, etwa weil ein nichtkaufmännisches (oft freiberufliches) Unternehmen fortgeführt wird.*

*Ein Anspruch aus **§ 25 Abs. 3 HGB** aufgrund handelsüblicher Bekanntmachung der Übernahme der Verbindlichkeiten ist möglich, hat aber keine praktische Bedeutung.*

*Liegen die Voraussetzungen des § 25 Abs. 1 S. 1 HGB mangels Fortführung des Betriebes nicht vor, kann der Anschein der Fortführung eines fast namensgleichen Unternehmens eine **allgemeine Rechtsscheinshaftung** begründen.*[134]

2. Forderungsübergang gemäß § 25 Abs. 1 S. 2 HGB

Gemäß § 25 Abs. 1 S. 2 HGB gelten bei einer Firmenfortführung die Forderungen als übergegangen. Die Norm betrifft damit die Frage, an wen der Schuldner einer Forderung des Handelsgeschäfts im Fall der Übernahme des Handelsgeschäfts durch einen Dritten leisten muss. 97

133 Oetker/Vossler § 25 Rn. 29

134 BGH RÜ 2012, 561; K. Schmidt JuS 2013, 77.

§ 25 Abs. 1 S. 2 HGB: Voraussetzungen und Rechtsfolge
I. Handelsgeschäft
II. Erwerb unter Lebenden
III. Fortführung unter der bisherigen Firma ▪ Fortführung des Handelsgeschäfts ▪ Fortführung der Firma
IV. Einwilligung des bisherigen Inhabers in die Fortführung der Firma durch den Erwerber
V. Wirksamkeit der Abtretung ▪ Abtretungsverbote (z.B. §§ 399, 400, 613, 717 BGB) ▪ Formvorschriften (z.B. § 1154 BGB)
VI. Keine abweichende Vereinbarung gemäß § 25 Abs. 2 HGB
VII. Rechtsfolge: Forderungen gelten als übergegangen

Die Voraussetzungen I. bis III. sind identisch mit denen der Haftung gemäß § 25 Abs. 1 S. 1 HGB.

Die abweichende Vereinbarung gemäß § 25 Abs. 2 HGB bezieht sich im Fall des § 25 Abs. 1 S. 2 HGB nicht auf den Ausschluss der Haftung, sondern darauf, dass die Forderungen nicht auf den Erwerber übergehen.

Umstritten ist, ob der Schuldner an den neuen Inhaber mit befreiender Wirkung leisten kann, wenn er Kenntnis von einem Ausschluss des Forderungsübergangs hat, dieser aber nicht gemäß § 25 Abs. 2 HGB im Handelsregister eingetragen oder dem Dritten unverzüglich mitgeteilt worden ist.

Fall 4: Ausgleich

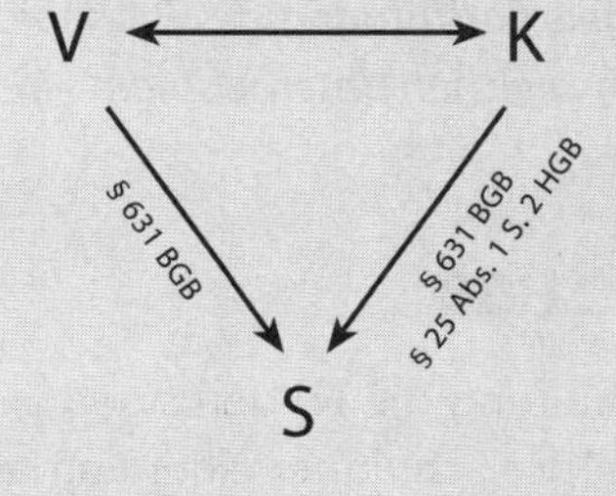

Dem im Handelsregister unter der Firma „Michael V. e.K." eingetragenen V steht eine Werklohnforderung i.H.v. 12.000 € gegen S zu. Im Februar überträgt V sein Geschäft auf K, der mit Zustimmung des V die bisherige Firma weiterhin führt. Es wurde vereinbart, dass die Forderungen des Betriebes nicht auf K übergehen sollten. Eine Eintragung dieser Vereinbarung im Handelsregister erfolgte nicht.

Im Juni verlangt K von S Zahlung der 12.000 €. Von S befragt, teilt V mit, dass er mit K den Ausschluss des Forderungsübergangs vereinbart hat. S solle an ihn, den V, zahlen. S möchte wissen, an wen er zahlen muss.

A. Anspruch K gegen S aus § 631 BGB, § 25 Abs. 1 S. 2 HGB **98**

I. Der Anspruch ist in dem Verhältnis zwischen V und S entstanden. Eine Abtretung an K ist nicht erfolgt.

II. Unter den Voraussetzungen des § 25 Abs. 1 S. 2 HGB „gelten" die im Betrieb des V begründeten Forderungen „den Schuldnern gegenüber als auf den Erwerber übergegangen".

1. K hat ein **Handelsgeschäft** unter Lebenden **erworben**.

2. Die bisherige **Firma** „Michael V. e.K." wurde **fortgeführt**.

3. Darüber hinaus fordert § 25 Abs. 1 S. 2 HGB die **Einwilligung** des bisherigen Inhabers bzw. seiner Erben in die Firmenfortführung.

   Anders als bei § 25 Abs. 1 S. 1 HGB muss die Fortführung daher auch im Innenverhältnis des Erwerbers zum Veräußerer zulässig sein. Eine ausdrückliche Erklärung, wie sie in § 22 Abs. 1 HGB gefordert wird,[135] ist bei § 25 Abs. 1 HGB aber nicht erforderlich.[136]

   V hat der Fortführung der Firma zugestimmt.

4. § 25 Abs. 1 S. 2 HGB findet keine Anwendung, wenn die Übertragung der Forderung durch Vereinbarung zwischen Veräußerer und Schuldner ausgeschlossen (§ 399 Alt. 2 BGB) oder von dessen Zustimmung abhängig ist. Dies war hier nicht der Fall.[137]

5. Außerdem erfasst § 25 Abs. 1 S. 2 HGB nur solche Forderungen, die ohne Wahrung einer besonderen Form übertragen werden können, weil sonst der jeweilige Formzweck verfehlt würde.[138] Eine Abtretung der Werklohnforderung wäre dagegen auch formlos wirksam gewesen, sodass sie von § 25 Abs. 1 S. 2 HGB erfasst wird.

6. Es darf kein Ausschlussgrund nach **§ 25 Abs. 2 HGB** vorliegen. Es muss zwischen Veräußerer und Erwerber eine von § 25 Abs. 1 HGB abweichende Vereinbarung getroffen sein und diese muss im Handelsregister eingetragen oder dem Dritten vom Veräußerer oder Erwerber mitgeteilt worden sein. V und K haben den Ausschluss des Forderungsübergangs vereinbart. Diese Abrede ist aber **nicht im Handelsregister eingetragen** worden. **99**

   Nach § 25 Abs. 2 HGB reicht auch eine **Mitteilung des Veräußerers oder Erwerbers**. Hier hat der Veräußerer V dem S im Juni eine entsprechende Mitteilung gemacht. Eine solche Mitteilung muss aber in engem zeitlichen Zusammenhang **(unverzüglich)** mit der Geschäftsübernahme im Handelsregister veröffentlicht oder dem Schuldner mitgeteilt werden. Das war hier nicht der Fall.

7. Ob auch eine nicht den Anforderungen des § 25 Abs. 2 HGB entsprechende Mitteilung die Rechtsfolgen des § 25 Abs. 1 S. 2 HGB ausschließt, ist umstritten. **100**

---

135 BGH NJW 1994, 2025.

136 GK/Steitz § 25 Rn. 22.

137 BGH NJW-RR 1992, 866; Baumbach/Hopt § 25 Rn. 23.

138 Baumbach/Hopt § 25 Rn. 23.

Für diese Frage ist auch entscheidend, was man als Rechtsfolge des § 25 Abs. 1 S. 2 HGB ansieht.

101 a) Teilweise wird angenommen, § 25 Abs. 1 S. 2 HGB sei eine reine Schuldnerschutzvorschrift. Wenn der Schuldner positive Kenntnis davon habe, dass es im Verhältnis zwischen Veräußerer und Erwerber nicht zu einer Forderungsabtretung gekommen ist, sei er nicht mehr schutzwürdig. Er könne dann nur noch an den Veräußerer mit befreiender Wirkung zahlen.[139]

102 b) Nach der h.M. gelten die Forderungen gemäß § 25 Abs. 1 S. 2 HGB als auf den Erwerber übergegangen, wenn die Voraussetzungen des § 25 Abs. 2 HGB nicht vorliegen. Dies hat zur Folge, dass der Schuldner mit befreiender Wirkung an den Erwerber zahlen kann.

Umstritten ist allerdings die Begründung.

K. Schmidt[140] nimmt einen echten Forderungsübergang an. Das Gesetz unterstelle den Parteien den Abtretungswillen, wenn nicht der Übergang nach § 25 Abs. 2 HGB verhindert werde.

Teilweise wird § 25 Abs. 1 S. 2 HGB als Fiktion einer rechtsgeschäftlichen Abtretung angesehen.[141]

Hopt[142] und Thiessen[143] sehen die Vorschrift als gesetzliche Vermutung an, die nur mit den Beweismitteln des § 25 Abs. 2 HGB zu widerlegen ist.

Der BGH[144] nimmt zu diesen dogmatischen Fragen keine Stellung, sondern entnimmt der gesetzlichen Regelung, dass die Wirkung des § 25 Abs. 1 S. 2 HGB nur unter den Voraussetzungen des § 25 Abs. 2 HGB ausgeschlossen werden kann.

103 c) Stellungnahme: Es entspricht auch dem Schuldnerschutz, wenn man § 25 Abs. 1 S. 2 HGB möglichst wortgetreu anwendet. Der Schuldner muss sich unabhängig von einer – möglicherweise falschen – Mitteilung der Parteien auf den Wortlaut des Gesetzes verlassen können. Danach schadet eine nicht den Anforderungen des § 25 Abs. 2 HGB entsprechende Mitteilung nicht. Der Schuldner kann an den Erwerber mit befreiender Wirkung leisten.

104 B. Anspruch des V gegen S auf Zahlung der 12.000 € aus § 631 BGB

I. Der Anspruch ist im Verhältnis zwischen V und S entstanden und nicht dem K abgetreten worden.

II. Der Anspruch gilt jedoch gemäß § 25 Abs. 1 S. 2 HGB im Verhältnis zu S als auf K übergegangen (s.o.). Fraglich ist, ob dies ausschließt, dass V diesen Anspruch gegen S geltend macht.

---

139 Staub/Burgard § 25 Rn. 111; Koller/Kindler/Roth/Morck § 25 Rn. 14.

140 K. Schmidt § 8 I 4 b, S. 226 ff.; AcP 198, 516.

141 HK/Ruß § 25 Rn. 14.

142 Baumbach/Hopt § 25 Rn. 21.

143 MünchKommHGB/Thiessen § 25 Rn. 72.

144 BGH NJW-RR 1992, 866.

1. Teilweise wird angenommen, die Zuständigkeit zur Einklagung der Forderung liege beim Veräußerer. Die Forderung gehe nicht tatsächlich auf den Erwerber über, sondern gelte nur als übergegangen. Jedenfalls gelte der Rechtsschein des § 25 Abs. 1 S. 2 HGB nur zugunsten des Schuldners. Dieser könne auch an den Veräußerer mit befreiender Wirkung leisten.[145]
2. K. Schmidt[146] bejaht einen echten Forderungsübergang. Der Veräußerer kann die Forderung nicht mehr geltend machen, da sie auf den Erwerber übergegangen ist.
3. Auch nach der h.M. hat § 25 Abs. 1 S. 2 HGB zur Folge, dass der Veräußerer die Forderung nicht mehr geltend machen kann. Sie gilt dem Schuldner gegenüber als auf den Erwerber übergegangen. Diese Rechtsfolge tritt nur unter den Voraussetzungen des § 25 Abs. 2 HGB – bei unverzüglicher Eintragung bzw. Kundgabe – nicht ein.[147]
4. Für die h.M. spricht der Wortlaut des Gesetzes. Demnach kann V die Forderung gegen S nicht mehr geltend machen.

II. Der Inhaberwechsel kraft Erbfolge

Fall 5: Nachteilige Erbschaft

H ist Eigentümer der Großbuchhandlung „Heinz Hinscheidt". Als er stirbt, wird er von seinem einzigen Sohn S beerbt, der das Geschäft modernisieren und unter der alten Firma weiterführen will. Da die Bücher in den letzten Jahren nicht mehr ordnungsgemäß geführt worden sind, hat er keinen Überblick über die Geschäftsschulden. Er möchte verhindern, dass er im Fall der Fortführung der Buchhandlung den Geschäftsgläubigern mit seinem Privatvermögen haftet.

A. Nach den Regeln des BGB haftet der Erbe gemäß § 1967 BGB für alle Schulden des Erblassers, also auch für die Geschäftsschulden unbeschränkt mit seinem ganzen Vermögen, dem ererbten und dem Privatvermögen. Doch kann er seine Haftung auf den Nachlass dadurch beschränken, dass er Nachlassverwaltung oder Nachlassinsolvenz beantragt (§§ 1975 ff. BGB). Falls der Nachlass so gering ist, dass die vorstehenden Maßnahmen nicht kostendeckend durchgeführt werden können, hat er die Möglichkeit, die Dürftigkeitseinrede nach § 1990 BGB zu erheben. **105**

B. § 27 HGB begründet eine strengere Haftung des Erben im Fall der Fortführung des Handelsgeschäfts unter der bisherigen Firma. Von dieser Haftung wird der Erbe nicht durch Nachlassverwaltung oder -insolvenz frei, sondern nur, wenn er von den Möglichkeiten der §§ 27 Abs. 2 oder 25 Abs. 2 HGB Gebrauch macht. **106**

---

145 Canaris § 7 Rn. 76; Lieb JZ 1992, 1029, 1030; Staub/Burgard § 25 Rn. 114; Baumbach/Hopt § 25 Rn. 24; Koller/Kindler/Roth/Morck § 25 Rn. 15.

146 K. Schmidt § 8 I 4 b, S. 226 ff.; AcP 198, 516.

147 BGH NJW-RR 1992, 866; GK/Steitz § 25 Rn. 24; HK/Ruß § 25 Rn. 14; Hausmann JR 1994, 133.

I. Nach § 27 Abs. 1 HGB findet § 25 HGB entsprechende Anwendung, wenn das Handelsgeschäft zum Nachlass gehört und von den Erben fortgeführt wird.

1. Das Handelsgeschäft gehört nicht zum Nachlass, wenn S die Erbschaft ausgeschlagen bzw. die Annahme wirksam angefochten hätte, §§ 1944 ff., 1954 ff. BGB.

2. Der Erbe muss das **Handelsgeschäft und die bisherige Firma** fortführen. Führt der Erbe das Handelsgeschäft zwar weiter, aber von Anfang an unter geänderter Firma (Nachfolgezusatz allein reicht nicht, arg. ex § 25 Abs. 1 S. 1 HGB), greift die spezielle Haftung des § 27 HGB nicht ein.[148]

   Hätte S die Firma daher sofort nach dem Anfall der Erbschaft geändert, würde § 27 HGB nicht eingreifen. Wird aber wie hier die alte Firma zunächst fortgeführt, so ändert auch eine spätere Firmenänderung nichts an den Haftungsvoraussetzungen des § 27 Abs. 1 HGB. Ob die spätere Firmenänderung eine haftungsausschließende Einstellung i.S.d. § 27 Abs. 2 HGB darstellt, ist dagegen streitig (s.u.).

107 II. Die unbeschränkte Haftung tritt gemäß **§ 27 Abs. 2 HGB** nicht ein, wenn S das Geschäft innerhalb von drei Monaten nach Kenntniserlangung von der Erbschaft einstellt. Eine Einstellung liegt vor bei völliger Aufgabe des Geschäfts oder wenn das Geschäft an einen Dritten ohne Firma veräußert wird.

Bei einer Veräußerung mit Firma liegt keine Einstellung vor, da sich der Erbe dann die Firma gerade wirtschaftlich zunutze macht.[149]

Umstritten ist, ob bei Weiterführung des Geschäfts durch den Erben die bloße **nachträgliche Firmenänderung** eine Einstellung i.S.d. § 27 Abs. 2 HGB ist.

1. Teilweise wird angenommen, dass eine Fortführung des Geschäfts nur dann gegeben sei, wenn auch die Firma fortgeführt werde. Sinn und Zweck des § 27 Abs. 2 HGB sei es, dem Erben die Möglichkeit zu geben, drei Monate prüfen und bedenken zu können, ob der Vorteil der Firma den Nachteil der Haftung aufwiege. Eine Einstellung i.S.v. § 27 Abs. 2 HGB liegt danach auch bei bloß nachträglicher Firmenänderung vor.[150]

2. Nach der h.M. ist die nachträgliche Änderung der Firma nicht einer freiwilligen Einstellung gleichzustellen. Für § 27 Abs. 2 HGB sei vielmehr die Einstellung der unternehmerischen Tätigkeit selbst, also die Aufgabe des Geschäfts mit der Firma erforderlich.[151]

3. Für die h.M. spricht der Wortlaut des Gesetzes („wenn die Fortführung des Geschäfts ... eingestellt wird"). Entscheidend ist bei § 27 HGB aber ebenso wie bei

---

148 So die h.M., Staub/Burgard § 27 Rn. 27 f.; GK/Steitz § 27 Rn. 10; HK/Ruß § 27 Rn. 4; Baumbach/Hopt § 27 Rn. 3; a.A. K. Schmidt § 8 IV 2 b, S. 268; ders. ZHR 157 (1993), 611 ff.; offengelassen: BGH JR 1991, 455, 456.

149 GK/Steitz § 27 Rn. 15; Baumbach/Hopt § 27 Rn. 5; a.A. K. Schmidt § 8 IV 3 b, S. 272 ff., der jeden Wechsel des Unternehmens mit oder ohne Firmenfortführung als Einstellung ansieht.

150 Hueck ZHR 108 (1941), 1, 16; Canaris § 7 Rn. 109.

151 GK/Steitz § 27 Rn. 15.

§ 25 HGB die Fortführung des Unternehmens.[152] Eine nachträgliche Firmenänderung würde die Haftung des S nicht ausschließen.

III. Da S das Handelsgeschäft unter der alten Firma fortführen will, stellt sich die Frage, ob er den Haftungsausschluss entsprechend § 25 Abs. 2 HGB auch durch eine Eintragung in das Handelsregister erreichen kann. **108**

1. Ein Teil der Lehre hält die entsprechende Anwendung des § 25 Abs. 2 HGB für unzulässig, weil hier anders als bei § 25 Abs. 1 HGB eine Weiterhaftung des Vorinhabers fehle. Außerdem liefe dann die verschärfte Haftung des § 27 HGB leer, da ein entsprechender Registereintrag fast routinemäßig erfolgen würde.[153]

2. Nach h.M. ist § 25 Abs. 2 HGB dagegen auch bei Firmenfortführung durch den Erben uneingeschränkt anwendbar. § 27 Abs. 1 HGB verweise schlechthin auf § 25 HGB. Es sei nicht einzusehen, warum der Erbe schlechter stehen solle als der rechtsgeschäftliche Erwerber und ohne die Haftungsausschlussmöglichkeit allein auf das radikale Mittel der Geschäftseinstellung nach § 27 Abs. 2 HGB beschränkt sein solle.[154] Für die h.M. spricht der Sinn und Zweck des § 27 HGB. Sinn der Vorschrift ist die Klarstellung der Haftungsfrage im Interesse der Gläubiger. Eine solche Klarheit kann aber ohne Weiteres auch durch die Verlautbarung des Haftungsausschlusses herbeigeführt werden. Trotz des Wegfalls des ursprünglichen Schuldners ist der Gläubiger hinreichend geschützt, da anstelle des Erblassers der Erbe nach bürgerlichem Recht jedenfalls mit dem Nachlass haftet und diese Haftung nicht ausgeschlossen werden kann. Damit hat S die Möglichkeit, seine persönliche Haftung durch eine entsprechende Eintragung im Handelsregister zu beschränken. Danach richtet sich die Haftung für die Geschäftsschulden wie der anderen Nachlassverbindlichkeiten allein nach den Vorschriften des BGB. S haftet dann zwar unbeschränkt, aber auf den Nachlass beschränkbar.

III. „Eintritt“ in das Geschäft eines Einzelkaufmanns, § 28 HGB

Gemäß § 28 Abs. 1 HGB haftet eine Gesellschaft, die durch den Eintritt eines persönlich haftenden Gesellschafters oder Kommanditisten in das Geschäft eines Einzelkaufmanns entstanden ist, für alle im Betriebe des Geschäfts entstandenen Verbindlichkeiten des früheren Geschäftsinhabers, auch wenn sie die frühere Firma nicht fortführt. **109**

152 Vgl. für § 25 HGB: BGH NJW 1992, 911, 912.

153 MünchKommHGB/Thiessen § 27 Rn. 46; K. Schmidt § 8 IV 3 a, S. 270; Grote BB 2001, 2595, 2596.

154 Staub/Burgard § 27 Rn. 53; GK/Steitz § 27 Rn. 11; HK/Ruß § 27 Rn. 7; Baumbach/Hopt § 27 Rn. 8; Canaris § 7 Rn. 111.

§ 28 Abs. 1 S. 1 HGB: Voraussetzungen und Rechtsfolge

- **Gründung einer Personenhandelsgesellschaft** durch Aufnahme eines Partners in das Geschäft eines Einzelkaufmanns
  - Analoge Anwendung auf Gründung einer GbR streitig, h.M.: keine Analogie
  - Analoge Anwendung auf Einbringung eines Handelsgeschäfts in eine bestehende Gesellschaft streitig, BGH: keine Analogie
  - Keine analoge Anwendung auf Gründung einer juristischen Person
- **Fortführung** des Handelsgeschäfts durch die Gesellschaft
- Kein Ausschluss der Haftung gemäß § 28 Abs. 2 HGB
- **Rechtsfolge: Haftung** für die Verbindlichkeiten des früheren Inhabers des Handelsgeschäfts

110 Der Wortlaut des § 28 HGB ist missverständlich. Den „Eintritt" in das Geschäft eines Einzelkaufmanns gibt es rechtlich nicht; gemeint ist die Gründung einer Gesellschaft durch die Aufnahme eines Partners in das Handelsgeschäft. Die neu gegründete Gesellschaft haftet dann gemäß § 28 HGB für die Verbindlichkeiten des bisherigen Inhabers des Handelsgeschäfts. Eine Fortführung der Firma ist nicht erforderlich.

Beispiel: V ist Kfz-Händler. Da er seinen Betrieb wesentlich erweitern will, gründet er mit dem finanzkräftigen E eine OHG, die das bisherige Unternehmen unter neuem Namen weiterführt. G stand eine Kaufpreisforderung gegen V i.H.v. 20.000 € zu. Er fragt, welche Ansprüche ihm gegen die OHG, V und E zustehen?

I. Die OHG haftet aus § 28 HGB i.V.m. § 433 Abs. 2 BGB.

1. V ist als Gewerbetreibender Kaufmann (§ 1 HGB). Es bestehen keine Anhaltspunkte dafür, dass sein Unternehmen nach Art und Umfang keinen in kaufmännischer Weise eingerichteten Betrieb erfordert.

2. Es ist eine Gesellschaft gegründet worden, die das Geschäft des V weiterführt. Eine Übernahme der Firma ist für § 28 HGB nicht erforderlich.

3. Die Haftung ist nicht gemäß § 28 Abs. 2 HGB ausgeschlossen worden.

4. Die OHG haftet für die Schulden des früheren Geschäftsinhabers V und damit auch für die Forderung des G.

II. Gegen V stehen G zwei Ansprüche zu.

1. Für die Kaufpreisschuld haftet V weiter. Die Haftung der Gesellschaft gemäß § 28 HGB führt nicht zu einer Entlastung des bisherigen Firmeninhabers. § 28 HGB ist der Fall eines gesetzlichen Schuldbeitritts.

2. Als Gesellschafter der OHG haftet V gemäß § 128 HGB für die Schuld der OHG aus § 28 HGB i.V.m. § 433 Abs. 2 BGB.

III. Auch E haftet als Gesellschafter der OHG für deren Schulden persönlich (§ 128 HGB; § 28 HGB i.V.m. § 433 Abs. 2 BGB).

1. Analoge Anwendung bei Gründung einer GbR?

111 Umstritten ist, ob § 28 HGB auch dann anwendbar ist, wenn ein nichtkaufmännisches Unternehmen in ein Unternehmen eingebracht wird und daher mit dem Eintritt keine Handelsgesellschaft, sondern eine **Gesellschaft bürgerlichen Rechts** entsteht.

Fall 6: Eintritt in eine Einzelkanzlei

Rechtsanwalt R betrieb eine Einzelkanzlei. Die Räume hatte er von dem Vermieter V gemietet. In den Monaten Februar bis September zahlte er die Miete nicht. Im Oktober tritt Rechtsanwalt N in die Kanzlei ein. V verlangt die rückständige Miete von der Sozietät sowie von R und N als Gesamtschuldner.

A. Ein Anspruch des V gegen die Sozietät als Gesellschaft bürgerlichen Rechts könnte sich aus einer analogen Anwendung des § 28 Abs. 1 S. 1 HGB ergeben. Gemäß § 28 Abs. 1 S. 1 HGB ist der Eintritt in das Geschäft eines Einzelkaufmanns erforderlich. Als freier Unternehmer betrieb der Rechtsanwalt R kein kaufmännisches Gewerbe. N ist nicht in das Geschäft eines Einzelkaufmanns eingetreten. Die Regelung des § 28 Abs. 1 S. 1 HGB könnte aber analog anwendbar sein, wenn eine Person in ein nicht gewerbliches oder kleingewerbliches Unternehmen eintritt und dadurch eine Gesellschaft bürgerlichen Rechts entsteht.

I. Der BGH hat eine Analogie jedenfalls dann abgelehnt, wenn es sich um **Forderungen aus einem anwaltlichen Mandatsverhältnis** handelt. Die persönliche Leistungserbringung charakterisiere die berufliche Tätigkeit insgesamt. Wegen der besonderen Ausgestaltung des zwischen einem Einzelanwalt und seinem Mandanten bestehenden Rechtsverhältnisses sei eine entsprechende Anwendung des § 28 Abs. 1 S. 1 HGB in diesem Verhältnis grundsätzlich zu verneinen. Im vorliegenden Fall geht es nicht um Ansprüche aus einem Mandatsverhältnis, sodass diese Gesichtspunkte einer analogen Anwendung des § 28 Abs. 1 S. 1 HGB nicht entgegenstehen. 112

II. Teilweise wird eine **analoge Anwendung** des § 28 Abs. 1 S. 1 HGB **befürwortet**. Die Rechtsfähigkeit der GbR ist mittlerweile anerkannt.[155] Da somit auch bei einer GbR die Gesellschaft selbst hafte, sei § 28 Abs. 1 S. 1 HGB bei dem Entstehen einer Gesellschaft bürgerlichen Rechts zumindest entsprechend anwendbar.[156] Unter Berücksichtigung der **Gläubigerinteressen** sei es nicht gerechtfertigt, danach zu differenzieren, ob sich zwei Angehörige eines freien Berufs oder zwei Gewerbetreibende zur gemeinsamen Berufsausübung zusammenschließen.[157] 113

III. Die **h.M. lehnt** eine analoge Anwendung des § 28 Abs. 1 S. 1 HGB bei dem Eintritt in ein nicht kaufmännisches Unternehmen **ab**. Da vor dem Eintritt kein Handelsgewerbe betrieben werde, würde ein besonderes Vertrauen der Altgläubiger nicht geweckt. Entscheidend sei aber, dass den Gesellschaftern einer GbR nicht wie den Gesellschaftern einer OHG die Möglichkeit offenstünde, eine **abweichende Vereinbarung i.S.d. § 28 Abs. 2 HGB** in das Handelsregister einzutragen. Bei einer analogen Anwendung des § 28 Abs. 1 S. 1 HGB würden Nichtkaufleute schlechter gestellt als Kaufleute.[158] 114

---

155 BGH RÜ 2001, 160.

156 K. Schmidt § 8 III 1 b bb, S. 258 f.; GK/Steitz § 28 Rn. 7; Lieb, Festschrift f. Westermann 1974, S. 309; K. Schmidt BB 2004, 785; Eckart/Fest WM 2007, 196; Petig/Gonzalez JuS 2009, 646.

157 OLG Naumburg AnwBl 2006, 416.

158 MünchKommHGB/Thiessen § 28 Rn. 13; Staub/Burgard § 28 Rn. 21; Röhricht/v. Westphalen/Haas/Ammon/Ries § 28 Rn. 9; EBJS/Zimmer § 28 Rn. 54; Baumbach/Hopt § 28 Rn. 2; Koller/Kindler/Roth/Morck § 28 Rn. 5; vgl. auch BGH RÜ 2004, 179.

IV. Stellungnahme: Für die analoge Anwendung des § 28 Abs. 1 S. 1 HGB mag ein praktisches Bedürfnis bestehen. Sie ist aber nur dann gerechtfertigt, wenn gleichzeitig die Möglichkeit einer Haftungsbeschränkung i.S.d. § 28 Abs. 2 HGB besteht. Da für die GbR keine Handelsregistereintragungen möglich sind, ist eine analoge Anwendung des § 28 Abs. 1 S. 1 HGB abzulehnen.

Die Sozietät haftet nicht für die Altschulden des Rechtsanwalts R.

B. Da die Gesellschaft nicht haftet, haftet auch N nicht analog § 128 HGB als Gesellschafter der GbR.

C. R haftet dem V für die Mietschulden aus dem Mietvertrag.

---

2. Analoge Anwendung bei Einbringen des Handelsgeschäfts in eine bestehende Gesellschaft?

Fall 7: Eintritt in bestehende Gesellschaft

In die A-OHG tritt der Einzelkaufmann K ein. Die Gesellschaft führt den Geschäftsbetrieb des K fort, firmiert aber ausschließlich unter ihrer bisherigen Firma. Aus der Zeit vor dem Eintritt hat X eine Kaufpreisforderung gegen die A-OHG und Y eine Kaufpreisforderung gegen den K. Können X und Y ihre Forderungen gegen die jetzige A-OHG geltend machen?

115 I. Der Anspruch des **X gegen die A-OHG** aus § 433 Abs. 2 BGB i.V.m. § 124 Abs. 1 HGB hat sich durch den Eintritt des K nicht verändert. Die Kaufpreisforderung richtet sich weiterhin gegen die A-OHG. Da die Gesellschaft gemäß § 124 Abs. 1 HGB rechtlich selbstständig ist, bewirkt der Eintritt der neuen Gesellschafter keine Veränderung des Rechtsträgers. Dieser bleibt identisch. Die Gesellschaft, in die eingetreten wird, haftet für ihre Altschulden, weil sich der Rechtsträger nicht ändert.[159]

Gemäß §§ 128, 130 HGB haftet K für die vor seinem Eintritt begründeten Verbindlichkeiten der A-OHG.

116 II. Ein Anspruch des **Y gegen die A-OHG** kann sich aus § 433 Abs. 2 BGB i.V.m. § 124 Abs. 1 HGB u. **§ 25 Abs. 1 S. 1 HGB** ergeben.

Gegen die Anwendung des § 25 Abs. 1 HGB spricht, dass die Firma des K nicht fortgeführt wurde. Es wird die Ansicht vertreten, für den Tatbestand des § 25 Abs. 1 HGB sei allein die Unternehmensfortführung entscheidend, die Fortführung der Firma sei nicht erforderlich.[160] Nach dieser Ansicht haftet die A-OHG für die im Betrieb des K begründeten Verbindlichkeiten, weil sie das Handelsgeschäft des K fortgeführt hat.

159 K. Schmidt § 8 III 1 b aa, Beispiel Nr. 45, S. 258.

160 K. Schmidt § 8 II 1 c, S. 244; § 8 III 1 b cc Beispiel Nr. 46, S. 260.

§ 25 Abs. 1 HGB erfordert jedoch nach seinem eindeutigen Wortlaut die Fortführung der Firma. Die Fortführung des Handelsgeschäfts muss auch nach außen hin durch die Fortführung der Firma deutlich werden. Eine Haftung der A-OHG für die Altschulden des K scheidet mangels Fortführung der Firma des K aus.

III. Y kann einen Anspruch gegen die A-OHG aus § 433 Abs. 2 BGB i.V.m. § 124 Abs. 1 HGB u. **§ 28 Abs. 1 S. 1 HGB** haben. **117**

Die Haftung aus § 28 Abs. 1 S. 1 HGB setzt die Gründung einer Personenhandelsgesellschaft mit Einbringung des Geschäfts eines Einzelkaufmanns voraus. Im vorliegenden Fall ist aber keine Gesellschaft gegründet worden, sondern es ist das Handelsgeschäft in eine bestehende Gesellschaft eingebracht worden. Da das Handelsgeschäft des K fortgeführt wurde, könnte eine analoge Anwendung des § 28 Abs. 1 S. 1 HGB gerechtfertigt sein.

1. In der Lit. wird teilweise eine analoge Anwendung des § 28 Abs. 1 S. 1 HGB für die Einbringung eines Handelsgeschäfts in eine bestehende Gesellschaft befürwortet.[161] Zwischen der Gründung und der späteren Erweiterung des Gesellschafterkreises bestünden nur formal-zeitliche Unterschiede, die eine Ungleichbehandlung nicht rechtfertigen könnten.

2. Der BGH hat eine Analogie für den Eintritt in eine bestehende Gesellschaft zu Recht abgelehnt.[162] § 28 Abs. 1 HGB ordnet eine Haftung der Gesellschaft für **Altschulden des aufnehmenden Geschäftsinhabers** an. Die Norm ergänzt die Regelung in § 130 HGB. Beim Eintritt in ein Einzelhandelsunternehmen gilt § 28 Abs. 1 HGB, beim Eintritt in eine bestehende Gesellschaft besteht eine Haftung für Altschulden der aufnehmenden Gesellschaft aus § 130 HGB.

   Für Altschulden des Eintretenden K gilt § 25 Abs. 1 S. 1 HGB, der hier mangels Fortführung der Firma des K nicht eingreift. Die Haftung der Gesellschaft für Altschulden des Eintretenden kann nicht mit einer analogen Anwendung des § 28 Abs. 1 S. 1 HGB begründet werden. Es fehlt die Vergleichbarkeit der Interessenlagen, da eine Haftung für Altschulden des Eintretenden in § 28 Abs. 1 HGB nicht vorgesehen ist.

Die A-OHG haftet nicht gemäß § 433 Abs. 2 BGB i.V.m. § 124 Abs. 1 u. § 28 Abs. 1 S. 1 HGB.

Für die Kaufpreisforderung des Y haftet nur K persönlich.

---

161 Staub/Burgard § 28 Rn. 23; MünchKommHGB/Thiessen § 28 Rn. 11.

162 BGH RÜ 2010, 692.

Inhaberwechsel und Firmenfortführung

§ 25 HGB

- Haftung des Erwerbers nach § 25 Abs. 1 S. 1 HGB:
  - Erwerb eines Handelsgeschäfts unter Lebenden
  - Fortführung des Handelsgeschäfts (wesentlicher Kern) unter bisheriger Firma („Kern" u. „prägende Zusätze")
  - Kein unverzüglicher Haftungsausschluss, § 25 Abs. 2 HGB
  - Rechtsfolge: Haftung für die in dem Betrieb begründeten Verbindlichkeiten
- Veräußerer haftet weiter; Enthaftung nach fünf Jahren (§ 26 HGB)
- „Übergang" der Forderung nach § 25 Abs. 1 S. 2 HGB:
  - Einwilligung des bisherigen Inhabers in die Fortführung der Firma durch den Erwerber
  - Wirksamkeit der Abtretung (Abtretungsverbot, Formvorschriften)
  - Erwerb eines Handelsgeschäfts unter Lebenden
  - Fortführung des Handelsgeschäfts unter bisheriger Firma
  - Kein unverzüglicher Ausschluss des Übergangs, § 25 Abs. 2 HGB
  - Rechtsfolge: Forderung gilt im Verhältnis zum Gläubiger als übergegangen, bisheriger Gläubiger kann die Forderung nicht mehr geltend machen (h.M.)

§ 27 HGB

- Haftung des Erben gemäß § 1967 BGB:
  Haftungsbeschränkung bei Nachlassinsolvenz, -verwaltung, Dürftigkeitseinrede
- Haftung des Erben nach § 27 HGB:
  - Fortführung des Handelsgeschäfts unter bisheriger Firma
  - Keine Einstellung innerhalb von drei Monaten, § 27 Abs. 2 HGB
  - Kein Haftungsausschluss durch Eintragung ins Handelsregister analog § 25 Abs. 2 HGB (nach h.M. möglich)

§ 28 HGB

- Haftung der Gesellschaft nach § 28 Abs. 1 S. 1 HGB:
  - Gründung einer Personenhandelsgesellschaft durch „Eintritt"
  - Fortführung des Geschäfts
  - Kein Haftungsausschluss gemäß § 28 Abs. 2 HGB
  - Rechtsfolge: Haftung für die in dem Betrieb begründeten Verbindlichkeiten des früheren Inhabers
- Bisheriger Inhaber haftet weiter; Enthaftung nach fünf Jahren (§ 26 HGB)
- „Übergang" der Forderung nach § 28 Abs. 1 S. 2 HGB:
  - Gründung einer Personenhandelsgesellschaft durch „Eintritt"
  - Fortführung des Geschäfts
  - Kein Ausschluss des Übergangs, § 28 Abs. 2 HGB
  - Rechtsfolge: Forderung gilt im Verhältnis zum Gläubiger als übergegangen, bisheriger Gläubiger kann die Forderung nicht mehr geltend machen (h.M.)

3. Abschnitt: Die Vertretung des Kaufmanns

Die Vorschriften der §§ 164 ff. BGB über die Vertretung lassen uneingeschränkt Raum für eine **individuelle Regelung** des Umfangs der durch Rechtsgeschäft erteilten Vertretungsmacht (Vollmacht, § 166 Abs. 2 S. 1 BGB). Das Geschäft, das der Vertreter tätigt, wirkt nur dann für und gegen den Vertretenen, wenn der im Namen des Vertretenen handelnde Vertreter innerhalb der ihm konkret erteilten Vollmacht bleibt. Überschreitet der Vertreter seine Vertretungsmacht, so ist der Vertretene an das abgeschlossene Geschäft grundsätzlich nicht gebunden, es sei denn, er genehmigt es (§ 177 Abs. 1 BGB). Der gute Glaube an das Bestehen der Vertretungsmacht wird im BGB in der Regel nicht geschützt (Ausnahmen nach den §§ 170–173 BGB sowie bei der Duldungs- und Anscheinsvollmacht). **118**

Diese Regelungen werden den besonderen Bedürfnissen des kaufmännischen Rechtsverkehrs, insbesondere nach rascher Abwicklung und Rechtsklarheit indessen nicht gerecht. Hier werden **typisierte Vertretungsformen** verlangt, die den Handelsverkehr erleichtern. Das HGB kennt daher drei spezifische Arten von Vertretungsmacht, deren Umfang sich aus dem Gesetz ergibt:

- Prokura,
- Handlungsvollmacht und
- Vertretungsmacht der Ladenangestellten.

Die gesetzliche Beschreibung des Umfangs der Vertretungsmacht hat zur Folge, dass sich der Vertragspartner auf die Vertretungsmacht seines Verhandlungspartners grundsätzlich verlassen kann. So ermächtigt die Prokura gemäß § 49 HGB zu allen Rechtshandlungen, die der Betrieb eines Handelsgewerbes mit sich bringt, mit Ausnahme der Grundstücksgeschäfte. Eine Beschränkung des Umfangs der Prokura ist gemäß § 50 HGB Dritten gegenüber unwirksam. Der Handlungsbevollmächtigte ist zu allen branchenüblichen Geschäften bevollmächtigt (§ 54 Abs. 1 HGB). Beschränkungen der Handlungsvollmacht wirken gemäß § 54 Abs. 3 HGB gegenüber Dritten nur, wenn diese sie kannten oder kennen mussten. **119**

Außerdem soll der Geschäftspartner bei vollmachtlos abgeschlossenen Rechtsgeschäften schneller den nach § 177 BGB bis zur Erteilung oder Versagung der Genehmigung bestehenden Schwebezustand beenden können. Anders als § 177 BGB, der eine – ausdrückliche oder konkludente – Willenserklärung erfordert, gilt unter den Voraussetzungen des § 75 h HGB für den Handlungsgehilfen (ebenso § 91 a HGB für den Handelsvertreter) die Genehmigung für das – schwebend unwirksame – Rechtsgeschäft allein durch das Schweigen des Prinzipals als erteilt. In den §§ 59–83 HGB sind des Weiteren Besonderheiten des Rechts der Angestellten des Kaufmanns (Handlungsgehilfen und Handlungslehrlinge) geregelt. Dieser Abschnitt des HGB ist der rechtlichen Systematik nach dem Arbeitsrecht zuzuordnen.

A. Die Prokura

I. Erteilung der Prokura

Die Prokura ist eine **rechtsgeschäftliche Vertretungsmacht** mit gesetzlich umschriebenem Umfang. Die Erteilung richtet sich grundsätzlich nach den Vollmachtsregeln gemäß §§ 167 ff. BGB. Es bestehen jedoch folgende Besonderheiten: **120**

- Die Prokura kann nur durch **Kaufleute** erteilt werden.
- Sie muss stets **persönlich** und **ausdrücklich** erteilt werden.

  Es darf also kein bevollmächtigter Vertreter Prokura erteilen. Nur bei Handelsgesellschaften und bei beschränkt geschäftsfähigen Geschäftsinhabern ist der gesetzliche Vertreter zur Erteilung der Prokura berechtigt.

  Eine konkludent erteilte Prokura oder eine „Duldungsprokura" gibt es nicht. In diesen Fällen kann aber eine konkludente Bevollmächtigung bzw. die stillschweigende Erteilung einer Handlungsvollmacht oder eine Duldungsvollmacht allgemeiner Art vorliegen.

- Des Weiteren ist die Erteilung der Prokura im Handelsregister **einzutragen**, § 53 Abs. 1 HGB. Hiervon hängt jedoch die Wirksamkeit der Erteilung nicht ab, da der Eintragung nur deklaratorische Bedeutung zukommt.

  Erklärungsempfänger der Prokuraerteilung kann der Prokurist selbst und nach h.M. auch der Dritte sein, demgegenüber der Prokurist als solcher tätig werden soll.[163] Auch wenn die Prokura durch Erklärung an einen bestimmten Dritten erteilt wird, wirkt sie gegenüber jedermann, da eine relative Wirkung dem Sinn der Prokura zuwiderliefe. Möglich ist schließlich auch eine Prokuraerteilung durch öffentliche Bekanntmachung oder durch besondere Mitteilung an einen Dritten, dass der Kaufmann einem anderen Prokura erteilt habe (§ 171 BGB).

  Das Registergericht darf die Wirksamkeit der Prokuraerteilung nur eingeschränkt prüfen, § 7 HGB. Durch die Trennung von Fragen wie z.B. der gewerberechtlichen Zulässigkeit soll das Eintragungsverfahren erleichtert und Rechtssicherheit geschaffen werden, indem die Eintragung nur von den handelsrechtlichen Vorgaben abhängig gemacht wird. Das Registergericht ist zur Prüfung, ob sonstige Rechtsvorschriften eingehalten werden, weder berechtigt noch verpflichtet. Beispielsweise ist die Prüfung eines Verstoßes gegen § 7 ApoG ausgeschlossen.[164]

- Prokurist kann nur eine **natürliche**, nie eine juristische Person sein.

  Dies wird damit begründet, dass die Erteilung der Prokura auf einem besonderen persönlichen Vertrauensverhältnis zwischen Prinzipal und Prokuristen beruht. Dies ergebe sich aus der umfassenden Vertretungsmacht des Prokuristen und der in § 52 Abs. 2 HGB bestimmten Unübertragbarkeit der Prokura. Dem würde es widersprechen, wenn Prokurist eine juristische Person wäre, deren jeweiliges Vertretungsorgan die Vertretungsmacht ausüben würde.[165]

121 Darüber hinaus muss der Prokurist **vom Prinzipal verschieden** sein, da niemand sich selbst vertreten kann. Auch organschaftlichen Vertretern kann nach h.M. keine Prokura erteilt werden. So kann ein Mitglied des Vorstandes einer Aktiengesellschaft ebenso wie der Geschäftsführer einer GmbH nicht Prokurist sein, wohl aber ein stiller Gesellschafter oder der Kommanditist einer KG.[166]

122 Nach § 51 HGB hat der Prokurist in der Weise zu zeichnen (d.h. zu unterschreiben), dass er der Firma seinen Namen mit einem die Prokura andeutenden Zusatz beifügt. In der Praxis wird hierzu die der Unterschrift vorgestellte Abkürzung „ppa" oder „p.p.a." (lateinisch: *per procura autoritate*) verwendet.

---

163 MünchKommHGB/Krebs § 48 Rn. 44; Drexl/Mentzel Jura 2002, 289, 299.

164 BGH NZG 2017, 1226.

165 KG NZG 2002, 48.

166 GK/Schmidt § 48 Rn. 11; Staub/Joost § 48 Rn. 24; Honsell JA 1984, 17, 19; a.A. K. Schmidt § 16 III 2 c, S. 461 f.: Prokura auch an organschaftliche Vertreter.

II. Der Umfang der Prokura

Der Umfang der Prokura ist gesetzlich in §§ 49, 50 HGB umschrieben. Danach hat der Prokurist Vollmacht für alle Geschäfte, die der Betrieb eines Handelsgewerbes mit sich bringt, § 49 Abs. 1 HGB. Es muss sich also nicht um branchenübliche Geschäfte handeln. Entscheidend ist, dass die von dem Prokuristen getätigten Geschäfte in den Bereich irgendeines Handelsgewerbes fallen. Auch außergewöhnliche Geschäfte darf der Prokurist vornehmen, nach h.M. sogar die Branche ändern. **123**

Berühmtes Schulbeispiel: „Ein Weinhändler, von einer Reise zurückkehrend, kann sich als Bankier wiederfinden".[167]

Ausgeschlossen von der Prokura sind folgende Rechtsgeschäfte: **124**

- private Angelegenheiten des Geschäftsherrn, die sich nicht auf das „Handelsgewerbe" beziehen;
- Geschäfte, die nicht dem „Betrieb" dienen, z.B. Einstellung, Veräußerung;
- reine Inhabergeschäfte, sog. **Prinzipalgeschäfte**,

  z.B. Bilanzunterzeichnung (§ 245 HGB), Prokuraerteilung (§ 48 Abs. 1 HGB).
- Ebenfalls dem Geschäftsinhaber oder bei einer Handelsgesellschaft den gesetzlichen Vertretungsorganen vorbehalten sind die **Grundlagengeschäfte** – wie beispielsweise die Änderung der Firma, des Gesellschafterbestandes, der inländischen Geschäftsanschrift oder des Gesellschaftsvertrags –, auf denen die Existenz, Rechtsform und rechtliche Ausgestaltung des eigenen Handelsgewerbes aufbauen.[168]

  Für diese Grundlagengeschäfte kann der Prokurist auch keine Anmeldungen zur Handelsregistereintragung vornehmen.[169]
- Veräußerung und Belastung von Grundstücken, sofern die Prokura hierauf nicht ausdrücklich erweitert worden ist, § 49 Abs. 2 HGB.

  Die Immobiliarklausel des § 49 Abs. 2 HGB bezieht sich nur auf Geschäfte, deren unmittelbarer Gegenstand das Grundstück ist. Keiner besonderen Ermächtigung bedarf es daher für Rechtsgeschäfte, die das Grundstück nur mittelbar betreffen, wie Verfügungen über schon bestehende Grundpfandrechte (z.B. Abtretung einer Eigentümergrundschuld).

  Ebenso fällt unter § 49 Abs. 2 HGB nicht der Erwerb von Grundstücken. Das gilt auch, wenn der Prokurist eine Restkaufpreishypothek bestellt, da es sich dabei nur um einen um die Hypothek eingeschränkten Erwerb handelt.[170]

Eine **Beschränkung** der Prokura im Außenverhältnis ist gemäß § 50 Abs. 1 HGB nicht möglich. Nur im Ausnahmefall des **Missbrauchs der Vertretungsmacht** wirken interne Beschränkungen der Prokura auch gegenüber Dritten, mit der Folge, dass ein von § 49 HGB formal gedecktes Geschäft den Prinzipal gleichwohl nicht bindet.[171] **125**

---

167 Baumbach/Hopt § 49 Rn. 1; Honsell JA 1984, 17, 20; a.A. K. Schmidt § 16 III 3 a, S. 465; Müller JuS 1998, 1000, 1002.

168 KG NJW-RR 2016, 1054; MünchKommHGB/Krebs § 49 Rn. 23 ff.

169 BGHZ 116, 190, 193.

170 Staub/Joost § 49 Rn. 32; K. Schmidt § 16 III 3 b, S. 466.

171 Drexl/Mentzel Jura 2002, 289, 292 ff.

Das gilt:

- bei arglistigem Zusammenwirken zwischen Drittem und Prokuristen zum Nachteil des Geschäftsherrn (Kollusion, §§ 138, 826 BGB);
- wenn der Prokurist seine Vertretungsmacht bewusst missbraucht und der Dritte dies erkennt oder ihm dies aufgrund besonderer Umstände ohne Weiteres erkennbar war.

126 Eine **Erweiterung** der Prokurabefugnis ergibt sich im Fall des § 125 Abs. 3 HGB, wenn der Gesellschaftsvertrag bestimmt, dass ein Gesellschafter nur zusammen mit dem Prokuristen vertretungsberechtigt sein soll **(unechte Gesamtvertretung)**. Hierbei richtet sich der Umfang der Gesamtvertretungsbefugnis „nach dem stärksten Glied", also nach der Vertretungsmacht des Gesellschafters, § 126 HGB. Gemeinsam mit dem Gesellschafter kann der Prokurist z.B. auch uneingeschränkt Grundstücksgeschäfte tätigen oder andere Prokuristen bestellen.[172]

III. Besondere Formen der Prokura

127 **1.** Eine (echte) **Gesamtprokura** liegt vor, wenn der Geschäftsherr die Prokura an mehrere Personen gemeinschaftlich erteilt, § 48 Abs. 2 HGB. Für das Tätigwerden der Gesamtprokuristen gelten die Grundsätze des BGB über die Gesamtvertretung. Die Gesamtprokuristen müssen also grundsätzlich bei jedem Rechtsgeschäft gemeinschaftlich handeln. Sie müssen aber nicht unbedingt gleichzeitig, sondern können auch nacheinander tätig werden. Bei der Passivvertretung, d.h. bei der Entgegennahme von Willenserklärungen (§ 164 Abs. 3 BGB), genügt in Analogie zu § 125 Abs. 2 S. 3 HGB die Entgegennahme durch einen der Gesamtprokuristen.

Einzelprokura und Gesamtprokura können auch nebeneinander erteilt werden, z.B. wird P 1 zum Einzelprokuristen bestellt, während P 2 nur Gesamtprokura gemeinsam mit P 1 hat (halbseitige Gesamtprokura).

128 **2.** Als **unechte** oder gemischte **Gesamtprokura** bezeichnet man eine Gesamtvertretung des Prokuristen mit einer Person, deren Vertretungsmacht auf anderer Grundlage beruht.

129 **a)** Von der h.M. anerkannt ist die unechte Gesamtprokura im Gesellschaftsrecht. Der Prokurist ist dann nur **zusammen mit einem Gesellschafter** vertretungsberechtigt.

Gesetzlich geregelt ist die Möglichkeit der Bindung eines Gesellschafters (bzw. Vorstandes) an die Mitwirkung eines Prokuristen – unechte Gesamtvertretung (§ 125 Abs. 3 HGB, § 78 Abs. 3 AktG). Nach h.M. ist auch die Bindung des Prokuristen an die Mitwirkung eines Gesellschafters – unechte Gesamtprokura – zulässig.[173]

Dabei kann die Prokura auch in der Weise erteilt werden, dass der Prokurist an die Mitwirkung eines selbst nur gesamtvertretungsberechtigten Gesellschafters gebunden ist (gemischt halbseitige Gesamtprokura).[174]

Erforderlich ist aber immer, dass neben dieser Form der Gesamtvertretung noch die Möglichkeit besteht, dass nur die Gesellschafter, Geschäftsführer oder Vorstandsmit-

---

172 BGHZ 62, 166, 170; Staub/Joost § 49 Rn. 29; K. Schmidt § 16 III 3 c, S. 468 ff.; Entsprechendes gilt für § 78 Abs. 3 AktG.

173 BGHZ 99, 76, 78; GK/Schmidt § 48 Rn. 26; a.A. MünchKommHGB/Krebs § 48 Rn. 76 ff.; Müller JuS 1998, 1000, 1004.

174 BGHZ 99, 76; K. Schmidt § 16 III 3 c cc, S. 470 m.w.N.

glieder die Gesellschaft auch ohne den Prokuristen vertreten können (wie sollte der Prokurist sonst ohne seine Mitwirkung entlassen werden können?). Nach dem **Grundsatz der Selbstorganschaft**[175] muss immer gewährleistet sein, dass ein Gesellschafter die Gesellschaft vertreten kann.[176]

b) Ob auch eine unechte Gesamtprokura in der Form erteilt werden kann, dass der Prokurist nur **zusammen mit einem Einzelkaufmann** vertretungsberechtigt ist, ist umstritten. **130**

Teilweise wird diese Konstruktion abgelehnt.[177] Es handele sich gar nicht um eine Gesamtvertretung, denn der Geschäftsinhaber könne nicht sein eigener Vertreter sein. Überdies sei diese Rechtsfigur sinnwidrig, weil in Wahrheit überhaupt keine Kompetenzübertragung auf den Prokuristen stattfinde. Darüber hinaus sei diese Vertretungsform eine Umgehung des § 50 Abs. 2 HGB, da die Prokura „nur unter gewissen Umständen" ausgeübt werden solle.

Nach der Gegenansicht ist die Bindung des Prokuristen an eine Mitwirkung des Einzelkaufmanns zulässig.[178] Es handele sich nicht um eine Selbstbevollmächtigung des Geschäftsinhabers, sondern um die Bindung des Prokuristen an die Mitwirkung des Prinzipals. § 50 Abs. 2 HGB stehe nicht entgegen, da diese Vorschrift lediglich inhaltliche Beschränkungen der Prokura untersage, nicht aber Ausübungsbeschränkungen. Bei der Bindung an die Mitwirkung des Geschäftsinhabers bleibe aber der Umfang der Prokura unangetastet, lediglich die Frage, ob die Prokura ausgeübt werden dürfe, unterliege einer Beschränkung.

Unzulässig ist in jedem Fall eine Bindung des Einzelkaufmanns an die Zustimmung des Prokuristen, da dann der Prinzipal nicht mehr unabhängig handeln könnte.[179]

3. Betreibt ein Kaufmann mehrere Unternehmen unter verschiedenen Firmen, so kann er gemäß § 50 Abs. 3 HGB die Prokura auf eine seiner Niederlassungen beschränken **(Filialprokura)**. Der Prokurist kann dann den Geschäftsherrn nur für den Betrieb der betreffenden Niederlassung wirksam vertreten.[180] **131**

IV. Das Erlöschen der Prokura

Als Erlöschensgründe für die Prokura kommen in Betracht: **132**

- Tod des Prokuristen; dagegen grundsätzlich kein Erlöschen beim Tod des Inhabers, § 52 Abs. 3 HGB;
- Beendigung des zugrunde liegenden Rechtsverhältnisses (z.B. Dienstvertrag oder Auftrag), § 168 S. 1 BGB, insbesondere in der Insolvenz des Prinzipals, § 117 InsO;
- jederzeit möglicher Widerruf seitens des Inhabers, § 52 Abs. 1 HGB;

  Das Widerrufsrecht kann vertraglich nicht ausgeschlossen werden. Der Widerruf kann entweder gegenüber dem Prokuristen oder gegenüber Dritten erfolgen (entsprechend §§ 168 S. 3, 167 Abs. 1 BGB), insbesondere auch durch Eintragung im Handelsregister und Bekanntmachung.
- Einstellung des Handelsgeschäfts.

175 Dazu AS-Skript Gesellschaftsrecht (2018), Rn. 170.
176 BGHZ 26, 330, 332; BGH WM 1994, 237, 238; Baumbach/Hopt § 48 Rn. 7; K. Schmidt § 16 III 3 c cc, S. 468 f.
177 BayObLG NJW 1998, 1161; Beuthien/Müller DB 1995, 464; Canaris § 12 Rn. 29.
178 Bärwaldt/Hadding NJW 1998, 1103; Koller/Kindler/Roth/Morck § 48 Rn. 20; Staub/Joost § 48 Rn. 104.
179 HK/Ruß § 48 Rn. 5; MünchKommHGB/Krebs § 48 Rn. 78.
180 BGH NJW 1988, 1840, 1841; Drexl/Mentzel Jura 2002, 289, 291.

133 Ist die Prokura erloschen, so fehlt dem bisherigen Prokuristen die Vertretungsmacht. Für die von ihm dennoch abgeschlossenen Rechtsgeschäfte gelten uneingeschränkt die §§ 177 ff. BGB. Gemäß § 53 Abs. 2 HGB ist das Erlöschen der Prokura im Handelsregister einzutragen; dem kommt zwar nur deklaratorische Wirkung zu. Unterbleibt die Eintragung, wird der gutgläubige Dritte aber gemäß § 15 Abs. 1 HGB geschützt: Solange das Erlöschen nicht eingetragen und bekannt gemacht worden ist, kann einem Dritten, der vom Erlöschen nichts weiß, nicht entgegengehalten werden, dass der frühere Prokurist keine Vertretungsmacht mehr besitzt (vgl. im Einzelnen unten Rn. 221 ff.).

B. Die Handlungsvollmacht, § 54 HGB

134 Handlungsvollmacht ist jede von einem Kaufmann im Rahmen seines Handelsgewerbes erteilte Vollmacht, die nicht Prokura ist. Sie nimmt eine Zwischenstellung zwischen der einfachen Vollmacht nach §§ 167 ff. BGB und der weitergehenden Prokura ein.

Handlungsbevollmächtigte sind in der Regel (wenn auch nicht zwingend) Handlungsgehilfen des Inhabers (§ 59 HGB). Sie dürfen ihrer Unterschrift keine Zeichen hinzufügen, die eine Prokura andeuten (insbesondere „p.p.a."), § 57 HGB. Sie müssen gleichwohl einen das Vertretungsverhältnis ausdrückenden Zusatz verwenden (in der Praxis: „i.V." oder „i.A.").

I. Die Erteilung der Handlungsvollmacht

135 Die Handlungsvollmacht wird nach den allgemeinen Vorschriften der §§ 167, 171 BGB erteilt. Sie bedarf grundsätzlich keiner besonderen Form. Es genügt eine konkludente Bevollmächtigung, die regelmäßig schon in der Übertragung einer verkehrstypisch mit Handlungsvollmacht verbundenen Stellung oder Aufgabenzuweisung im betreffenden Geschäftsbetrieb liegt.[181] Der Umfang der Vollmacht wird von dem Kaufmann bei der Erteilung bestimmt. In § 54 Abs. 1 HGB sind drei Arten der Handlungsvollmacht genannt:

- **Generalhandlungsvollmacht:** für alle Rechtsgeschäfte, die der gesamte Betrieb eines derartigen Handelsgewerbes gewöhnlich mit sich bringt
- **Arthandlungsvollmacht:** für alle Rechtsgeschäfte, die eine bestimmte Art von Geschäften eines derartigen Handelsgewerbes gewöhnlich mit sich bringt

  Beispiel: Die Vollmacht des Schalterangestellten einer Bank berechtigt zur Vornahme aller im Schalterverkehr üblichen Geschäfte.
- **Spezialhandlungsvollmacht:** für alle Rechtsgeschäfte, die das übertragene einzelne, konkret bestimmte Geschäft gewöhnlich mit sich bringt

  Die Besonderheit gegenüber der normalen Vollmacht besteht darin, dass der Bevollmächtigte nicht nur zu dem konkreten Rechtsgeschäft, sondern auch zu allen üblicherweise mit diesem in unmittelbarem Zusammenhang stehenden Geschäften und Rechtshandlungen Vertretungsmacht hat.

136 **1.** Gemeinsam ist allen Handlungsbevollmächtigten, dass sie nur zur Vornahme solcher Rechtsgeschäfte bevollmächtigt sind, die **in einem derartigen Handelsgewerbe gewöhnlich vorkommen.**

---

181 BGH NJW 2015, 2584, Rn. 47; BGH NJW-RR 2002, 967; Oetker/Schubert § 54 Rn. 12.

§ 54 HGB beschränkt die Vertretungsmacht damit auf **branchenübliche** Geschäfte („derartig") und ermächtigt nicht zu Geschäften, die nur irgendein Handelsgewerbe mit sich bringt (so aber die Prokura).

Beispiel: Für einen Neuwagenverkäufer ist auch die Inzahlungnahme von Altfahrzeugen und der Rückkauf zu einem garantierten Preis ein branchenübliches Geschäft.[182]

Weiterhin darf das Geschäft **nicht ungewöhnlich** sein. Es muss sich mithin um ein nicht selten vorkommendes Rechtsgeschäft handeln, das sich auch im finanziellen Rahmen des Handelsgewerbes hält. Wenn bei einem großen Unternehmen auch Vertragsabschlüsse von erheblicher finanzieller Tragweite noch zum gewöhnlichen Geschäftsbetrieb gehören, erstreckt sich die Handlungsvollmacht auch auf diese.[183]

2. Außer der Einschränkung auf branchenübliche und gewöhnliche Geschäfte erstreckt **137**
sich die Handlungsvollmacht gemäß § 54 Abs. 2 HGB auch nicht auf

- die Veräußerung oder Belastung von Grundstücken,
- die Eingehung von Wechselverbindlichkeiten,
- die Aufnahme von Darlehen
- und die Prozessführung.

Diese gesetzlichen Beschränkungen muss jeder Dritte, unabhängig von seiner Gutgläubigkeit gegen sich gelten lassen. Zu den in § 54 Abs. 2 HGB genannten Geschäften hat der Handlungsbevollmächtigte nur dann Vertretungsmacht, wenn er dazu besonders „ermächtigt" wird. Diese Vollmachtserweiterung kann ausdrücklich oder konkludent erteilt werden. Sie liegt aber nicht ohne Weiteres in der Erteilung einer Generalhandlungsvollmacht.[184]

Im Übrigen ist der Handlungsbevollmächtigte – wie der Prokurist – nicht vertretungsbe- **138**
rechtigt bezüglich Prinzipalgeschäften (s.o. Rn. 124) und Privatgeschäften des Kaufmanns.[185]

3. Darüber hinaus kann die Handlungsvollmacht durch rechtsgeschäftliche Vereinba- **139**
rungen weiter eingeschränkt werden.

Beispiel: Eine Arthandlungsvollmacht i.S.v. § 54 Abs. 1 Var. 2 HGB wird mit der Modifizierung erteilt, dass Abschlüsse nur bis 5.000 € im Einzelfall getätigt werden dürfen.

Anders als bei der Prokura stellt dies nicht nur eine Beschränkung im Innenverhältnis dar, sondern kann die Vertretungsmacht als solche einschränken. Beschränkungen der Vertretungsmacht, die über die in § 54 Abs. 1 u. 2 HGB genannten Grenzen hinausgehen, sind Dritten aber gemäß § 54 Abs. 3 HGB nur dann gegenüber wirksam, wenn diese sie kannten oder kennen mussten.[186] Es schadet bereits leichte Fahrlässigkeit (vgl. § 122 Abs. 2 BGB).

182 OLG Brandenburg VRR 2009, 145.
183 BGH NJW-RR 2002, 967.
184 BGH WM 1969, 43.
185 KG NJW-RR 1992, 34.
186 BGH NJW-RR 2002, 967.

Die dogmatische Bedeutung des § 54 HGB ist umstritten. Nach überwiegender Ansicht bestimmt die Vorschrift den gesetzlichen (Mindest-)Umfang der Handlungsvollmacht, die Gegenansicht sieht in § 54 HGB eine gesetzliche Vermutung.[187]

II. Besonderheiten der Handlungsvollmacht im Außendienst

140 § 54 HGB regelt unmittelbar nur die Handlungsvollmacht der im Betrieb des Kaufmanns beschäftigten Hilfspersonen (arg. ex § 55 HGB). Besonderheiten gelten für Hilfspersonen im Außendienst, wobei das Gesetz sowohl für den unselbstständigen Handlungsgehilfen als auch für den selbstständigen Handelsvertreter gleiche Regeln aufstellt.

Das HGB unterscheidet hier nur danach, ob der Hilfsperson

- Abschlussvollmacht (§§ 55 Abs. 1, 91 Abs. 1 HGB) oder
- nur Vermittlungsvollmacht (§§ 55 Abs. 4, 75 g, 91 Abs. 2 HGB) erteilt worden ist.

1. Der Abschlussbevollmächtigte im Außendienst

141 § 55 Abs. 1 HGB setzt voraus, dass dem Handlungsgehilfen bzw. Handelsvertreter eine Handlungsvollmacht erteilt worden ist, die dazu ermächtigt, außerhalb des Betriebes des Kaufmanns in dessen Namen Rechtsgeschäfte abzuschließen. § 91 Abs. 1 HGB erstreckt die Regelung des § 55 HGB auch auf von Nichtkaufleuten erteilte Vollmachten: Der Umfang der Handlungsvollmacht bestimmt sich für Abschlusshandelsvertreter von Nichtkaufleuten ebenfalls nach §§ 54, 55 HGB.

2. Der Vermittlungsbevollmächtigte im Außendienst

142 Sind die im Außendienst tätigen Hilfspersonen nur mit der Vermittlung von Rechtsgeschäften betraut, ohne dass sie selbst Vertragsabschlüsse tätigen dürfen, so ist es für Dritte häufig unklar, ob der Vermittler eine (begrenzte) Handlungsvollmacht hat oder nur Bote des Kaufmanns ist. Zum Schutz der gutgläubigen Kunden bestimmen § 75 g HGB (für den Handlungsgehilfen) und § 91 Abs. 2 HGB (für den Handelsvertreter), dass diese ebenso wie ein Abschlussbevollmächtigter (§ 55 Abs. 4 HGB) zur Entgegennahme von Erklärungen ermächtigt sind, die mangelhafte Waren oder Leistungen betreffen. Schließt der Vermittlungsbevollmächtigte trotz Fehlens einer Abschlussvollmacht im Namen des Geschäftsinhabers ein Rechtsgeschäft ab, so handelt er als Vertreter ohne Vertretungsmacht.

143 Die Wirksamkeit des Vertragsschlusses hängt von der Genehmigung des Geschäftsinhabers ab (§ 177 Abs. 1 BGB). Für diese Genehmigung bestimmen § 75 h Abs. 1 HGB (für den Handlungsgehilfen) und § 91 a Abs. 1 HGB (für den Handelsvertreter), dass die Genehmigung als erteilt gilt, wenn der Geschäftsinhaber dem Dritten gegenüber das Geschäft nicht unverzüglich ablehnt, nachdem er vom Handlungsgehilfen bzw. dem Handelsvertreter oder dem Dritten über Abschluss und wesentlichen Inhalt des Geschäfts benachrichtigt worden ist. Anders als nach der Regelung des § 177 Abs. 1 BGB, der eine ausdrückliche oder zumindest konkludente Genehmigung erfordert, gilt hier also bereits das bloße Schweigen als Genehmigung. Da aber nur der Gutgläubige schutzwür-

187 Bork JA 1990, 249 ff.; Drexl/Mentzel Jura 2002, 289, 295.

dig ist, tritt diese Wirkung gemäß §§ 75 h Abs. 1, 91 a Abs. 1 HGB nur zugunsten desjenigen ein, der den Mangel der Vertretungsmacht bei Vornahme des Geschäfts nicht gekannt hat (Kennenmüssen schadet nicht).

Gemäß §§ 75 h Abs. 2, 91 a Abs. 2 HGB gilt für die Genehmigung eines vollmachtlos abgeschlossenen Vertrages Entsprechendes, wenn ein Abschlussbevollmächtigter den Umfang seiner Vertretungsmacht überschreitet.

III. Erlöschen der Handlungsvollmacht

Für das Erlöschen der Handlungsvollmacht gelten keine handelsrechtlichen Besonderheiten, sondern die allgemeinen Regeln des BGB, insbesondere kann die Handlungsvollmacht jederzeit widerrufen werden, wobei die Widerrufsmöglichkeit jedoch – anders als bei der Prokura, § 52 Abs. 1 HGB – durch vertragliche Vereinbarung ausgeschlossen werden kann (§ 168 S. 2 Hs. 2 BGB). 144

Unterschiede Prokura – Handlungsvollmacht 145

Prokura	Handlungsvollmacht
■ Erteilung nur durch ausdrückliche Erklärung	■ Ausdrückliche oder konkludente Erteilung
■ Nur durch Geschäftsinhaber persönlich	■ Durch Inhaber oder Vertreter
■ Eintragung im Handelsregister	■ Keine Eintragung
■ Alle gerichtlichen und außergerichtlichen Geschäfte und Rechtshandlungen, die der Betrieb irgendeines Handelsgewerbes mit sich bringt	■ Einzelne oder der Art nach bestimmte oder alle Geschäfte und Rechtshandlungen, die ein derartiges Handelsgewerbe gewöhnlich mit sich bringt
■ Keine Prinzipal- und Privatgeschäfte	■ Keine Prinzipal- und Privatgeschäfte
■ Keine Belastung, Veräußerung von Grundstücken, § 49 Abs. 2 HGB	■ Keine Belastung, Veräußerung von Grundstücken, Wechselverbindlichkeiten, Darlehen, Prozessführung
■ Sonstige Beschränkungen nach außen nicht möglich (§ 50 Abs. 1 HGB)	■ Sonstige Beschränkungen grds. möglich, aber Schutz des guten Glaubens an Mindestumfang, § 54 Abs. 3 HGB
■ Nicht übertragbar, § 52 Abs. 2 HGB	■ Übertragbar mit Zustimmung, § 58 HGB

C. Die Vertretungsmacht von Ladenangestellten, § 56 HGB

Nach § 56 HGB gilt, wer in einem Laden oder in einem offenen Warenlager angestellt ist, als ermächtigt zu Verkäufen und Empfangnahmen, die in einem derartigen Laden oder Warenlager gewöhnlich geschehen. Während § 54 HGB eine Vermutung über den Um- 146 fang einer tatsächlich erteilten Vollmacht enthält, begründet § 56 HGB die Vermutung der Erteilung einer Vollmacht mit bestimmtem Inhalt. Die rechtliche Natur des § 56 HGB ist im Einzelnen umstritten. Nach h.M. hat § 56 HGB zwei Wirkungen:

- Bei Ladenangestellten wird vermutet, dass eine Vollmacht mit einem bestimmten Umfang erteilt wurde.
- Ist keine Vollmacht erteilt, gibt § 56 HGB eine Rechtsscheinsvollmacht.[188]

Fall 8: Bar-Kasse

K betreibt ein Großhandelsunternehmen für elektrotechnische Geräte. Im Erdgeschoss des Firmengebäudes befinden sich ein kleiner Verkaufsraum und die Lagerräume. Vereinzelt werden dort auch Verkäufe an Privatkunden vorgenommen. Diese Geschäfte wurden bisher über den Angestellten A abgewickelt, der hauptsächlich als Großhandelssachbearbeiter tätig war und sein Büro im obersten Geschoss hatte. Die Abwicklung geschah in der Regel so, dass auf dem von A ausgestellten Lieferschein ein Vermerk für den Barverkauf angebracht wurde und der Kunde mit diesem Lieferschein zur Kasse ging und bezahlte. Die Kasse befand sich in einem Raum hinter der Telefonzentrale. Anschließend erhielt der Kunde im Verkaufsraum das ausgesuchte Gerät. Abweichend von diesem normalen Verlauf nahm A, ohne Inkassovollmacht zu besitzen, in einigen Fällen auch das Geld von den Kunden entgegen, das er dann an der Kasse ablieferte. Eines Tages kaufte B von A in den Geschäftsräumen des K eine Waschmaschine für 900 €. Den Kaufpreis zahlte er bar an A. Eine Quittung oder Rechnung erhielt B nicht, wohl aber stellte A einen Lieferschein auf B aus. A behielt diesmal das Geld für sich. Als K davon erfährt, verlangt er von B erneute Zahlung des Kaufpreises. Zu Recht?

147 Ein Anspruch des K gegen B könnte sich aus § 433 Abs. 2 BGB ergeben.

I. Ein Kaufvertrag über die Waschmaschine liegt zwischen K, vertreten durch A, und B vor. A hat in Anbetracht der Umstände, unter denen das Geschäft abgewickelt wurde, schlüssig im Namen des K verkauft, wozu er von diesem – zumindest konkludent durch Einräumung der Verkäuferstellung – auch bevollmächtigt war (§ 167 Abs. 1 Alt. 1 BGB; § 54 Abs. 1 HGB).

II. Der Kaufpreisanspruch ist jedoch gemäß § 362 Abs. 1 BGB erloschen, wenn A bei Empfang der von B gezahlten 900 € zur Entgegennahme mit Wirkung gegenüber K berechtigt war.

Die Leistung an den gesetzlichen oder bevollmächtigten Vertreter hat Erfüllungswirkung unmittelbar nach § 362 Abs. 1 BGB, ist also kein Fall des § 362 Abs. 2 BGB.[189]

1. Eine ausdrückliche Inkassovollmacht ist A nicht erteilt worden.

2. Eine Vollmacht zur Entgegennahme des Geldes könnte sich aus § 54 HGB ergeben. Als Verkäufer war A eine Arthandlungsvollmacht erteilt, die zur Vornahme al-

188 K. Schmidt § 16 V 2, S. 491; GK/Schmidt § 56 Rn. 2; Drexl/Mentzel Jura 2002, 375.

189 Palandt/Grüneberg § 362 Rn. 4.

ler Geschäfte ermächtigt, die seine Tätigkeit gewöhnlicherweise mit sich bringt. Es gehörte aber nicht zur gewöhnlichen Tätigkeit des A, Bargeld entgegenzunehmen. Die Kunden zahlten normalerweise ausschließlich an der Kasse ein.

3. A könnte gemäß **§ 56 HGB** als zur Entgegennahme des Geldes berechtigt gelten. **148**

a) Dann müsste der Verkaufsraum im Erdgeschoss als **Laden** im Sinne dieser Vorschrift anzusehen sein. Unter einem Laden versteht man jedes dem Publikum zugängliche, wenn auch nur vorübergehend benutzte Verkaufslokal, wobei es nicht darauf ankommt, ob es dazu besonders ausgestattet ist.

Beispiele: Warenhaus, Einzelhandelsgeschäft, Selbstbedienungsläden; kein Laden oder offenes Warenlager sind dagegen z.B. Büro- oder Fabrikräume, soweit dort nicht auch Verkaufsgeschäfte vorgenommen werden.

Zweifel könnten sich vorliegend allein daraus ergeben, dass K in erster Linie Großhandelsgeschäfte betreibt und dementsprechend der Publikumsverkehr in dem Verkaufsraum auf Privatkunden beschränkt war, die allein aufgrund besonderer persönlicher Beziehungen diese Einkaufsmöglichkeit hatten. Bei § 56 HGB kommt es aber nicht darauf an, ob die den Verkaufsraum aufsuchenden Kunden zufällig und unaufgefordert oder aufgrund persönlicher Beziehungen in Kaufverhandlungen eintreten. Geschützt wird auch der Kunde, der den Laden, seine Verhältnisse, seinen Inhaber und dessen Personal kennt. Der Besucher soll durch § 56 HGB also ganz allgemein von Nachforschungspflichten freigestellt werden, ob und in welchem Umfang den im Laden angestellten Personen eine Ermächtigung zum Abschluss gewöhnlicher Geschäfte zukommt.[190] Der Verkaufsraum im Erdgeschoss stellt einen Laden i.S.d. § 56 HGB dar.

b) A müsste **Ladenangestellter** gewesen sein. Das ist jeder, der mit Wissen und Wollen des Ladeninhabers in dem Laden tätig wird.[191] Dabei ist es gleichgültig, welchen Aufgaben- und Pflichtenkreis er im Übrigen im Unternehmen des Ladeninhabers wahrnimmt. A ist daher allein aufgrund seiner Verkaufstätigkeit „im Laden angestellt", ohne dass seine Hauptaufgabe – im Obergeschoss Großhandelsgeschäfte für K anzubahnen und abzuwickeln – dem entgegenstehen würde.[192] **149**

Nicht angestellt ist, wer ohne Wissen und Willen des Inhabers im Laden mit dem Publikum verkehrt oder dort nicht zu Verkaufszwecken tätig ist, z.B. Packer, Raumpfleger. Verhindert der Geschäftsinhaber ein Tätigwerden dieser Personen fahrlässig nicht, so kommt eine allgemeine Anscheinsvollmacht in Betracht.[193] Dagegen ist für eine „Anstellung" kein wirksames Arbeitsverhältnis erforderlich, auch Freunde oder Familienangehörige können demnach „angestellt" sein.

190 Baumbach/Hopt § 56 Rn. 4.

191 Baumbach/Hopt § 56 Rn. 2.

192 BGH NJW 1975, 2191.

193 BGH NJW 1988, 2109, 2110.

150 c) Bei dem Geschäft des A handelt es sich auch um eine Empfangnahme, die in einem derartigen Laden üblich ist. § 56 HGB ermächtigt zu Empfangnahmen und Verkäufen, nicht aber zu Ankäufen.[194] Ankäufe können dem Geschäftsinhaber daher nur nach den allgemeinen Grundsätzen der Duldungs- oder Anscheinsvollmacht zugerechnet werden.

151 d) Zwischen dem Laden und dem Geschäftsabschluss muss ein **örtlicher Zusammenhang** bestehen, d.h. zumindest muss der Abschluss des Geschäfts im Laden angebahnt worden sein. Diese Voraussetzung ist hier erfüllt, da der Geschäftsabschluss und die nachfolgende Entgegennahme des Kaufpreises im Laden selbst vorgenommen wurden.

152 e) Soweit eine Vollmacht überhaupt nicht oder – wie hier – nicht in dem von § 56 HGB umschriebenen Umfang bestand, ist **Gutgläubigkeit** des Geschäftspartners erforderlich (Rechtsgedanke aus § 173 BGB und § 54 Abs. 3 HGB).[195]

Es schadet bereits leicht fahrlässige Unkenntnis (vgl. die Legaldefinition des Kennenmüssens in § 122 Abs. 2 BGB). Zwar war B das Fehlen einer Inkassovollmacht des A nicht bekannt. Es könnte aber fahrlässige Unkenntnis vorliegen, wenn B das Bestehen einer besonderen Kasse hätte bemerken müssen. Jedoch will § 56 HGB den Kunden grundsätzlich von Nachforschungspflichten freistellen. Es ist daher zu fordern, dass Abweichungen für den Dritten deutlich erkennbar sind, z.B. weil eine solche Beschränkung verkehrsüblich ist (wie z.B. im Warenhaus) oder zumindest ein klarer Hinweis vorhanden ist, dass nur an der Kasse gezahlt werden darf.[196]

Gerade daran fehlt es aber im vorliegenden Fall. Die Kasse befand sich erst in einem Raum hinter der Telefonzentrale, ohne dass im Verkaufsraum ein darauf gerichteter Hinweis vorhanden war. B konnte das Fehlen der Inkassovollmacht daher nicht erkennen.

Damit liegt der Tatbestand des § 56 HGB vor. K muss sich so behandeln lassen, als habe A Vollmacht zum Inkasso gehabt. Die Zahlung des B hat damit die Kaufpreisforderung nach § 362 Abs. 1 BGB zum Erlöschen gebracht.

---

194 BGH NJW 1988, 2109; Kothe JR 1990, 59.

195 OLG Düsseldor NJW-RR 2009, 1043; K. Schmidt § 16 V 3 f, S. 496.

196 BGH NJW 1975, 2191; OLG Karlsruhe MDR 1980, 849, 850; Staub/Joost § 56 Rn. 45.

Vertretung des Kaufmanns

Prokura, § 48 HGB

- Erteilung
  - Ausdrücklich, persönlich durch Geschäftsinhaber
  - Nur durch Kaufleute
  - Nur natürliche Person kann Prokurist sein
  - Deklaratorische Eintragung im Handelsregister
- Umfang: alle Geschäfte, die der Betrieb irgendeines Handelsgewerbes üblicherweise mit sich bringt; keine Beschränkung auf branchenübliche oder gewöhnliche Geschäfte
- Beschränkungen:
  - Veräußerungen und Belastungen von Grundstücken
  - Privatgeschäfte des Kaufmanns und Prinzipalgeschäfte
  - Einstellung und Veräußerung des Handelsgeschäfts
  - Beschränkungen kraft Rechtsgeschäfts:
    - Im Außenverhältnis grundsätzlich unbeschränkbar, § 50 Abs. 1 HGB
    - Gesamtprokura (echte, halbseitige, gemischte), § 48 Abs. 2 HGB
    - Filialprokura, § 50 Abs. 3 HGB

Handlungsvollmacht, § 54 HGB

- Erteilung nach §§ 167, 171 BGB: durch jeden Kaufmann, persönlich oder durch Bevollmächtigte
- Umfang: grundsätzlich frei vom Vollmachtgeber bestimmbar, aber Vermutung gesetzlich festgelegten Mindestinhalts zugunsten gutgläubiger Dritter, § 54 Abs. 3 HGB: alle gewöhnlichen Geschäfte eines derartigen Handelsgewerbes bzw. Geschäfts
  - **Generalhandlungsvollmacht**
  - **Arthandlungsvollmacht** für bestimmte Arten von Geschäften
  - **Spezialhandlungsvollmacht** für bestimmte Geschäfte
    Die Vermutung gilt nicht für Grundstücksveräußerung und -belastung, Wechselzeichnung, Darlehensaufnahme und Prozessführung (§ 54 Abs. 2 HGB), Prinzipal- und Privatgeschäfte.

Vertretungsmacht von Ladenangestellten, § 56 HGB

Nach h.M. gesetzlicher Fall der Anscheinsvollmacht, a.A.: echte rechtsgeschäftliche Vollmacht

- Laden: jede als Verkaufslokal benutzte Räumlichkeit
- Angestellter: wer mit Wissen und Wollen des Prinzipals im Laden mit dem Publikum verkehrt
- Übliche Verkäufe und Empfangnahmen, nicht Ankäufe
- Örtl. Zusammenhang zwischen Laden und Geschäftsabschluss
- Gutgläubigkeit analog § 54 Abs. 3 HGB

4. Abschnitt: Die selbstständigen Hilfspersonen

153 Der Kaufmann kann zur Erledigung seiner Aufgaben neben den in §§ 59–83 HGB geregelten unselbstständigen Hilfspersonen (Arbeitnehmern) auch fremde Personen einschalten, die nicht in seinen Betrieb eingegliedert sind. Diese können als **selbstständige Hilfspersonen** Rechtsgeschäfte für den Kaufmann tätigen.

- Personen, die im fremden Namen selbstständig Rechtsgeschäfte für den Geschäftsherrn abschließen oder vermitteln, sind der **Handelsvertreter (§§ 84–92 c HGB)** und der **Handelsmakler (§§ 93–104 HGB)**.
- Personen, die im eigenen Namen Rechtsgeschäfte für einen anderen tätigen, sind der Kommissionär, Spediteur, Lagerhalter und Frachtführer (dazu im 7. Abschnitt).

A. Der Handelsvertreter

I. Der Begriff des Handelsvertreters

154 Handelsvertreter ist, wer als selbstständiger Gewerbetreibender ständig damit betraut ist, für einen anderen Unternehmer Geschäfte zu vermitteln oder in dessen Namen abzuschließen, § 84 Abs. 1 S. 1 HGB.

- Der Handelsvertreter muss **selbstständig** sein. Selbstständig ist, wer im Wesentlichen frei seine Tätigkeit gestalten und seine Arbeitszeit bestimmen kann (§ 84 Abs. 1 S. 2 HGB). Maßgebend ist das Gesamterscheinungsbild des Handelnden. Die persönliche Unabhängigkeit unterscheidet den Handelsvertreter vom Angestellten.

  Indizien für die Selbstständigkeit: eigene Geschäftsräume, Führung von Handelsbüchern, Tätigwerden für mehrere Unternehmer, Tragen der Geschäftsunkosten, Benutzung eigener Firmenbögen, Eintragung im Handelsregister, keine feste Vergütung, nur Provisionen.[197]
- Der Handelsvertreter muss ein **Gewerbe** betreiben. Nach § 84 Abs. 4 HGB ist ein Kleingewerbe ausreichend; der Handelsvertreter muss kein Kaufmann sein.
- Er muss für einen anderen, der nicht notwendig Kaufmann sein muss, **Geschäfte vermitteln** oder **in dessen Namen abschließen**. Der Handelsvertreter wird für den Unternehmer in dessen Namen und auf dessen Rechnung tätig.[198] Dabei ist es unerheblich, ob er nur für einen Unternehmer (Einfirmenvertreter) oder für mehrere Unternehmen handelt.
- Der Handelsvertreter muss in einem **ständigen Betrauungsverhältnis** zu dem Unternehmer stehen, wobei die Tätigkeit auf Abschluss oder Vermittlung von Geschäften gerichtet sein muss. Es handelt sich um ein Dauerschuldverhältnis, nämlich einen Dienstvertrag in Form eines Geschäftsbesorgungsvertrages, §§ 611, 675 BGB.

155 **Abgrenzung:** Der Handelsvertreter unterscheidet sich

- vom **Handlungsgehilfen** (§ 59 HGB) durch seine Selbstständigkeit. Der Handlungsgehilfe leistet Arbeit in persönlicher Abhängigkeit. Die Sonderregelungen der §§ 59–83 HGB gehören deshalb systematisch zum Arbeitsrecht.

---

197 BGH NJW 1998, 2057; Canaris § 15 Rn. 9; Staub/Emde § 84 Rn. 24 ff.

198 BGH NJW-RR 1991, 1054.

- vom **Handelsmakler** (§ 93 HGB) dadurch, dass er ständig mit der Vermittlung oder dem Abschluss von Geschäften betraut ist, während der Handelsmakler nicht dauernd für einen Unternehmer tätig ist und als unabhängiger Vermittler die Interessen beider Vertragsparteien zu wahren hat.
- vom **Kommissionär** (§ 383 HGB) und vom Kommissionsagenten[199] durch sein Handeln im fremden Namen. Der Kommissionär und der Kommissionsagent handeln im eigenen Namen für fremde Rechnung.
- vom **Vertragshändler** und **Franchisenehmer** dadurch, dass er im fremden Namen für fremde Rechnung arbeitet. Sowohl Vertragshändler als auch Franchisenehmer sind in eigenem Namen für eigene Rechnung tätig.

II. Die Ansprüche des Handelsvertreters gegen den Unternehmer

Dem Handelsvertreter können gegen den Unternehmer folgende Ansprüche zustehen: **156**

- **Provisionsansprüche,**
- **Ausgleichsanspruch** aus § 89 b HGB und
- **sonstige Ansprüche**.

  Schadensersatzansprüche des Handelsvertreters können sich aus den allgemeinen Vorschriften des BGB ergeben: vertraglich §§ 280 ff. BGB; gesetzlich §§ 823 ff. BGB.

  Aufwendungsersatzansprüche stehen dem Handelsvertreter mangels abweichender Vereinbarung oder Handelsbrauchs grundsätzlich nicht zu (§ 87 d HGB). Eine Pflicht zum Ersatz außergewöhnlicher Kosten kann sich aus §§ 675, 670 BGB bzw. §§ 670, 683 S. 1, 677 BGB (bei geschäftsfremden Tätigkeiten) ergeben.[200]

  Wird dem Handelsvertreter für eine bestimmte Zeit (höchstens zwei Jahre) nach Beendigung des Vertragsverhältnisses vertraglich ein Wettbewerbsverbot auferlegt, so ist ihm gemäß § 90 a Abs. 1 S. 3 HGB eine angemessene **(Karenz-)Entschädigung** zu gewähren.

1. Provisionsansprüche

Der wichtigste Anspruch des Handelsvertreters ist der auf Provisionszahlung. Die Provision ist die Gegenleistung des Unternehmers für die Tätigkeit des Handelsvertreters; sie berechnet sich nach einem vereinbarten oder üblichen Prozentsatz (§ 87 b Abs. 1 HGB) des Wertes des vermittelten oder abgeschlossenen Geschäfts. Es können Ansprüche bestehen auf: **157**

- Abschlussprovision **158**
  - § 87 Abs. 1 S. 1 Alt. 1 HGB: Geschäfte, die **auf die Tätigkeit** des Handelsvertreters **zurückzuführen** sind

    Beispiel: H ist als Handelsvertreter für K tätig, der Sanitäranlagen herstellt. H verkauft im Namen des K dem Installateur I zehn komplette Badezimmereinrichtungen.

199 Vgl. dazu Rn. 178.

200 Hadding JuS 1977, 27, 29.

H hat einen Anspruch gegen K aus § 87 Abs. 1 S. 1 Alt. 1 HGB. Das Geschäft ist während des Bestehens des Handelsvertreterverhältnisses abgeschlossen und ursächlich auf die Tätigkeit des H zurückzuführen. Grundsätzlich reicht jede Mitursächlichkeit.

- § 87 Abs. 1 S. 1 Alt. 2 HGB: Geschäfte, die mit Dritten abgeschlossen wurden, die der Handelsvertreter als Kunden geworben hat. Diese Regelung erfasst **Nachbestellungen und Folgeaufträge**.

  Beispiel: Ein halbes Jahr, nachdem H das Geschäft zwischen K und I vermittelt hatte, bestellt der I bei K sieben Badewannen.

  H hat einen Anspruch gegen K aus § 87 Abs. 1 S. 1 Alt. 2 HGB, denn das Geschäft ist während des Bestehens des Handelsvertreterverhältnisses abgeschlossen und zwar mit I, den H für Geschäfte der gleichen Art als Kunde geworben hat.

- § 87 Abs. 2 HGB: Anspruch des **Bezirksvertreters**

  Dem Bezirksvertreter ist „ein bestimmter Bezirk oder ein bestimmter Kundenkreis zugewiesen". Er hat nach § 87 Abs. 2 HGB einen Provisionsanspruch für Geschäfte, die **ohne Mitwirkung seiner Person** mit Kunden seines Bezirks oder Kundenkreises abgeschlossen werden. Als Gegenleistung für dieses besondere Recht ist der Bezirksvertreter verpflichtet, den zugewiesenen Bereich laufend und in besonderer Weise zu pflegen.[201]

- § 87 Abs. 3 HGB: Provision für **Abschlüsse nach Vertragsende**

  Unter den in § 87 Abs. 3 HGB genannten Voraussetzungen besteht auch ein Provisionsanspruch für Geschäfte, die **nach Beendigung des Handelsvertretervertrages** abgeschlossen werden.

159 ■ Provision für besondere Leistungen

- Delkredereprovision, § 86 b HGB

  Beim Delkredere verpflichtet sich der Handelsvertreter, für die Erfüllung der Verbindlichkeit des Geschäftsherrn einzustehen. Es handelt sich in aller Regel um eine **Bürgschaft**, möglich ist aber auch ein Schuldbeitritt oder ein Garantievertrag.[202] Das Delkredere bedarf gemäß § 86 b Abs. 1 S. 3 HGB in jedem Fall der Schriftform. Als Ausgleich für sein Haftungsrisiko kann der Handelsvertreter die Delkredereprovision beanspruchen.

- Inkassoprovision, § 87 Abs. 4 HGB

  Dieser Anspruch entsteht, wenn der Handelsvertreter **im Auftrag des Geschäftsherrn** Forderungen einzieht.

160 ■ Provisionsansprüche über die §§ 86 b, 87 HGB hinaus können sich aus § 354 HGB ergeben, wenn der Handelsvertreter eine besondere, nicht zum vertraglichen Verpflichtungsbereich gehörende Geschäftsbesorgung oder Dienstleistung für den Unternehmer ausgeführt hat. § 354 HGB greift ferner ein, wenn der Handelsvertretervertrag unwirksam ist.[203]

2. Ausgleichsanspruch

161 § 89 b HGB ist die in der Praxis und Rspr. wichtigste Norm des Handelsvertreterrechts. Der Ausgleichsanspruch dient dem Zweck, die Vorteile auszugleichen, die sich für den Unternehmer daraus ergeben, dass er voraussichtlich für einige Zeit Folgegeschäfte mit

---

201 BGHZ 41, 292, 295; Baumbach/Hopt § 87 Rn. 28.

202 Oetker/Busche § 86 b Rn. 6.

203 Staub/Emde § 87 Rn. 31.

Stamm- und Mehrfachkunden abschließen wird.[204] Der Ausgleichsanspruch ist eine Entgeltforderung i.S.d. § 288 Abs. 2 BGB.[205]

Voraussetzungen und Rechtsfolgen des Ausgleichsanspruchs aus § 89 b HGB:

a) Beendigung eines Handelsvertreterverhältnisses

Es muss ein **Handelsvertreterverhältnis** bestanden haben,[206] das **beendet** ist. Auf die Art der Beendigung kommt es nicht an, ausreichend sind z.B. einverständliche Lösung des Vertragsverhältnisses, Vertragsumwandlung, Kündigung, Zeitablauf, auflösende Bedingung, Insolvenz des Unternehmers (§ 117 InsO), auch der Tod des Handelsvertreters.[207] Bei einer Kündigung durch den Handelsvertreter ist der Anspruch allerdings grundsätzlich gemäß § 89 b Abs. 3 Nr. 1 HGB ausgeschlossen. 162

b) Kein Ausschluss des Anspruchs

Die **Eigenkündigung des Handelsvertreters** schließt nach § 89 b Abs. 3 Nr. 1 HGB den Ausgleichsanspruch grundsätzlich aus. Anders ist es, wenn der Unternehmer zur Kündigung „begründeten Anlass" gegeben hat oder dem Handelsvertreter eine Fortsetzung seiner Tätigkeit wegen seines Alters oder wegen Krankheit nicht zugemutet werden kann. 163

Die Nichtverlängerung von Kettenverträgen steht einer Eigenkündigung gleich.[208] An den „begründeten Anlass" sind weniger strenge Anforderungen zu stellen als an einen wichtigen Kündigungsgrund; es kann auch ein unverschuldetes oder sogar rechtmäßiges Verhalten des Unternehmers ausreichen. Entscheidend ist, ob dadurch eine für den Handelsvertreter nach Treu und Glauben nicht mehr hinnehmbare Situation geschaffen wird.[209]

Nach § 89 b Abs. 3 Nr. 2 HGB schließt eine **Kündigung des Unternehmers aus wichtigem Grund** den Anspruch aus. Der Begriff des wichtigen Grundes i.S.d. § 89 b Abs. 3 Nr. 2 HGB deckt sich nach ganz h.M. inhaltlich mit dem des § 89 a HGB.[210] Er setzt voraus, dass es dem Kündigenden nicht zumutbar ist, das Vertragsverhältnis bis zu seinem Ablauf oder auch nur bis zu dem Zeitpunkt fortzusetzen, zu welchem es durch ordentliche Kündigung beendet werden kann.[211] 164

Das Gleiche gilt, wenn der Handelsvertreter eine **Vereinbarung über den Eintritt eines Dritten** in das Handelsvertreterverhältnis gemäß § 89 b Abs. 3 Nr. 3 HGB getroffen hat. 165

Der Ausgleichsanspruch kann durch **Vereinbarung** zwischen Unternehmer und Handelsvertreter ausgeschlossen werden. Diese Vereinbarung kann gemäß § 89 b Abs. 4 166

204 BGH NJW 2011, 1143.
205 BGH NJW 2010, 3226.
206 Zur analogen Anwendung des § 89 b HGB auf den Vertragshändler vgl. Rn. 180 f.
207 Staub/Emde § 89 b Rn. 54.
208 BGH NJW 1996, 848.
209 BGH NJW 1996, 848, 849; Saenger BB 2000, 129.
210 BGH NJW 1999, 946, 947; BGH NJW 2000, 1866.
211 BGH NJW 1999, 946, 947.

HGB nicht „im Voraus", d.h. vor Beendigung des Handelsvertretervertrages getroffen werden.

Nicht nur der vollständige Ausschluss, sondern auch eine Beschränkung des Ausgleichsanspruchs fällt unter die Regelung des § 89 b Abs. 4 HGB.[212]

Diese Regelung soll den Handelsvertreter vor der Gefahr bewahren, sich aufgrund während der Vertragsdauer bestehender wirtschaftlicher Abhängigkeit von dem Unternehmer auf ihn benachteiligende Abreden einzulassen. Abreden, durch die der Ausgleichsanspruch eingeschränkt oder ausgeschlossen wird, sind nur wirksam, wenn sie **nach** Beendigung des Handelsvertreterverhältnisses oder in einer Aufhebungsvereinbarung, die **gleichzeitig** den Vertrag beendet, getroffen werden. Derartige Vereinbarungen sind jedoch unwirksam, wenn die gleichzeitig vereinbarte Auflösung des Handelsvertreterverhältnisses erst zu einem späteren Zeitpunkt eintreten soll.[213]

c) § 89 b Abs. 1 S. 1 Nr. 1 HGB

167 Der Handelsvertreter muss für den Unternehmer **neue Kunden** geworben haben und der Unternehmer muss daraus nach Beendigung **erhebliche Vorteile** ziehen. Zur Feststellung dieser Voraussetzung ist maßgebend der zu erwartende Umfang der Geschäfte im Rahmen des von dem Handelsvertreter geschaffenen Kundenstamms.[214] Nach § 89 b Abs. 1 S. 2 HGB steht es der Werbung eines neuen Kunden gleich, wenn der Handelsvertreter die Geschäftsverbindung mit einem Kunden so wesentlich erweitert hat, dass dies wirtschaftlich der Werbung eines neuen Kunden entspricht. [215]

Veräußert der Unternehmer sein Geschäft nach Beendigung des Handelsvertretervertrages und führt der Erwerber dies fort, ist im Regelfall davon auszugehen, dass in dem Übernahmepreis auch ein Entgelt für den Kundenstamm enthalten ist und deshalb dem Veräußerer ein erheblicher Vorteil i.S.d. § 89 b Abs. 1 S. 1 Nr. 1 HGB zufließt.[216]

d) § 89 b Abs. 1 S. 1 Nr. 2 HGB

168 Der Ausgleichsanspruch muss unter Berücksichtigung aller Umstände der **Billigkeit** entsprechen.[217] Im Rahmen dieser Billigkeitserwägungen können sich z.B. anspruchsmindernd auswirken: eine vom Unternehmer finanzierte Altersversorgung,[218] verbotene Konkurrenztätigkeit des Handelsvertreters, ein Rückgang im Gesamtumsatz.[219]

---

212 BGHZ 153, 6.

213 BGH NJW 1996, 2867, 2868.

214 BGHZ 135, 14; BGH NJW 1998, 66, 71; Rittner DB 1998, 457; Thume BB 1998, 1425; Baumbach/Hopt § 89 b Rn. 11 ff.; MünchKommHGB/v. Hoyningen-Huene § 89 b Rn. 55 ff.

215 Zu der Qualifizierung von Bestandskunden als „neue Kunden" in Bezug auf neue Produktsortimente vgl. BGH NJW 2016, 3782.

216 BGH NJW 1996, 1752.

217 BGH NJW 1990, 2889.

218 BGHZ 153, 6; BGH NJW 2003, 1244.

219 MünchKommHGB/v. Hoyningen-Huene § 89 b Rn. 114.

e) § 89 b Abs. 2 HGB

Der Anspruch ist der Höhe nach gemäß § 89 b Abs. 2 HGB begrenzt auf eine Jahresprovision (bzw. sonstige Jahresvergütung), berechnet nach dem Durchschnitt der letzten fünf Jahre. Bei der Berechnung der Höchstgrenze sind grundsätzlich alle Arten von Provisionsansprüchen jeweils mit ihrem Nettobetrag zu berücksichtigen. 169

3. Sonstige Ansprüche des Handelsvertreters

Hat der Unternehmer vertretbar eine fristlose Kündigung des Handelsvertreters veranlasst, ist er gemäß **§ 89 a Abs. 2 HGB** zum Ersatz des dadurch entstehenden Schadens verpflichtet.[220] 170

Dies ist nicht allein ein Anspruch des Handelsvertreters. Auch der Unternehmer kann Schadensersatz verlangen, wenn der Handelsvertreter eine fristlose Kündigung veranlasst hat.

Weitere Schadensersatzansprüche des Handelsvertreters können sich aus den allgemeinen Vorschriften des BGB ergeben: vertraglich §§ 280 ff. BGB; gesetzlich §§ 823 ff. BGB. Problematisch ist insbesondere die Frage einer Pflichtverletzung durch die Beschränkung der Tätigkeit des Handelsvertreters. 171

Zwar ist der Unternehmer grundsätzlich gehalten, den Handelsvertreter bei seiner Tätigkeit zu unterstützen, doch diese allgemeine Förderungspflicht findet ihre Grenzen an der Dispositionsfreiheit des Unternehmers. Eine Produktionseinschränkung bzw. Sortimentsverkleinerung, die dem Handelsvertreter die Tätigkeitsgrundlage entzieht, ist nicht pflichtwidrig, wenn diese Maßnahme aus sachlichen Gründen wirtschaftlich geboten erscheint. Praktisch ist also in den Fällen der Betriebsumstellung oder Einstellung nur reine Willkür rechtswidrig.[221]

Aufwendungsersatzansprüche stehen dem Handelsvertreter grundsätzlich nicht zu, es sei denn, es besteht eine abweichende Vereinbarung oder ein entsprechender Handelsbrauch (§ 87 d HGB). Eine Pflicht zum Ersatz außergewöhnlicher Kosten kann sich aus §§ 675, 670 BGB bzw. §§ 670, 683 S. 1, 677 BGB bei geschäftsfremden Tätigkeiten ergeben.[222] 172

Wird dem Handelsvertreter für eine bestimmte Zeit (höchstens zwei Jahre) nach Beendigung des Vertragsverhältnisses vertraglich ein Wettbewerbsverbot auferlegt, so ist ihm gemäß § 90 a Abs. 1 S. 3 HGB eine angemessene **(Karenz-)Entschädigung** zu gewähren. 173

Eine solche Karenzentschädigung steht nach § 74 Abs. 2 HGB auch dem mit einem nachvertraglichen Wettbewerbsverbot belasteten Handlungsgehilfen zu. Wird bei einem solchen Wettbewerbsverbot die Höhe der Entschädigung in das Ermessen des Arbeitgebers gestellt, ohne dass eine Mindesthöhe i.S.v. § 74 Abs. 2 HGB vereinbart wird, ist das Wettbewerbsverbot unwirksam.[223]

III. Die Pflichten des Handelsvertreters

Hauptpflicht des Handelsvertreters ist die Pflicht zum Tätigwerden, § 86 Abs. 1 HGB. Er hat sich – anders als der Handelsmakler (§ 93 HGB) – um die Vermittlung oder um den Abschluss von Geschäften zu bemühen, und zwar im Zweifel persönlich (§ 613 BGB). Da- 174

220 Vgl. dazu BGHZ 122, 9.
221 Staub/Emde § 86 a Rn. 128 f.
222 Hadding JuS 1977, 27, 29.
223 BAG NJW 2014, 2379.

bei hat er die Interessen des Unternehmers wahrzunehmen (§ 86 Abs. 1 HGB), z.B. durch Marktbeobachtung, Verschwiegenheit (§ 90 HGB), Wettbewerbsverbot, allgemeine Loyalität. Nach § 86 Abs. 2 HGB ist der Handelsvertreter zur Berichterstattung verpflichtet, insbesondere bei jedem Geschäftsabschluss. Sorgfaltspflichten bei der Auswahl des Dritten (z.B. Kreditwürdigkeit) treffen ihn nach § 86 Abs. 3 HGB. Verstöße gegen diese Pflichten sind Pflichtverletzungen nach § 280 Abs. 1 BGB.

IV. Das Verhältnis des Vertreters zu Dritten

175 Der Handelsvertreter steht selbst in keinem Vertragsverhältnis zu den Kunden. Ist er Abschlussvertreter und hat er Vollmacht zum Abschluss des konkreten Geschäfts mit den Dritten, so wirken die von ihm abgegebenen Willenserklärungen für und gegen den Unternehmer, § 164 Abs. 1 S. 1 BGB. Die Entstehung der Vollmacht richtet sich nach den allgemeinen Vorschriften des BGB, für ihren Umfang verweist § 91 Abs. 1 HGB – auch für den nichtkaufmännischen Unternehmer – auf die Vermutung für die Handlungsvollmacht in den §§ 54, 55 HGB.

Der Vermittlungsvertreter hat keine Vertretungsmacht zum Abschluss der Geschäfte. Schließt er trotzdem mit einem gutgläubigen Dritten ab, so gilt das Geschäft in Abweichung von § 177 BGB als vom Unternehmer genehmigt, wenn dieser es nicht unmittelbar nach Mitteilung ablehnt (§ 91 a Abs. 1 HGB). Das Gleiche gilt, wenn ein Abschlussvertreter ein Geschäft im Namen des Unternehmers abgeschlossen hat, zu dessen Abschluss er nicht bevollmächtigt war, § 91 a Abs. 2 HGB.

V. Die analoge Anwendung des Handelsvertreterrechts

176 Das HGB kennt als unmittelbare Absatzmittlerformen nur den Handelsvertreter und den Kommissionär (der Handelsmakler vertreibt nicht unmittelbar die Waren, sondern vermittelt nur darauf gerichtete Geschäfte). Der Handelsvertreter wird im fremden Namen für fremde Rechnung im Rahmen eines Dauerschuldverhältnisses tätig, der Kommissionär dagegen nicht ständig und im eigenen Namen für fremde Rechnung. Es bestehen aber auch Zwischenformen, die sich teils dem selbstständigen Unternehmer annähern, der Waren kauft und im eigenen Namen für eigene Rechnung weiterverkauft, teils aber auch handelsvertreterähnliche Elemente aufweisen. Mischformen sind vor allem

- der **Kommissionsagent**,
- der **Vertragshändler** (Eigenhändler) und
- der **Franchisenehmer**.

177 Der Kommissionsagent wird – wie der Handelsvertreter – ständig für einen anderen Unternehmer tätig und kauft bzw. verkauft Waren im eigenen Namen auf fremde Rechnung. Der Vertragshändler wird ebenfalls im Rahmen eines Dauerrechtsverhältnisses – in der Regel für nur einen Hersteller – tätig und kauft bzw. verkauft Waren im eigenen Namen auf eigene Rechnung. Beim Franchising werden Waren oder Dienstleistungen einschließlich Schutzrechten und Know-how zur selbstständigen Verwertung überlassen. Wie der Vertragshändler handelt der Franchisenehmer im eigenen Namen auf eigene Rechnung. Der Franchisenehmer unterscheidet sich vom Vertragshändler dadurch, dass er stärker in die Absatzorganisation des Herstellers eingeordnet ist.[224]

224 MünchKommHGB/v. Hoyningen-Huene Vor § 84 Rn. 20.

Kommissionär

- nicht ständig
- im eigenen Namen
- auf fremde Rechnung

Handelsvertreter

- auf Dauer
- im fremden Namen
- auf fremde Rechnung

selbstständiger Unternehmer

- im eigenen Namen
- auf eigene Rechnung

Kommissionsagent

- auf Dauer
- im eigenen Namen
- auf fremde Rechnung

Vertragshändler und Franchisenehmer

- auf Dauer für einen Hersteller
- im eigenen Namen
- auf eigene Rechnung
- Eingliederung in Absatzorganisation (beim Franchisenehmer stärker als beim Vertragshändler)

Beim Kommissionsagenten, dem Vertragshändler und dem Franchisenehmer entsteht durch die Begründung eines Dauerschuldverhältnisses eine Mischform mit handelsvertreterähnlichem Einschlag. Entscheidende Frage ist dabei, ob und inwieweit aufgrund dieser Vergleichbarkeit das Handelsvertreterrecht auf derartige, gesetzlich nicht geregelte Vertriebssysteme analog angewendet werden kann.

1. Der Kommissionsagent

Der Kommissionsagent ist als selbstständiger Gewerbetreibender ständig damit betraut, im eigenen Namen für Rechnung eines anderen Unternehmers Verträge abzuschließen (Mischform Kommissionär – Handelsvertreter).[225] 178

Beispiel: Der Betreiber eines stationären Sonderpostenmarktes.[226]

Die Abwicklung der einzelnen abgeschlossenen Verträge im Außenverhältnis richtet sich dabei nach Kommissionsrecht.[227] Das Innenverhältnis zwischen Kommissionsagenten und Unternehmer ist aufgrund der dauernden Interessenwahrnehmung handelsvertreterähnlich ausgestaltet. Deswegen werden die Schutzvorschriften der §§ 89 ff. HGB weitgehend für anwendbar gehalten. Insbesondere ist die analoge Anwendung des Ausgleichsanspruchs des § 89 b HGB auf Kommissionsagenten zu bejahen, wenn der Kommissionsagent in die Absatzorganisation des Kommittenten eingebunden ist und ihm bei Beendigung des Vertragsverhältnisses den Kundenstamm überlassen hat.[228]

225 K. Schmidt § 28 II 1, S. 757 f.; MünchKommHGB/v. Hoyningen-Huene Vor § 84 Rn. 9 ff.

226 BGH NJW 2017, 475.

227 Vgl. dazu unten Rn. 336 ff.

228 BGH NJW 2017, 475; BGH NJW-RR 2003, 894; Oetker/Busche § 89 b Rn. 66.

2. Der Vertragshändler (Eigenhändler)

179 Der Vertragshändlervertrag ist ein Rahmenvertrag eigener Art,

- durch den sich der Vertragshändler verpflichtet, Waren des Herstellers oder Lieferanten **im eigenen Namen und auf eigene Rechnung** zu vertreiben und
- durch den der Vertragshändler **in die Verkaufsorganisation** des Herstellers bzw. Lieferanten **eingegliedert** wird.[229]

Die wirtschaftliche Bedeutung des Vertragshändlersystems ist sehr groß. Sein Hauptanwendungsgebiet findet sich im Bereich von Markenartikeln. So bedienen sich die Mineralölkonzerne im Ölhandel der Vertragshändler (im Benzinhandel dagegen der Handelsvertreter[230]). VW, Opel, BMW und Ford vertreiben ihre Kraftfahrzeuge durch ein Vertragshändlernetz.

Der Vertragshändlervertrag ist ein Dienstvertrag, der eine Geschäftsbesorgung zum Gegenstand hat.[231]

Da der Vertragshändler die Waren im eigenen Namen und für eigene Rechnung an die Kunden verkauft, wird er sie zunächst vom Hersteller/Lieferanten abkaufen. Neben dem Vertragshändlervertrag als Rahmenvertrag werden zusätzliche Kaufverträge abgeschlossen.

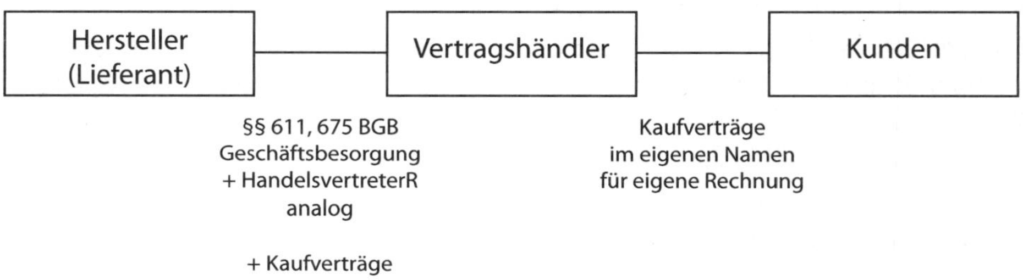

180 Problematisch ist die analoge Anwendung des Handelsvertreterrechts auf den Vertragshändlervertrag, insbesondere die analoge Anwendung des § 89 b HGB.

- Nach der Rspr. des BGH ist Handelsvertreterrecht nur dann entsprechend anwendbar, wenn der Vertragshändler durch den Rahmenvertrag handelsvertretertypische Rechte und Pflichten übernommen hat und in erheblichem Umfang Aufgaben erfüllt, wie sie auch vom Handelsvertreter wahrgenommen werden.[232]
- In der Lit. wird vertreten, dass schon deswegen Handelsvertreterrecht analog anwendbar sei, weil der Vertragshändler in die Verkaufsorganisation eingebunden sei. Gerade dies unterscheide ihn ja vom reinen Zwischenhändler.[233]
- Die verschiedenen Ansichten kommen regelmäßig zum gleichen Ergebnis.[234] Auf den Vertragshändlervertrag ist Handelsvertreterrecht anwendbar, wenn der Vertragshändler in erheblichem Maße in die Vertriebsorganisation eingebunden ist.

229 BGH NJW-RR 2003, 98; Hombrecher Jura 2007, 690, 692.
230 BGHZ 42, 244, 245.
231 MünchKommHGB/v. Hoyningen-Huene Vor § 84 Rn. 13; Röhricht/v. Westphalen, Vertragshändlerverträge Rn. 1.
232 BGH NJW-RR 2003, 98; BGH BB 2006, 1648; BGH BB 2007, 1586; BGH NJW 2016, 1885.
233 K. Schmidt § 28 III 2, S. 772.
234 K. Schmidt § 28 III 2, S. 774.

Indizien hierfür sind: die Einräumung eines Alleinvertriebsrechts für ein bestimmtes Gebiet, Bestehen eines Konkurrenzverbots, Verpflichtung zum Einsatz für die Marke, insbesondere Verwendung des Herstellerzeichens, Mindestabnahmesoll, Lagerhaltung, Berichts- und Mitteilungspflichten,[235] Kontroll- und Überwachungsrechte des Herstellers, Verantwortlichkeit des Herstellers für Werbemaßnahmen.[236]

Liegen diese Voraussetzungen vor, sind die §§ 89, 89 a HGB anwendbar.[237]

Die Anwendbarkeit des **§ 89 b HGB** ist nach der Rspr. nur dann zu bejahen, wenn der Vertragshändler vertraglich verpflichtet ist, dem Hersteller bei Ausscheiden aus der Absatzorganisation seinen Kundenstamm zu überlassen, sodass sich der Hersteller die Vorteile des Kundenstamms nutzbar machen kann.[238] **181**

In der Lit. wird die Überlassung des Kundenstamms nicht als Voraussetzung der Anwendbarkeit des § 89 b HGB gesehen, sondern als Voraussetzung der Norm selbst (§ 89 b Abs. 1 Nr. 1 HGB analog).[239] Im Ergebnis besteht auch insoweit praktisch kein Unterschied zu der Ansicht der Rspr.

Ein Ausgleichsanspruch steht dem Vertragshändler nicht zu, wenn der Hersteller oder Lieferant nach den vertraglichen Vereinbarungen verpflichtet ist, die ihm vom Vertragshändler überlassenen Kundendaten bei Beendigung des Vertrages zu sperren, ihre Nutzung einzustellen und auf Verlangen des Vertragshändlers zu löschen.[240]

3. Der Franchisenehmer

Franchising ist ein Absatzsystem für Waren oder Dienstleistungen. Eine allgemein anerkannte Definition des Begriffs Franchising existiert nicht. Unter einer Franchise wird die Gesamtheit der Rechte verstanden, welche der Franchisegeber dem Franchisenehmer gewährt. Dies sind insbesondere Rechte zur Verwendung von Marken und gewerblichen Schutzrechten des Franchisegebers. Franchising zeichnet sich weiterhin durch einen Know-how-Transfer und dadurch aus, dass dem Franchisenehmer die Art und Weise des Franchisebetriebs vorgeschrieben wird.[241] **182**

Je nach dem Gegenstand des Vertrages unterscheidet man zwischen mehreren Formen: **183**

- Das **Warenfranchising** ist ein bestimmtes Vertriebssystem für die vom Franchisegeber hergestellten Waren. Außer diesen werden dem Franchisenehmer das Marketingkonzept, das Know-how und Schutzrechte (z.B. Berechtigung zum Führen der Marke) zur Verfügung gestellt. Das Warenfranchising ist dem Vertragshändlersystem sehr ähnlich. Abgrenzungskriterium ist die beim Franchising noch stärkere Einbindung in das Vertriebssystem.[242]

  So vertreibt z.B. General Motors seine Fahrzeuge im Franchisesystem. Der Vertrieb von VW wird zumeist als Vertragshändlersystem angesehen, teilweise aber auch als Franchising eingestuft.[243]

---

235 OLG München BB 1997, 595.
236 BGH BB 2002, 2520.
237 K. Schmidt § 28 III 1 a, S. 769.
238 BGH NJW 2011, 848; BGH NJW-RR 2006, 1692; Ensthaler/Gesmann-Nuissl/Stopper DB 2003, 257, 263 ff.; Ströbl BB 2006, 2258.
239 K. Schmidt § 28 III 2, S. 777 f.
240 BGH NJW 2015, 1300.
241 Giesler/Nauschütt, Franchiserecht, 2. Aufl. 2007, Rn. 27 ff.
242 MünchKommHGB/v. Hoyningen-Huene Vor § 84 Rn. 20.
243 Martinek ZIP 1988, 1362, 1371; Skaupy DB 1980, 2446, 2450.

- Beim **Servicefranchising** steht die standardisierte Dienstleistung unter einem einheitlichen Namen im Vordergrund (z.B. Hilton, Sheraton, Mövenpick). Schutzrechte und Know-how werden lizensiert.

- Stellt der Franchisenehmer Waren nach den Vorgaben des Franchisegebers her und vertreibt sie unter dessen Warenzeichen (z.B. Coca-Cola), spricht man von **Herstellungsfranchising**.

184 Der Franchisevertrag ist ein typengemischter Vertrag. Jede einzelne Maßnahme des Franchisepakets wird nach den Regeln des jeweils einschlägigen Vertragstyps beurteilt.[244] Der Franchisenehmer ist in der Regel selbstständig und damit selbst Kaufmann. Nach der Rspr. ist aber auch möglich, dass ein Franchisenehmer Arbeitnehmer ist.[245]

185 Die Frage der Anwendbarkeit der §§ 84 ff. HGB auf den Franchisevertrag kann nicht generell entschieden werden. Anwendbar sind die Vorschriften über die ordentliche Kündigung[246] (§ 89 HGB) und die fristlose Kündigung[247] (§ 89 a HGB). Die Anwendbarkeit des § 89 b HGB auf den Franchisevertrag ist umstritten. Dem Franchisenehmer sollte jedenfalls unter den gleichen Voraussetzungen wie dem Vertragshändler ein Ausgleichsanspruch zustehen.[248] Für Franchiseverträge, die ein im Wesentlichen anonymes Massengeschäft betreffen (Beispiel: Fast-Food-Ketten), ist nach der Rspr. die bloß faktische Kontinuität des Kundenstamms nach Vertragsbeendigung kein hinreichender Grund für die analoge Anwendung des § 89 b HGB. Im Regelfall ist danach eine **vertragliche Verpflichtung** des Franchisenehmers zur Übertragung des Kundenstamms erforderlich. Diese muss sich allerdings nicht ausdrücklich und unmittelbar aus dem schriftlichen Vertrag ergeben, sondern kann auch aus anderen Pflichten hergeleitet werden (z.B. Pflicht zur Übergabe der Geschäftsunterlagen).[249]

B. Der Handelsmakler

I. Begriff

186 Handelsmakler ist nach § 93 HGB, wer gewerbsmäßig für andere die Vermittlung von Verträgen über Gegenstände des Handelsverkehrs übernimmt, ohne von ihnen ständig damit betraut zu sein.

- Der Handelsmakler ist Kaufmann. Nach § 93 Abs. 3 HGB finden die Vorschriften über den Handelsmakler auch dann Anwendung, wenn es sich um einen kleingewerblichen Betrieb handelt.

- Der Handelsmakler muss Verträge vermitteln, also nicht abschließen. Erforderlich ist, dass der Makler durch seine Tätigkeit die Bereitschaft zum Abschluss des Vertrages herbeiführt. Nicht ausreichend ist der bloße Nachweis von Gelegenheiten zum Vertragsschluss (anders § 652 Abs. 1 BGB für den Nachweismakler).

244 OLG Frankfurt NJWE-WettbR 1996, 142.
245 BGH NJW-RR 2003, 277; LAG Bremen, Urt. v. 21.02.2007 – 2 Sa 206/05, BeckRS 2008, 53877.
246 BGH BB 2002, 2036.
247 KG BB 1998, 607.
248 Flohr DStR 1998, 572; Bodewig BB 1997, 637; Eckert WM 1991, 1237; Kohler NJW 1990, 1689.
249 BGH NJW 2015, 945.

- Die vermittelten Geschäfte müssen Gegenstände des Handelsverkehrs betreffen. Nicht erforderlich ist, dass die daran beteiligten Parteien Kaufleute sind, da § 93 Abs. 1 HGB nur Verträge über Gegenstände des Handelsverkehrs voraussetzt, nicht aber das Vorliegen von Handelsgeschäften i.S.d. § 343 HGB fordert. Die Auftraggeber des Handelsmaklers können also Kaufleute oder Nichtkaufleute sein.

  § 93 Abs. 1 HGB nennt beispielhaft Verträge über Anschaffung oder Veräußerung von Waren oder Wertpapieren, über Versicherungen, Güterbeförderungen und Schiffsmiete. Sonstige Gegenstände des Handelsverkehrs sind z.B. Bankgeschäfte und Verträge über gewerbliche Schutzrechte (Patente, Warenzeichen u.Ä.). Nach dem Gegenstand der vermittelten Geschäfte unterscheidet man: Warenmakler, Börsen- und Effektenmakler, Versicherungsmakler, Schiffsmakler.

- Der Handelsmakler darf nicht ständig von einer Partei mit Vertragsvermittlungen betraut sein; anderenfalls ist er Handelsvertreter (Vermittlungsvertreter).

  Der Handelsmakler kann auch von beiden Parteien des zu vermittelnden Geschäfts beauftragt werden, sodass dann mit jeder Partei ein Handelsmaklervertrag besteht. Aber selbst wenn nur eine Partei sein Auftraggeber ist, steht er auch zu der anderen in einem vertragsähnlichen Verhältnis.

II. Abgrenzungsfragen

1. Unterschiede zwischen Handelsmakler und Zivilmakler

- Der Handelsmakler ist stets Vermittlungsmakler, während der Zivilmakler bloßer Nachweismakler sein kann (vgl. § 652 Abs. 1 S. 1 BGB). **187**
- Während der Zivilmakler auch nicht gewerbsmäßig tätig werden kann, setzt die Eigenschaft als Handelsmakler das Vorliegen eines Gewerbes voraus.
- Der Zivilmakler ist grundsätzlich nur seinem Auftraggeber verpflichtet, der Handelsmakler hat dagegen als „ehrlicher Makler" die Interessen beider Parteien zu wahren (vgl. §§ 94, 98, 99, 101 HGB).
- Wie bei zweiseitigen Verträgen üblich, kann der Zivilmakler die Provision nur von seinem Auftraggeber verlangen; beim Handelsmakler ist dagegen mangels ausdrücklicher Vereinbarung oder einer abweichenden Handelssitte der Maklerlohn von jeder Partei zur Hälfte zu entrichten, § 99 HGB.
- Der Handelsmakler kann nur Verträge über Gegenstände des Handelsverkehrs vermitteln, der Zivilmakler dagegen alle Geschäfte.

2. Unterschiede zwischen Handelsmakler und Handelsvertreter

188 Der Handelsmakler ist nicht wie der Handelsvertreter ständig für eine Partei tätig, sondern nur von Fall zu Fall.[250] Er hat anders als der Handelsvertreter nicht nur die Interessen seines Auftraggebers, sondern beider Parteien zu wahren. Während der Handelsvertreter in gewissem Umfang weisungsgebunden ist, bleibt der Makler, auch wenn er einen Alleinauftrag hat, stets weisungsunabhängig. Unbestimmtheit und Vielzahl der

250 Ausführlich: OLG Düsseldorf NJW-RR 2016, 1315, Rn. 23.

Geschäfte und das Interesse an Umsatzförderung sprechen für die Einordnung als Handelsvertreter.[251]

3. Unterschiede zwischen Handelsmakler und Kommissionär

189 Anders als der Handelsmakler ist der Kommissionär (§ 383 HGB) nicht auf eine bloße Vermittlungstätigkeit beschränkt. Er kauft und verkauft im eigenen Namen Waren oder Wertpapiere für Rechnung eines anderen (des Kommittenten) und wird somit selbst Vertragspartei des in Auftrag gegebenen Geschäfts. Bei den von einem Handelsmakler vermittelten Geschäften wird im Regelfall nicht dieser, sondern der Auftraggeber Vertragspartei des vermittelten Geschäfts.[252]

III. Pflichten des Handelsmaklers

190 Für den Handelsmakler gelten in erster Linie die §§ 93 ff. HGB, daneben subsidiär auch die §§ 652 ff. BGB. Er ist zum Tätigwerden grundsätzlich nicht verpflichtet. Eine solche Pflicht besteht nur, wenn sie mit dem Auftraggeber besonders vereinbart worden ist, was insbesondere dann anzunehmen ist, wenn dem Handelsmakler ein Alleinauftrag erteilt wird. Wird er jedoch tätig, so tritt er nicht nur zu seinem Auftraggeber, sondern auch zu der anderen Partei in ein vertragliches Schutz- und Nebenpflichtverhältnis. Daraus ergeben sich folgende Pflichten:

- Der Handelsmakler hat wegen seiner beruflichen Fachkompetenz Aufklärungs- und Informations- sowie gegebenenfalls Beratungspflichten. Zur Erfüllung dieser Nebenpflichten hat er allerdings keine Erkundigungs- oder Nachprüfungspflicht. Vielmehr schuldet er grundsätzlich nur Aufklärung über die Umstände, die ihm bekannt sind. Dabei hat er gemäß § 347 Abs. 1 HGB für die Sorgfalt eines ordentlichen Kaufmanns im Handelsverkehr einzustehen.[253]
- Als unparteiischer Vermittler und objektiver Förderer des Geschäfts hat er die Interessen beider Parteien wahrzunehmen (Neutralitätspflicht).
- Daraus folgt, dass er bei Pflichtverletzungen beiden Parteien gegenüber haftet (§ 98 HGB), auch dann, wenn ihn nur eine Partei beauftragt hat (Vertrag mit Schutzwirkung zugunsten Dritter[254]).
- Hat die Vermittlung des Handelsmaklers Erfolg, so trifft ihn mit Ausnahme des Krämermaklers (§ 104 HGB) eine doppelte Beurkundungspflicht:
  - Unverzüglich nach Geschäftsabschluss hat er jeder Partei eine von ihm unterzeichnete Schlussnote zuzustellen, § 94 HGB, und
  - er ist des Weiteren verpflichtet, den Abschluss in einem besonderen Tagebuch zu vermerken (§§ 100 ff. HGB).

---

251 Oetker/Martinek § 383 Rn. 15.

252 OLG München NJW 2015, 81; MünchKommHGB/v.Hoyningen-Huene § 93 Rn. 33 f.; Oetker/Kotzian-Marggraf § 93 Rn. 11.

253 OLG München NJW 2015, 81; Baumbach/Hopt § 93 Rn. 27; MünchKommHGB/v.Hoyningen-Huene § 93 Rn. 56 ff.

254 Staub/Thiessen § 98 Rn. 15.

IV. Rechte des Handelsmaklers

Dem Makler steht auch ohne besondere Vereinbarung (vgl. § 354 HGB) nach § 99 HGB ein Anspruch auf Provision (Courtage) zu. Der Anspruch setzt voraus, dass ein mit dem Auftrag identischer Vertrag infolge der Vermittlung des Maklers (Mitursächlichkeit!) zustande kommt, § 652 Abs. 1 BGB. Der Makler hat jedoch keinen Anspruch darauf, dass der Auftraggeber den vermittelten Vertrag auch tatsächlich abschließt. Im Unterschied zum Provisionsanspruch des Handelsvertreters (§ 87 a HGB) und des Kommissionärs (§ 396 Abs. 1 HGB) ist aber nicht erforderlich, dass das Geschäft von den Parteien auch ausgeführt wird. Einen Aufwendungsersatzanspruch hat der Makler nur, wenn dies besonders vereinbart ist, § 652 Abs. 2 BGB. Außer im Fall besonderer Gestattung besteht kein Recht zum Selbsteintritt des Handelsmaklers als Partei in das vermittelte Geschäft (anders beim Kommissionär, § 400 HGB). Eine Ausnahme bildet die Situation bei sog. anonymer Schlussnote: Hat sich der Handelsmakler die nachträgliche Angabe des Vertragspartners vorbehalten und gelingt es ihm nicht, einen abschlussbereiten „einwandfreien" Dritten zu bezeichnen, ist der Handelsmakler auf Verlangen seines Auftraggebers zum Selbsteintritt verpflichtet (§ 95 Abs. 3 HGB; ähnlich § 179 Abs. 1 BGB). **191**

Grundsätzlich hat der Handelsmakler keine Inkassovollmacht (§ 97 HGB), es sei denn, er ist dazu (stillschweigend) bevollmächtigt worden.

Selbstständige Hilfspersonen des Kaufmanns

Handelsvertreter

- Definition: § 84 HGB
- Provisionsansprüche
  - Abschlussprovision
    - § 87 Abs. 1 S. 1 Alt. 1 HGB: auf Tätigkeit zurückzuführen
    - § 87 Abs. 1 S. 1 Alt. 2 HGB: Nachbestellungen und Folgeaufträge
    - § 87 Abs. 2 HGB: Bezirksvertreter
    - § 87 Abs. 3 HGB: Abschlüsse nach Vertragsende
  - Provisionen für besondere Leistungen
    - Delkredereprovision: § 86 b HGB
    - Inkassoprovision: § 87 Abs. 4 HGB
  - § 354 HGB bei besonderen, nicht vertraglichen Leistungen
- Ausgleichsanspruch aus § 89 b HGB
  - Beendigung eines Handelsvertreterverhältnisses
  - Kein Ausschluss nach § 89 b Abs. 3 HGB
  - Unter den Voraussetzungen des § 89 b Abs. 1 HGB besteht ein Anspruch auf „angemessenen" Ausgleich unter Berücksichtigung der Höchstgrenze des § 89 b Abs. 2 HGB.

Analoge Anwendung des Handelsvertreterrechts

- Kommissionsagent
  - Selbstständiger Gewerbetreibender, der damit betraut ist, im eigenen Namen für Rechnung eines anderen Verträge abzuschließen
  - Im Außenverhältnis gilt Kommissionsrecht; im Innenverhältnis Handelsvertreterrecht entsprechend.
- Vertragshändler (Eigenhändler)
  - Kaufmann, der in die Vertriebsorganisation eines Herstellers eingegliedert ist und im eigenen Namen und auf eigene Rechnung Vertragswaren vertreibt
  - Analoge Anwendung des Handelsvertreterrechts, insbesondere des § 89 b HGB nach der Rspr. nur, wenn Eingliederung so weitgehend, dass wirtschaftlich Aufgaben eines Handelsvertreters erfüllt werden
- Franchisenehmer

Handelsmakler

- Begriff: § 93 HGB
- Abgrenzung
  - Der Handelsvertreter ist ständig betraut und weisungsabhängig, der Handelsmakler ist nicht ständig betraut und weisungsunabhängig.
  - Vom Zivilmakler unterscheidet den Handelsmakler, dass er stets Vermittlungsmakler ist, gewerbsmäßig tätig wird, die Interessen beider Parteien zu wahren hat und grundsätzlich von beiden Parteien Maklerlohn erhält (§ 99 HGB).

5. Abschnitt: Das Handelsregister und sonstige Rechtsscheinstatbestände

A. Das Handelsregister

I. Der Zweck des Handelsregisters

Das Handelsregister dient der Sicherheit des Handelsverkehrs durch Offenlegung der wichtigsten Rechtsverhältnisse der Kaufleute **(Publizitätswirkung)**. Anders als beim Grundbuch (§ 12 GBO) steht die Einsicht jedermann auch ohne Nachweis eines (besonderen) Interesses zu, § 9 Abs. 1 HGB. 192

Das Recht auf Einsicht in das Handelsregister ist weit gefasst und umfasst auch die Durchsicht großer Teile oder des ganzen Registers. Der dabei verfolgte Zweck ist irrelevant. Das Einsichtsrecht besteht auch, wenn die erlangten Informationen kommerziell genutzt werden sollen.[255]

Gleichzeitig kommt das Handelsregister aber auch dem Kaufmann selbst zugute, weil er sich durch die Eintragung, z.B. im Fall des § 25 Abs. 2 HGB, entsprechende Mitteilungen an seine Geschäftspartner ersparen kann **(Publikationswirkung)**.

II. Das System des Handelsregisters

1. Gemäß § 8 Abs. 1 HGB wird das Handelsregister von den Gerichten elektronisch geführt. Zuständig ist das Amtsgericht, in dessen Bezirk das kaufmännische Unternehmen seinen Sitz hat (§§ 376 ff. FamFG). Grundsätzlich wird eine Tatsache nur eingetragen, wenn ein darauf gerichteter Antrag vorliegt. 193

Von einer **einzutragenden** Tatsache spricht man, wenn der Kaufmann gesetzlich verpflichtet ist, eine Tatsache zur Eintragung anzumelden. 194

Dazu zählen z.B. die Eintragung der Firma (§ 29 HGB), der Erteilung und des Erlöschens der Prokura (§ 53 Abs. 1, Abs. 3 HGB), der OHG/KG (§§ 106, 162 HGB), des Ausschlusses eines Gesellschafters von der Vertretung (§ 125 Abs. 1 HGB), oder die Bestellung oder Abberufung eines GmbH-Geschäftsführers (§ 39 Abs. 1 GmbHG).

Kommt der zur Anmeldung Verpflichtete seiner Pflicht nicht nach, so kann das Registergericht ihn durch Androhung und Festsetzung eines Zwangsgeldes dazu anhalten (§ 14 HGB, §§ 388 ff. FamFG), grundsätzlich darf die Tatsache aber nicht von Amts wegen eingetragen werden (Ausnahme z.B. die Eröffnung des Insolvenzverfahrens, § 32 HGB).

Lediglich **eintragungsfähig** ist eine Tatsache, die in das Handelsregister eingetragen werden kann, ohne dass eine Verpflichtung zur Anmeldung besteht. 195

Hierzu gehören z.B. die Eintragung des Nebengewerbes eines land- oder forstwirtschaftlichen Betriebes gemäß § 3 Abs. 3 HGB oder die Eintragung von Haftungsausschlüssen nach §§ 25 Abs. 2, 28 Abs. 2 HGB.

Eintragungsfähig sind jedenfalls die Tatsachen, deren Eintragung das Gesetz ausdrücklich vorsieht, nach h.M. aber auch solche, für deren Eintragung nach Sinn und Zweck des Handelsregisters ein sachliches Bedürfnis besteht.[256]

---

255 BGHZ 108, 32.

256 BGH NJW 1992, 1452; BayObLG MDR 2000, 97 (Gestattung des Selbstkontrahierens des Geschäftsführers der Komplementär-GmbH einer GmbH & Co. KG); Baumbach/Hopt § 8 Rn. 5; MünchKommHGB/Krafka § 8 Rn. 32.

196 Nicht eintragungsfähig sind beispielsweise die Handlungsvollmacht, ein Nacherbenvermerk oder sonstige Verfügungsbeschränkungen, auch wenn sie für den Rechtsverkehr von erheblicher Bedeutung sein können.

197 **2.** Das Handelsregister hat zwei Abteilungen:

- In der Abteilung A werden die Tatsachen über Einzelkaufleute, die OHG und die KG eingetragen;
- die Abteilung B enthält die Angaben über die Kapitalgesellschaften.

Entsprechend beginnen die Registernummern von Einzelkaufleuten und Personengesellschaften mit HRA und die von Kapitalgesellschaften mit HRB.

198 **3.** Die Eintragungen im Handelsregister sind anders als die Eintragungen im Grundbuch in der Regel nicht rechtsbegründend (konstitutiv). Zumeist kommt ihnen nur deklaratorische Wirkung zu, d.h. sie bekunden Rechtsvorgänge, die bereits außerhalb des Handelsregisters wirksam geworden sind.

Dazu zählen die Eintragung eines Kaufmanns, der kein Kleingewerbe betreibt (§ 1 HGB), die Erteilung oder das Erlöschen der Prokura (§ 53 HGB), die Eintragung der Auflösung der Gesellschaft, des Eintritts oder des Ausscheidens eines Gesellschafters (§§ 107, 143 HGB) u.a.

In besonderen Fällen wirkt die Eintragung dagegen konstitutiv, d.h. ohne Eintragung tritt eine materielle Wirkung noch nicht ein:

- Erst die Eintragung der Kleingewerbetreibenden (§§ 2, 3 Abs. 2 HGB) begründet die Eigenschaft als Kaufmann; die Wirksamkeit der OHG oder KG, deren Gewerbe unter § 2 HGB fällt (Kannkaufmann) oder die nur eigenes Vermögen verwaltet (i.S.d. § 105 Abs. 2 HGB), tritt im Außenverhältnis erst mit der Eintragung ein, § 123 Abs. 2 HGB.
- Die GmbH und die AG entstehen erst mit der Eintragung (§ 11 Abs. 1 GmbHG, § 41 Abs. 1 AktG).

199 **4.** An die Publizitätswirkung des Handelsregisters knüpft ein Gutglaubensschutz an. Für den Rechtsverkehr wird ein Rechtsschein zudem durch die **Bekanntmachung** der Registereintragungen hervorgerufen. Trotz der elektronischen Abrufbarkeit sind die Eintragungen im Handelsregister gemäß § 10 HGB in einem von der Landesjustizverwaltung bestimmten elektronischen Informations- und Kommunikationssystem bekannt zu machen. Die Justizverwaltungen der Länder haben ein länderübergreifendes zentrales Registerportal geschaffen, das unter der Internetadresse www.handelsregister.de betrieben wird. Die Bekanntmachungen können – anders als die Eintragungen – kostenfrei abgefragt werden.

B. Die Publizitätswirkungen des § 15 HGB

200
- **§ 15 Abs. 2 HGB regelt den Normalfall.** Ist eine – richtige – einzutragende Tatsache eingetragen und bekannt gemacht, so muss ein Dritter sie gegen sich gelten lassen. Dem Dritten kann allenfalls die „Schonfrist" des § 15 Abs. 2 S. 2 HGB zugutekommen.

Beispiel: Dem Prokuristen P wird die Prokura entzogen. Das Erlöschen der Prokura wird eingetragen und bekannt gemacht.

Ein Dritter kann sich grundsätzlich nicht auf das Bestehen der Prokura berufen. Eine Ausnahme gilt nur in der Frist von 15 Tagen nach der Bekanntmachung, wenn der Dritte beweist, dass er das Erlöschen der Prokura weder kannte noch kennen musste.

- **§ 15 Abs. 1 HGB** regelt den Fall, dass eine wahre Tatsache nicht eingetragen und bekannt gemacht worden ist.

  Beispiel: G ist als Gesellschafter aus der A-OHG ausgeschieden, dies wurde aber nicht eingetragen und bekannt gemacht.

  Einem gutgläubigen Dritten gegenüber haftet G gemäß § 128 HGB i.V.m. § 15 Abs. 1 HGB wie ein Gesellschafter.

  § 15 Abs. 1 HGB schützt das Vertrauen auf die Vollständigkeit des Handelsregisters, nicht jedoch das Vertrauen auf die Richtigkeit. Ist eine unrichtige Tatsache eingetragen und bekannt gemacht worden, ist dies kein Fall des § 15 Abs. 1 HGB.

  Beispiel: Die Prokura des Angestellten A wird im Handelsregister eingetragen und bekannt gemacht, obwohl dem A nie Prokura erteilt wurde.

- **§ 15 Abs. 3 HGB** erfasst den Fall, dass eine unrichtige Tatsache bekannt gemacht wird.

  Beispiele: Statt Handlungsvollmacht wird Prokura, statt KG wird OHG bekannt gemacht.

I. Die negative Publizität des Handelsregisters, § 15 Abs. 1 HGB

1. Die Voraussetzungen und Rechtsfolgen des § 15 Abs. 1 HGB

§ 15 Abs. 1 HGB: Voraussetzungen und Rechtsfolge
■ In das Handelsregister einzutragende Tatsache ▪ Tatsache ▪ eintragungspflichtig ■ In Angelegenheiten dessen einzutragen, der sich auf sie beruft ■ Nicht eingetragen und bekannt gemacht ■ Dem Dritten nicht bekannt ■ Wirkung im Geschäftsverkehr ■ Rechtsfolge: Die Tatsache kann dem Dritten nicht entgegengesetzt werden.

a) In das Handelsregister einzutragende Tatsache

aa) Tatsache

Es muss sich um eine **Tatsache** handeln, die in dem Zeitpunkt des Vorgangs, aus dem der Dritte Rechte herleitet, **wahr** gewesen ist. 201

Beispiel: Löschung einer bestehenden Prokura.

Nicht von § 15 Abs. 1 HGB erfasst werden die Berichtigung und Löschung solcher Tatsachen, die von vornherein zu Unrecht ins Handelsregister eingetragen worden sind.[257]

Beispiel: Im Handelsregister wird versehentlich der Buchhalter B der Firma des Kaufmanns K als Prokurist eingetragen. B schließt ohne besondere Vollmacht des K mit G einen Vertrag, aus dem K zur Zahlung von 10.000 € verpflichtet wird.

I. G kann sich nicht nach § 15 Abs. 1 HGB auf die Eintragung der Prokura berufen. Für § 15 Abs. 1 HGB müsste es sich um eine Tatsache handeln, die im Zeitpunkt des Vorgangs, auf den sich der Dritte beruft, wahr gewesen und die im Handelsregister nicht eingetragen ist. Hier ist es umgekehrt, eine unwahre Tatsache – die Erteilung der Prokura – ist eingetragen worden. Dies ist kein Fall des § 15 Abs. 1 HGB.[258]

II. § 15 Abs. 3 HGB greift nicht ein, da K die Eintragung nicht zurechenbar veranlasst hat.[259]

bb) In das Handelsregister einzutragen

202 Es muss sich um eine einzutragende, also **eintragungspflichtige** Tatsache handeln. § 15 Abs. 1 HGB erfasst daher nicht die bloß eintragungsfähigen Tatsachen. Eintragungspflichtige Tatsachen sind u.a.:

- Eintragung der Firma (§ 29 HGB)
- Erteilung und Erlöschen der Prokura (§ 53 Abs. 1, Abs. 3 HGB)
- Errichtung der OHG und KG (§§ 106, 162 HGB)
- Ausschluss eines OHG-Gesellschafters von der Vertretung (§ 125 Abs. 1 HGB)
- Bestellung oder Abberufung eines GmbH-Geschäftsführers (§ 39 Abs. 1 GmbHG); auch die Abberufung eines zuvor nicht eingetragenen Geschäftsführers ist eintragungspflichtig.[260]

203 Bei den eintragungspflichtigen Tatsachen wird – zumindest teilweise – unterschieden zwischen Tatsachen mit konstitutiv wirkender Eintragung und denen mit lediglich deklaratorisch wirkender Eintragung sowie zwischen Primärtatsachen und Sekundärtatsachen.

- Ein Teil der Lit. wendet § 15 Abs. 1 HGB auf **konstitutiv wirkende Eintragungen** nicht an.

  Konstitutiv wirkt die Eintragung z.B. in den Fällen der §§ 2, 3, 123 Abs. 1 HGB und § 11 Abs. 1 GmbHG.

  Für diese Tatsachen fordere das Gesetz in aller Regel nur die Eintragung und nicht die Bekanntmachung. Diese Gesetzestechnik würde unterlaufen, wenn sich der Eingetragene gegenüber einem gutgläubigen Dritten auf die bereits eingetretene Rechtsänderung erst nach einer Bekanntmachung berufen könnte.[261]

  Nach h.M. gilt § 15 Abs. 1 HGB auch für konstitutiv wirkende Eintragungen. Dafür spricht, dass dem Wortlaut des Gesetzes keine Einschränkung zu entnehmen ist.[262]

---

257 HK/Ruß § 15 Rn. 4.
258 Koller/Kindler/Roth/Morck § 15 Rn. 5.
259 Vgl. dazu unten Rn. 226 ff.
260 OLG Köln ZIP 2015, 1831.
261 K. Schmidt § 14 II 2, S. 390.
262 Oetker/Preuß § 15 Rn. 19.

- Teilweise wird eine Beschränkung auf **Sekundärtatsachen** befürwortet. Dies sind solche Tatsachen, die eine Änderung der gesetzlichen oder rechtsgeschäftlich vorgegebenen Rechtslage bewirken. 204

Beispiele: Widerruf der Prokura, Ausscheiden eines Gesellschafters, Ausschluss oder Beschränkung der Vertretungsmacht eines Gesellschafters gemäß § 125 HGB.

Eine Anwendung des § 15 Abs. 1 HGB auf Primärtatsachen, wie die Erteilung der Prokura oder den Eintritt eines Gesellschafters würde den Unterschied zwischen konstitutiv wirkenden und deklaratorisch wirkenden Eintragungen verwischen.[263]

Die h.M. lehnt auch diese Einschränkung ab, da sie im Wortlaut des Gesetzes keinen Anhaltspunkt findet.[264]

Beispiel: Der Betrieb des K ist nicht im Handelsregister eingetragen. K liefert an den Kaufmann B eine mangelhafte Sache. Als B Minderung verlangt, verweist K auf den Ablauf der Rügefrist des § 377 HGB. B beruft sich darauf, dass er im guten Glauben auf die fehlende Registereintragung davon ausgegangen sei, dass K nicht Kaufmann sei und er deswegen von einer Mängelrüge nach § 377 HGB abgesehen habe.

Der Anspruch auf Minderung gemäß §§ 434, 437 Nr. 2, 441 BGB könnte nach § 377 HGB ausgeschlossen sein. Voraussetzung ist ein beiderseitiger Handelskauf. Tatsächlich sind K und B Kaufleute. Fraglich ist aber, ob sich B gemäß § 15 Abs. 1 HGB auf die fehlende Registereintragung des K berufen kann.

I. Erste Voraussetzung des § 15 Abs. 1 HGB ist, dass es sich um eine wahre Tatsache handelt, die nicht eingetragen ist. Bei Abschluss des Kaufvertrags war K Kaufmann und diese Tatsache war nicht im Handelsregister eingetragen.

II. Es handelt sich auch um eine eintragungspflichtige Tatsache (§ 29 HGB).

1. Teilweise wird § 15 Abs. 1 HGB jedoch auf **Primärtatsachen** wie die Eintragung des Kaufmanns nicht für anwendbar gehalten.[265] Der Dritte sei nicht schutzbedürftig, überdies würde eine Anwendung auf Primärtatsachen den Unterschied zwischen deklaratorischen und konstitutiven Eintragungen verwischen. Danach kann sich G nicht auf § 15 Abs. 1 HGB berufen. Da die Voraussetzungen des § 377 HGB vorliegen, ist eine Minderung ausgeschlossen.

2. Nach h.M. ist § 15 Abs. 1 HGB auch auf Primärtatsachen anwendbar.[266] Es ist auch nicht einzusehen, warum der Dritte B hier nicht schutzbedürftig sein soll. Falls es sich ersichtlich um einen Großbetrieb handelt, ist der Dritte nicht gutgläubig und § 15 Abs. 1 HGB scheitert aus diesem Grunde. Es besteht aber kein Anlass, die Nichteintragung eines Kaufmanns von vornherein aus dem Anwendungsbereich des § 15 Abs. 1 HGB herauszunehmen.

- Ein Teil der Lit. will § 15 Abs. 1 HGB in den Fällen der **sekundären Unrichtigkeit** nicht anwenden. Bei dieser stellt eine eintragungspflichtige Tatsache die Beseitigung einer anderen eintragungspflichtigen Tatsache dar, deren Voreintragung aber fehlt. 205

Beispiele:

Widerruf einer nicht eingetragenen Prokura;

Auflösung einer OHG (KG), deren Gründung nicht eingetragen war, §§ 106, 143 Abs. 1 HGB;

Ausscheiden eines Gesellschafters, dessen Beitritt nicht angemeldet war, §§ 107, 143 Abs. 2 HGB.

---

263 Lieb NJW 1999, 35, 36.

264 Staub/Koch § 15 Rn. 1; MünchKommHGB/Krebs § 15 Rn. 33; GK/Ensthaler § 15 Rn. 14 a; Koller/Kindler/Roth/Morck § 15 Rn. 5 f.; Baumbach/Hopt § 15 Rn. 5.

265 Lieb NJW 1999, 35, 36.

266 MünchKommHGB/Krebs § 15 Rn. 33; GK/Ensthaler § 15 Rn. 14 a; K. Schmidt § 14 II 2 a, S. 390; ders. NJW 1998, 2161, 2169; vgl. auch BT-Drucks. 13/8444, S. 48.

Zum Teil wird die Anwendbarkeit des § 15 Abs. 1 HGB für derartige Fälle verneint, weil bei Fehlen der Voreintragung durch das Unterbleiben der Sekundäreintragung kein Rechtsschein erzeugt werde. Nur wenn die Erteilung der Prokura (§ 53 Abs. 1 HGB) eingetragen sei, das Erlöschen (§ 53 Abs. 2 HGB) dagegen nicht, werde durch die Nichteintragung der Rechtsschein einer fortbestehenden Prokura erzeugt. § 15 HGB schütze allgemein nur den guten Glauben an kundgemachte Tatsachen.[267]

206 Dagegen wendet die h.M. ein, dass der Dritte auch anderweitig Kenntnis von der die Voreintragung begründenden Tatsache erlangt haben könne. Dieser Vertrauenstatbestand könne dann nur durch eine entsprechende (Gegen-)Eintragung beseitigt werden.[268] Überdies würde die Gegenauffassung eine teleologische Reduktion des § 15 Abs. 1 HGB erfordern, deren Voraussetzungen fehlten.[269]

Eine Gegeneintragung könnte beispielsweise lauten: „Die erteilte, aber nicht eingetragene Prokura ist erloschen".[270]

(Zu dem Streit vgl. unten Fall 9)

b) In Angelegenheiten dessen einzutragen, der sich auf sie beruft

207 Die Tatsache muss in Angelegenheiten dessen einzutragen sein, der sich sonst auf diese Tatsache berufen könnte. Das ist in erster Linie der Unternehmensträger, also der Einzelkaufmann oder die Gesellschaft. Bei den Personengesellschaften kann dies auch der Gesellschafter selbst sein.

Beispiel: Geht die OHG nach dem Ausscheiden eines Gesellschafters, aber vor Eintragung und Bekanntmachung dieser Tatsache neue Verbindlichkeiten ein, so haftet auch der ausgeschiedene Gesellschafter gemäß §§ 128, 15 Abs. 1 HGB für die in diesem Stadium begründeten Gesellschaftsschulden.

c) Nicht eingetragen und bekannt gemacht

208 Die Tatsache darf nicht eingetragen oder zwar eingetragen, aber noch nicht i.S.v. § 10 HGB bekannt gemacht worden sein. Gleichgültig ist, warum die Tatsache nicht eingetragen oder bekannt gemacht ist, insbesondere ist kein Vertretenmüssen erforderlich. Nach h.M. wirkt § 15 Abs. 1 HGB auch zulasten nicht vollgeschäftsfähiger Personen.[271]

d) Dem Dritten nicht bekannt

209 Dem Dritten darf die Tatsache, d.h. die nicht eingetragene Rechtsänderung nicht bekannt sein. Dritter i.S.d. § 15 Abs. 1 HGB ist jeder, der von der einzutragenden Tatsache nicht selbst, auch nicht mittelbar (als Gesellschafter, Mitglied oder Organ), betroffen wird. **Schädlich ist nur positive Kenntnis**, grob fahrlässige Unkenntnis allein reicht nicht aus. Aus der Formulierung „es sei denn ..." ergibt sich, dass die Unkenntnis (widerlegbar) vermutet wird.

---

267 Hueck AcP 118 (1920), 350; Canaris § 5 Rn. 12; Heidel/Schall § 15 Rn. 28 ff.; Schilken AcP 187 (1987), 1, 7 f.

268 BGHZ 55, 267, 272; BGH NJW 1983, 2258, 2259; BGHZ 116, 37, 44; OLG Köln ZIP 2015, 1831; MünchKommHGB/Krebs § 15 Rn. 36; Koller/Kindler/Roth/Morck § 15 Rn. 9; GK/Ensthaler § 15 Rn. 8; HK/Ruß § 15 Rn. 3; Baumbach/Hopt § 15 Rn. 11; K. Schmidt § 14 II 2 b, S. 391 ff.

269 Staub/Burgard § 15 Rn. 44.

270 HK/Ruß § 15 Rn. 3.

271 BGHZ 115, 78; K. Schmidt JuS 1990, 517, 519; ders. JuS 1991, 1002, 1003; MünchKommHGB/Krebs § 15 Rn. 41; a.A. Dreher DB 1991, 533, 535; Hager Jura 1992, 57, 60.

In der Lit. wird teilweise angenommen, § 15 Abs. 1 HGB setze nach den allgemeinen Regeln der Vertrauenslehre weiterhin voraus, dass der Dritte Kenntnis von dem Vertrauenstatbestand hatte und dass dieser für sein Vertrauen kausal war.[272] Nach heute h.M. besteht dieses Erfordernis nicht. Entsprechend dem Wortlaut der Vorschrift reicht es für den subjektiven Tatbestand, dass der Dritte keine Kenntnis von der Unrichtigkeit hatte.[273]

e) Wirkung im Geschäftsverkehr

Als ungeschriebene weitere Voraussetzung des § 15 Abs. 1 HGB verlangt die h.M., dass der rechtsbegründende Vorgang zum „Geschäftsverkehr" gehört. Zwar ist unerheblich, ob der Dritte im Einzelfall das Register eingesehen und auf sein Schweigen tatsächlich vertraut hat. Da § 15 Abs. 1 HGB aber dem Verkehrsschutz Rechnung tragen will, kann er nicht zur Anwendung kommen, wenn Vertrauensschutz überhaupt nicht eingreifen kann. Es muss also zumindest abstrakt die Möglichkeit bestehen, dass der Dritte sein Verhalten mit Rücksicht auf seine Kenntnis von bestimmten Tatsachen ausrichtet.[274] Diese Möglichkeit besteht – außer im Fall rechtsgeschäftlichen Handelns – auch bei sonstigen privatrechtlichen Beziehungen (ungerechtfertigte Bereicherung), die mit dem Geschäftsverkehr in einem inneren Zusammenhang stehen. Der Begriff des Geschäftsverkehrs ist daher weit auszulegen: Darunter fallen nicht nur rechtsgeschäftliche oder rechtsgeschäftsähnliche, sondern auch sonstige rechtlich erhebliche Beziehungen, die ein Kaufmann im Betrieb seines Handelsgewerbes mit Dritten aufnimmt. 210

Für den Unrechtsverkehr, d.h. bei rein deliktischen Ansprüchen, wo ein Zusammenhang mit dem Geschäftsverkehr völlig fehlt, z.B. bei einem Verkehrsunfall, gilt § 15 Abs. 1 HGB dagegen nicht (niemand schaut, bevor er sich verletzen lässt, ins Handelsregister).[275]

Nicht geschützt ist auch ein Vertrauen darauf, dass eine Forderung verjährt.[276]

f) Rechtsfolge

Der Anmeldepflichtige kann dem Dritten die nicht eingetragene oder nicht bekannt gemachte Tatsache nicht entgegensetzen. Es handelt sich um einen Einwendungsausschluss. Der Dritte hat auch die Möglichkeit, sich nicht auf § 15 Abs. 1 HGB zu berufen und seine Rechte entsprechend der tatsächlichen materiellen Rechtslage geltend zu machen. Insoweit besteht ein Wahlrecht.[277] Umstritten ist, ob sich der Dritte auch für verschiedene Voraussetzungen einer Anspruchsgrundlage auf eine Kombination der wahren und der scheinbaren Rechtslage berufen kann (**Rosinentheorie**; vgl. dazu unten Fall 10). 211

272 Canaris § 5 Rn. 16; Brox/Henssler Rn. 84.

273 K. Schmidt § 14 II 2 d.

274 BGH WM 2004, 287.

275 RGZ 93, 238, 240 f. (Schulfall: Die Pferde eines Fuhrwerkes gehen durch und verletzen einen Außenstehenden); HK/Ruß § 15 Rn. 8; Staub/Koch § 15 Rn. 26; Baumbach/Hopt § 15 Rn. 8.

276 BGH NJW-RR 2004, 120.

277 BGHZ 55, 267, 273; Staub/Koch § 15 Rn. 64; Brox/Henssler Rn. 86.

Fall 9: Der beleidigte Prokurist

Autohändler H erteilt seinem Verkaufsleiter P Prokura. Kurze Zeit später kommt es zwischen P und H zu einem Zerwürfnis, das den H veranlasst, die Prokura zu widerrufen. Da die Prokuraerteilung selbst noch nicht im Handelsregister eingetragen war, unterbleibt auch jeglicher Vermerk über den Widerruf. Aus Verärgerung über seine Zurücksetzung kauft P daraufhin beim Großhändler G, dem gegenüber er sich als Prokurist des H ausgibt, im Namen des H einen Porsche und verschwindet damit. G verlangt nunmehr Zahlung von H.

212 G kann von H Zahlung des Kaufpreises gemäß § 433 Abs. 2 BGB verlangen, wenn zwischen ihnen ein Kaufvertrag zustande gekommen ist. H ist durch P wirksam vertreten worden (§ 49 Abs. 1 HGB), wenn P im Zeitpunkt des Vertragsschlusses aufgrund einer Prokura Vertretungsmacht für H hatte.

I. Ursprünglich war P Prokurist des H. Seine Bestellung war auch ohne Eintragung im Handelsregister wirksam (nur deklaratorische Bedeutung). Die Prokura ist jedoch wirksam widerrufen worden. Sie ist grundsätzlich frei widerruflich (§ 52 Abs. 1 HGB) und auch der Widerruf bedurfte zu seiner Wirksamkeit nicht der Eintragung. Somit war P im Zeitpunkt des Vertragsschlusses mit G kein Prokurist des H. Mangels Vertretungsmacht wirkten seine Erklärungen nicht mehr für und gegen H.

II. Das Erlöschen der Prokura kann G jedoch nicht entgegengehalten werden, wenn die Voraussetzungen des § 15 Abs. 1 HGB vorliegen.

1. Es muss sich um eine **Tatsache** handeln, die in dem Zeitpunkt des Vorgangs, aus dem der Dritte Rechte herleitet, **wahr** gewesen ist. Hier ist dies das Erlöschen der Prokura.

2. Es muss sich um eine einzutragende, also **eintragungspflichtige** Tatsache handeln. Umstritten ist, ob § 15 Abs. 1 HGB für jede eintragungspflichtige Tatsache gilt.

a) Ein Teil der Lit. wendet § 15 Abs. 1 HGB auf konstitutiv wirkende Eintragungen nicht an. Ob eine solche Einschränkung gerechtfertigt ist, kann offenbleiben, denn die Eintragung des Erlöschens der Prokura ist nicht konstitutiv.

b) Ebenfalls keiner Entscheidung bedarf die Frage, ob § 15 Abs. 1 HGB nur auf Tatsachen anwendbar ist, die eine Änderung der gesetzlichen oder rechtsgeschäftlich vorgegebenen Rechtslage bewirken. Denn der Widerruf der Prokura ist eine solche Sekundärtatsache.

213 c) Fraglich ist jedoch, ob § 15 Abs. 1 HGB auch dann gilt, wenn – wie hier – bereits die ebenfalls eintragungspflichtige Erteilung der Prokura nicht eingetragen war (sekundäre Unrichtigkeit). Dagegen könnte sprechen, dass das Register, in dem von der Prokura nichts steht, nach dem Widerruf wieder mit der wirklichen Rechtslage übereinstimmt, sodass keine weitere Eintragung zu veranlassen wäre.

214 aa) Zum Teil wird die Anwendbarkeit des § 15 Abs. 1 HGB für derartige Fälle verneint, weil bei Fehlen der Voreintragung durch das Unterbleiben der

Sekundäreintragung kein Rechtsschein erzeugt werde. Nur wenn die Erteilung der Prokura (§ 53 Abs. 1 HGB) eingetragen sei, das Erlöschen (§ 53 Abs. 2 HGB) dagegen nicht, werde durch die Nichteintragung der Rechtsschein einer fortbestehenden Prokura erzeugt. § 15 HGB schütze allgemein nur den guten Glauben an kundgemachte Tatsachen.[278]

bb) Dagegen wendet die h.M. ein, dass der Dritte auch anderweitig Kenntnis von der die Voreintragung begründenden Tatsache erlangt haben könne. Dieser Vertrauenstatbestand könne dann nur durch eine entsprechende (Gegen-)Eintragung beseitigt werden.[279] **215**

cc) Zwar ist der erstgenannten Meinung insoweit zuzustimmen, als sie darauf verweist, dass bei anderweitiger Kenntniserlangung des Dritten eine Lösung auch durch die allgemeine Rechtsscheinshaftung erreicht werden könne. Diese würde dann aber nur denjenigen schützen, der konkret von der Tatsache Kenntnis erlangt hätte. Eine solche Lösung widerspricht jedoch dem allgemeinen Prinzip des Handelsregisters, wonach es allein auf die abstrakte Möglichkeit der Kenntnisnahme ankommt und nicht auf das tatsächliche Wissen vom Registerinhalt. Die Annahme der Mindermeinung, § 15 HGB schütze nur den guten Glauben an kundgemachte Tatsachen, steht darüber hinaus nicht im Einklang mit dem in § 15 Abs. 1 HGB niedergelegten Grundsatz der negativen Publizität. Nach § 15 Abs. 1 HGB darf ein gutgläubiger Dritter nämlich nicht auf die materielle Richtigkeit der handelsregisterlichen Eintragung vertrauen, sondern nur darauf, dass die bisherige Rechtslage unverändert fortbesteht. Der Dritte darf „dem Schweigen des Registers trauen, nicht aber seinem Reden". **216**

Das Erlöschen der Prokura des P war eine eintragungspflichtige Tatsache, auf die § 15 Abs. 1 HGB anwendbar ist.

3. Die Tatsache muss in Angelegenheiten dessen einzutragen sein, der sich sonst auf diese Tatsache berufen könnte. Hier war der Widerruf der Prokura in Angelegenheiten des Inhabers H einzutragen.

4. Die Tatsache darf nicht eingetragen oder zwar eingetragen, aber noch nicht i.S.v. § 10 HGB bekannt gemacht worden sein. Vorliegend fehlte es sowohl an der Eintragung als auch an der Bekanntmachung des Erlöschens der Prokura.

5. Dem Dritten darf die Tatsache, d.h. die nicht eingetragene Rechtsänderung, nicht bekannt sein. Im vorliegenden Fall sind keine Anhaltspunkte für eine Kenntnis des G erkennbar.

6. Als ungeschriebene weitere Voraussetzung des § 15 Abs. 1 HGB verlangt die h.M., dass der rechtsbegründende Vorgang zum „Geschäftsverkehr" gehört. Da rechtsgeschäftliches Handeln – wie hier der Abschluss des Kaufvertrages – immer dem

---

278 Canaris § 5 Rn. 12; Heidel/Schall § 15 Rn. 28 ff.

279 BGHZ 55, 267, 272; BGH NJW 1983, 2258, 2259; BGHZ 116, 37, 44; OLG Köln ZIP 2015, 1831; MünchKommHGB/Krebs § 15 Rn. 36; Koller/Kindler/Roth/Morck § 15 Rn. 9; Staub/Koch § 15 Rn. 43; GK/Ensthaler § 15 Rn. 8; HK/Ruß § 15 Rn. 3; Baumbach/Hopt § 15 Rn. 11.

„Geschäftsverkehr" zuzurechnen ist, liegen die Voraussetzungen des § 15 Abs. 1 HGB vor.

7. Rechtsfolge: H kann dem G nicht entgegenhalten, er habe die Prokura des P widerrufen. Zwar ist der Widerruf materiell wirksam, wegen § 15 Abs. 1 HGB besteht zugunsten des G aber eine „Wirkungshemmung". Umgekehrt kann G, wenn ihm dies günstiger erscheint, auf diesen Schutz verzichten und die wahre Rechtslage geltend machen. G hat also ein Wahlrecht:[280]

- Er kann sich entweder auf § 15 Abs. 1 HGB berufen mit der Wirkung, dass ihm gegenüber die Prokura des P als fortbestehend gilt. Dann schuldet H den Kaufpreis gemäß §§ 433 Abs. 2, 164 BGB, §§ 49, 15 Abs. 1 HGB.
- Er kann aber auch den P der materiellen Rechtslage entsprechend als Vertreter ohne Vertretungsmacht behandeln. Dieser haftet ihm dann gemäß § 179 Abs. 1 BGB.

Den letzteren Weg wird G z.B. dann wählen, wenn er die Liquidität des P höher einschätzt oder seine Geschäftsbeziehungen zu H nicht trüben will.

2. Teilweise Ausübung des Wahlrechts nach § 15 Abs. 1 HGB?

Fall 10: Rosinentheorie

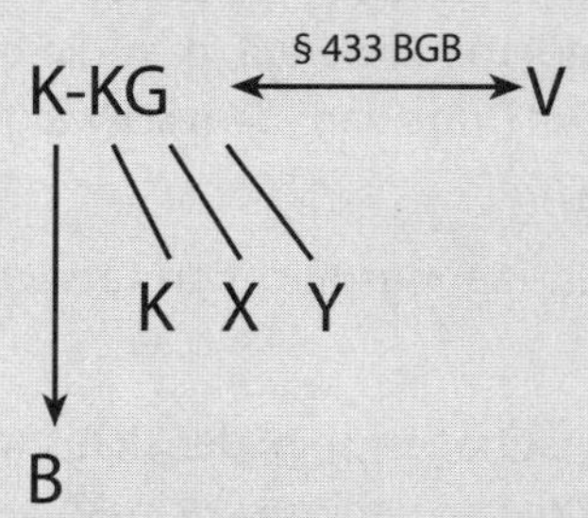

B war neben dem Kaufmann K persönlich haftender Gesellschafter der K-KG; X und Y waren Kommanditisten. Der Gesellschaftsvertrag der KG bestimmte, dass die beiden Komplementäre K und B nur gemeinschaftlich zur Vertretung berechtigt waren. Die Gesamtvertretung war ordnungsgemäß im Handelsregister eingetragen. Mit Wirkung zum 01.04. schied B aus der Gesellschaft aus; dies wurde jedoch erst am 05.12. im Handelsregister eingetragen und bekannt gemacht. Am 01.07. hatte K namens der KG einen Kaufvertrag mit V abgeschlossen. V nimmt nunmehr B wegen Zahlung des Kaufpreises in Anspruch. Zu Recht?

217 Ein Anspruch des V gegen B auf Kaufpreiszahlung kann sich aus § 433 Abs. 2 BGB i.V.m. §§ 161 Abs. 2, 128 HGB ergeben.

I. Es besteht eine nach außen wirksame KG (§§ 161 Abs. 2, 123 HGB).

II. Es müsste eine Kaufpreisverbindlichkeit der KG bestehen.

V und die K-KG, vertreten durch ihren Komplementär K, haben sich über die wesentlichen Bestandteile des Kaufvertrages geeinigt. Diese Einigung wirkt aber nur dann zulasten der KG, wenn K Vertretungsmacht hatte, §§ 164 Abs. 1 BGB, 161 Abs. 2, 125 HGB. Zwar bestand zunächst lediglich eine Gesamtvertretungsbefugnis mit B (§§ 161 Abs. 2, 125 Abs. 2 HGB). Nach dessen Ausscheiden ist K als einzig verbleiben-

280 BGHZ 55, 267, 273; Brox/Henssler Rn. 86.

der Komplementär der KG aber alleinvertretungsberechtigt geworden.[281] Auch das Erlöschen der Gesamtvertretung ist eine eintragungspflichtige Tatsache, die in Angelegenheiten der KG einzutragen war (§§ 161 Abs. 2, 107 HGB), aber auch diese Eintragung hat lediglich deklaratorische Bedeutung. Die KG könnte dem V dieses Erlöschen nach § 15 Abs. 1 HGB nicht entgegenhalten. V kann sich aber andererseits statt auf § 15 Abs. 1 HGB auch auf die wahre Rechtslage berufen, wenn ihm die – wie hier – günstiger erscheint.[282]

Danach ist die KG wirksam durch die Erklärungen des K verpflichtet worden.

III. B haftet für die Zahlung des Kaufpreises nach §§ 161 Abs. 2, 128 HGB persönlich aber nur dann, wenn er im Zeitpunkt des Vertragsschlusses am 01.07. noch Gesellschafter der selbstständig verpflichteten K-KG war.

1. Das ist an sich zu verneinen, da B bereits zum 01.04. aus der Gesellschaft ausgeschieden war. Die Eintragung im Handelsregister (§§ 161 Abs. 2, 143 Abs. 2 HGB) hat für das Ausscheiden keine Tatbestandsbedeutung, wirkt also nur deklaratorisch.

2. B könnte jedoch gemäß § 15 Abs. 1 HGB V gegenüber als persönlich haftender Gesellschafter der K-KG anzusehen sein, da sein Ausscheiden – eine nach § 143 Abs. 2 HGB eintragungspflichtige Tatsache – bei Abschluss des Kaufvertrages weder im Handelsregister eingetragen und öffentlich bekannt gemacht war noch V diese Veränderung positiv kannte. Die Voraussetzungen des § 15 Abs. 1 HGB liegen somit vor.

   Danach kann B, in dessen Angelegenheiten das Ausscheiden einzutragen war, V sein Ausscheiden nicht entgegenhalten. Somit wäre B nach §§ 161 Abs. 2, 128 HGB aus dem Kaufvertrag verpflichtet.

3. Bedenken an diesem Ergebnis bestehen aber deswegen, weil einerseits – soweit es die Vertretungsmacht des K betrifft – auf die wahre Rechtslage abgestellt wird und andererseits – soweit es die Gesellschafterstellung des B betrifft – die Fiktion des § 15 Abs. 1 HGB eingreift.

   Stellt man nämlich insgesamt auf das Handelsregister ab, so scheidet eine Haftung des B aus, weil aufgrund der noch nicht gelöschten ursprünglichen Gesamtvertretung nach dem Registerinhalt K allein keine Vertretungsmacht für die KG besaß. Stellt man dagegen insgesamt auf die wahre Rechtslage ab, so ist eine Haftung des B ebenfalls nicht gegeben: Zwar ist die KG wirksam durch den nunmehr alleinvertretungsberechtigten K vertreten worden, B war zu dieser Zeit aber materiell-rechtlich kein Gesellschafter mehr.

   § 15 Abs. 1 HGB räumt dem gutgläubigen Dritten nach allgemeiner Ansicht grundsätzlich ein Wahlrecht ein. Fraglich ist jedoch, ob sich der Dritte auch teils auf § 15 Abs. 1 HGB und teils auf die wahre Rechtslage berufen kann.

281 BGHZ 41, 367, 369; vgl. auch § 170 HGB.

282 Vgl. Fall 9.

218 a) Die h.M. gesteht dem Dritten auch eine solche teilweise Ausübung des Wahlrechts zu. § 15 Abs. 1 HGB wirke nur zum Vorteil des Dritten und nicht zu seinen Lasten. Daher könne sich der Eintragungspflichtige gerade nicht darauf berufen, dass bei Unterstellung des scheinbaren Sachverhalts zugleich eine ihm günstige Tatsache eingreife. Jede positive Bezugnahme auf den Registerinhalt würde den Boden der in § 15 Abs. 1 HGB geregelten negativen Publizität verlassen. Die Vorschrift greife unabhängig davon ein, ob das Register eingesehen worden ist oder nicht.[283]

219 b) Eine Mindermeinung geht dagegen davon aus, dass der Handelsregisterinhalt nur in seiner Gesamtheit gewürdigt werden könne. Derjenige, der sich hinsichtlich einer Tatsache auf das Handelsregister berufe, müsse sich entsprechend dem Gesamtinhalt des Registers behandeln lassen. Zur Begründung wird vor allem darauf verwiesen, dass der Gläubiger nur verlangen könne, so gestellt zu werden, als wenn zum Zeitpunkt des Vertragsschlusses die Rechtslage der im Register ausgewiesenen entsprochen hätte. Nach der h.M. könne sich der Dritte gleichzeitig aus der registermäßig bezeugten und aus der wahren Sachlage die für ihn in ihrer Gesamtkombination günstigen Tatbestandsstücke wie Rosinen herauspicken (sog. Rosinentheorie).[284]

220 c) Gegen die letztgenannte Auffassung spricht, dass sie von dem Gedanken getragen ist, dem Dritten wäre bei Einsicht in das Handelsregister dessen sonstiger Inhalt nicht verborgen geblieben, weswegen er sich die Kenntnis des gesamten Registerinhalts zurechnen lassen müsse. Der Vertrauensschutz des § 15 Abs. 1 HGB setzt jedoch gerade nicht voraus, dass derjenige, der sich auf den Registerinhalt beruft, das Handelsregister auch tatsächlich eingesehen hat. Daher können auch die anderen eingetragenen Tatsachen nicht als bekannt vorausgesetzt werden.

V hat gegen B einen Anspruch auf Kaufpreiszahlung aus § 433 Abs. 2 BGB, §§ 161 Abs. 2, 128, 15 Abs. 1 HGB.

II. Die positive Publizität des Handelsregisters, § 15 Abs. 3 HGB

221 Im Unterschied zu § 15 Abs. 1 HGB, der den Fall betrifft, dass wahre Tatsachen nicht eingetragen und bekannt gemacht werden, regelt § 15 Abs. 3 HGB die Fälle, in denen **unrichtige Tatsachen** bekannt gemacht werden.

283 BGHZ 65, 309, 310 f.; Staub/Koch § 15 Rn. 68 f.; MünchKommHGB/Krebs § 15 Rn. 54; Baumbach/Hopt § 15 Rn. 6; GK/Ensthaler § 15 Rn. 17; Tröller JA 2000, 27, 29.

284 K. Schmidt § 14 II 4 b, S. 397; Brox/Henssler Rn. 86.

§ 15 Abs. 3 HGB: Voraussetzungen und Rechtsfolge

- In das Handelsregister einzutragende Tatsache
- Unrichtig bekannt gemacht
- Keine Kenntnis von der Unrichtigkeit
- Vertrauen des Dritten auf das Bestehen der Tatsache
- Wirkung im Geschäftsverkehr
- Zurechenbare Veranlassung der unrichtigen Bekanntmachung
- Rechtsfolge: Der Dritte kann sich auf die bekannt gemachte Tatsache berufen.

1. Einzutragende Tatsache

Es muss sich um eine eintragungspflichtige Tatsache handeln. Die Tatsache müsste, wenn sie wahr wäre, eintragungspflichtig sein. **222**

2. Unrichtig bekannt gemacht

Die Tatsache muss unrichtig bekannt gemacht worden sein. Die Bekanntmachung kann aus verschiedenen Gründen unrichtig sein: **223**

- Die Eintragung ist richtig, die Bekanntmachung abweichend;
- die Eintragung fehlt ganz; es wird also etwas bekannt gemacht, was überhaupt nicht eingetragen ist;
- Eintragung und Bekanntmachung stimmen zwar überein, sind aber beide falsch.

Nach h.M. gilt § 15 Abs. 3 HGB in all diesen Fällen. Ist insbesondere die Tatsache nicht nur falsch bekannt gemacht, sondern auch bereits falsch eingetragen worden, dann ist der durch sie erzeugte Rechtsschein noch stärker. Darüber hinaus war es das erklärte Ziel des Gesetzgebers, nicht nur die Divergenz zwischen Eintragung und Bekanntmachung, sondern auch den praktischen Hauptfall zu erfassen, dass die Bekanntmachung deshalb falsch ist, weil schon die Eintragung nicht stimmt.[285]

Umstritten ist, ob § 15 Abs. 3 HGB bei **reinen Eintragungsfehlern** angewendet werden kann (vgl. dazu unten Fall 11).

3. Keine Kenntnis von der Unrichtigkeit

Der Dritte darf keine Kenntnis von der Unrichtigkeit der Tatsache gehabt haben. Grobe Fahrlässigkeit schadet wie bei § 15 Abs. 1 HGB nicht. **224**

285 BT-Drucks. V/3862 S. 11; Baumbach/Hopt § 15 Rn. 18; K. Schmidt § 14 III 2 c, S. 407 f.; Brox/Henssler Rn. 99.

4. Wirkung im Geschäftsverkehr

225 Ebenso wie bei § 15 Abs. 1 HGB wird auch im Rahmen des Abs. 3 die Zugehörigkeit des rechtsbegründenden Vorgangs zum „Geschäftsverkehr" gefordert.

5. Zurechenbare Veranlassung der unrichtigen Bekanntmachung

226 In Anlehnung an die allgemeine Rechtsscheinshaftung, die die Zurechenbarkeit eines Scheintatbestandes auf eine Person voraussetzt, beschränkt die **h.M.** den Anwendungsbereich des § 15 Abs. 3 HGB daher durch das **Veranlassungsprinzip**: Die Vorschrift wirkt nur zulasten desjenigen, der die unrichtige Verlautbarung zumindest mittelbar, wenn auch durch einen richtigen Eintragungsantrag zurechenbar veranlasst hat.[286]

Beispiel: N erscheint fälschlicherweise in einer Bekanntmachung als Gesellschafter einer OHG und wird gemäß § 128 HGB in Anspruch genommen. Nach h.M. haftet N nur, wenn er die unrichtige Bekanntmachung zurechenbar veranlasst hat.

Mangels zurechenbarer Veranlassung scheidet nach h.M. auch eine Haftung des Minderjährigen nach § 15 Abs. 3 HGB aus.[287]

227 Als Alternative zum Veranlassungsprinzip der h.M. wird in der Lit. teilweise versucht, den von § 15 Abs. 3 HGB betroffenen Personenkreis einzuschränken. Wirke die Vorschrift nur gegen den, „in dessen Angelegenheiten die Tatsache einzutragen war", so wirke sie nur gegen den, der solche „Angelegenheiten" habe. § 15 Abs. 3 HGB beschränke sich daher auf tatsächlich registerpflichtige Unternehmen, ihre Unternehmensträger und ihre Gesellschafter. Der Privatmann brauche § 15 Abs. 3 HGB dagegen „nicht zu fürchten", da er gar keine registerpflichtigen „Angelegenheiten" i.S.v. § 15 Abs. 3 HGB betreibe.[288]

228 Eine Mindermeinung stellt dagegen strikt auf den Wortlaut des § 15 Abs. 3 HGB ab und bejaht daher allein aufgrund des in der Bekanntmachung liegenden **objektiven Rechtsscheins** eine Haftung des bis dahin völlig Unbeteiligten. Dieser könne bei Pflichtverletzungen des Registergerichts Amtshaftungsansprüche nach Art. 34 GG, § 839 BGB geltend machen. Der Rechtsverkehr sei dagegen uneingeschränkt schutzwürdig, da § 15 Abs. 3 HGB einen umfassenden Vertrauensschutz bezwecke, ohne Rücksicht darauf, wie es zur falschen Bekanntmachung gekommen sei.[289]

229 Art. 3 Abs. 7 der RL 2009/101/EG, auf die die Regelung zurückzuführen ist, fordert keine Zurechenbarkeit. Nach der Absicht des Gesetzgebers sollte § 15 Abs. 3 HGB dann anwendbar sein, wenn eine Gesellschaft die Unrichtigkeit einer Eintragung nicht veranlasst hat und ihr auch nicht schuldhaftes Unterlassen der Berichtigung vorgehalten werden kann.[290] Die Auslegung der h.M. erscheint dennoch nach Abwägung der Interessen der Betroffenen angemessen. Nur wer Anmeldungen zur Eintragung in das Handelsregister vornimmt, hat Anlass, gemäß § 9 Abs. 1 HGB die Richtigkeit der Verlautbarung zu

286 GK/Ensthaler § 15 Rn. 27; Staub/Koch § 15 Rn. 106 ff.; Baumbach/Hopt § 15 Rn. 19.
287 Baumbach/Hopt § 15 Rn. 19; HK/Ruß § 15 Rn. 19; Koller/Kindler/Roth/Morck § 15 Rn. 30.
288 K. Schmidt § 14 III 2 d, S. 409.
289 MünchKommHGB/Krebs § 15 Rn. 85; Brox/Henssler Rn. 102.
290 BT-Drucks. V/3862, S. 10.

kontrollieren. Nur er bekommt vom Registergericht eine Eintragungsmitteilung. Der vollkommen Unbeteiligte hat dagegen keinen Anlass, Kontrollen durchzuführen, selbst wenn er bereits als Kaufmann eingetragen ist. Mit der h.M. ist § 15 Abs. 3 HGB daher im Wege der teleologischen Reduktion auf die Fälle zu begrenzen, in denen der Betroffene die unrichtige Verlautbarung irgendwie – sei es auch durch eine richtige Anmeldung – veranlasst hat.

6. Rechtsfolge

Der Dritte kann sich auf die bekannt gemachte Tatsache berufen. Er kann auch auf die Begünstigung verzichten und die tatsächliche Rechtslage geltend machen. **230**

Fall 11: Gelegenheit macht Diebe

A, B und C sind Gesellschafter der A-OHG. Sie haben die Gesellschaft ordnungsgemäß zur Eintragung angemeldet. Versehentlich wird aber statt des B der P als Gesellschafter im Handelsregister eingetragen. Aufgrund eines erneuten Irrtums wurde bei der Bekanntmachung jedoch zutreffend B als Mitgesellschafter verlautbart. P beschließt, die falsche Eintragung auszunutzen und nimmt bei der Kreditbank K im Namen der OHG ein Darlehen auf, das er für sich verbraucht. K, die das Handelsregister zuvor nicht eingesehen hatte, verlangt nun von der OHG Rückzahlung. Zu Recht?

I. Der Anspruch der K ist gemäß § 488 Abs. 1 S. 2 BGB, § 124 Abs. 1 HGB begründet, wenn zwischen ihr und der OHG ein Darlehensvertrag zustande gekommen ist. Das ist dann der Fall, wenn die OHG durch P wirksam vertreten worden ist. Gemäß § 125 Abs. 1 HGB ist grundsätzlich jeder Gesellschafter allein zur Vertretung der OHG berechtigt. P war indes gar nicht Gesellschafter der A-OHG. K könnte sich jedoch auf § 15 Abs. 3 HGB berufen. Der direkten Anwendung dieser Vorschrift steht aber bereits entgegen, dass die einzutragende Tatsache – die Gesellschafterstellung des B – materiell richtig bekannt gemacht worden ist. Fraglich ist aber, ob für den Fall richtiger Veröffentlichung einer bloß fehlerhaften Eintragung **§ 15 Abs. 3 HGB entsprechend** angewendet werden kann. **231**

1. Teilweise wird in der Lit. eine Analogie befürwortet. Im Verhältnis zur Bekanntmachung bilde das Handelsregister den primären und verlässlichen Informationsträger und genieße größeres Vertrauen.[291] **232**

2. Von der **h.M.** wird dagegen eine **analoge Anwendung verneint**. § 15 Abs. 3 HGB stelle ausdrücklich auf die Bekanntmachung, nicht auf die Eintragung ab. Auch bestehe für eine analoge Anwendung kein Raum, weil eine Regelungslücke nach Wortlaut und Entstehungsgeschichte nicht ersichtlich sei.[292] **233**

---

291 Baumbach/Hopt § 15 Rn. 18; Staub/Koch § 15 Rn. 104 f.

292 MünchKommHGB/Krebs § 15 Rn. 89; HK/Ruß § 15 Rn. 13; GK/Ensthaler § 15 Rn. 29; K. Schmidt § 14 III 2 b, S. 407; Brox/Henssler Rn. 99.

Für die h.M. spricht, dass die Rechtsscheinshaftung des § 15 Abs. 3 HGB weitgehend für überdehnt und wertungsmäßig verfehlt angesehen wird. Wenn demzufolge schon eine teleologische Reduktion dieser Vorschrift durch das Veranlassungsprinzip geboten ist, so spricht das eindeutig dagegen, den Anwendungsbereich des § 15 Abs. 3 HGB im Wege einer Analogie auch noch zu erweitern. Im Übrigen ist die Bekanntmachung die wenn auch sekundäre, so doch die praktisch bedeutsamere Informationsquelle. Für isolierte Eintragungsfehler wird daher nicht nach § 15 Abs. 3 HGB, sondern nur **nach allgemeinen Rechtsscheinsgrundsätzen** gehaftet.

234 II. Bereits vor Einführung des § 15 Abs. 3 HGB war eine eingeschränkte positive Publizität von Handelsregistereintragungen anerkannt:

- Wer eine unrichtige Eintragung im Handelsregister zurechenbar veranlasst oder
- eine unrichtige Eintragung schuldhaft nicht beseitigt hat,

muss sich gutgläubigen Dritten gegenüber, die im berechtigten Vertrauen auf die Eintragung gehandelt haben, so behandeln lassen, als sei die Eintragung richtig.[293]

1. Eine unrichtige Eintragung hat die OHG hier nicht **veranlasst**. Anders als bei der einschränkenden Auslegung des § 15 Abs. 3 HGB, bei der auf eine irgendwie geartete Veranlassung (z.B. auch durch einen richtigen Eintragungsantrag) abgestellt wird, ist die Zurechenbarkeit bei der allgemeinen Rechtsscheinshaftung nur dann gegeben, wenn die unrichtige Eintragung durch eine gleichfalls unrichtige Anmeldung veranlasst worden ist. Hier war die Registeranmeldung aber richtig.

2. Nach dem zweiten Gewohnheitsrechtssatz wird die unrichtige Eintragung dem Betroffenen aber auch dann zugerechnet, wenn er es **schuldhaft unterlassen** hat, für ihre Berichtigung zu sorgen. A, B und C hätten vorliegend die Unrichtigkeit der Eintragung ohne Weiteres aus der Mitteilung des Registergerichts erkennen können. Sie haben es daher zumindest fahrlässig unterlassen, die Falscheintragung zu beseitigen, und müssen sich daher gutgläubigen Dritten gegenüber so behandeln lassen, als sei die Eintragung richtig.

3. Fraglich ist jedoch, ob die Voraussetzungen der Rechtsscheinswirkung aufseiten der K vorliegen.

   a) K muss **gutgläubig** gewesen sein. Anders als bei § 15 Abs. 3 HGB schadet im Rahmen der allgemeinen Rechtsscheinshaftung dem Dritten bereits leicht fahrlässige Unkenntnis von der Unrichtigkeit der Eintragung, so z.B. wenn er nach den Umständen begründeten Zweifeln an der Richtigkeit nicht nachgegangen ist.[294]

   b) Außerdem ist erforderlich, dass der Dritte im berechtigten Vertrauen auf die Handelsregistereintragung gehandelt hat (**Kausalität** des Rechtsscheins). Das erfordert anders als bei § 15 Abs. 3 HGB, dass er das Handelsregister eingese-

---

293 BGHZ 22, 234, 238.

294 BGH JZ 1971, 334, 334 f.

hen und ihm konkret vertraut bzw. anderweitig Kenntnis von der Eintragung erlangt hat.[295]

K hatte das Handelsregister jedoch vor Geschäftsabschluss mit P gerade nicht eingesehen. Auch fehlt es an jedweden Anhaltspunkten, dass sie im Vertrauen auf eine sonstwie erlangte Kenntnis von der Eintragung gehandelt hat. Mangels Kausalität der falschen Eintragung für die Entschließung der K scheidet eine Haftung der OHG aus.

C. Der Rechtsschein außerhalb des Handelsregisters

Die Kaufmannseigenschaft oder das Bestehen einer Handelsgesellschaft kann auch auf andere Weise als durch unrichtige Registereintragungen vorgetäuscht werden. Ein Nichtkaufmann kann sich durch das Führen einer Firma wie ein Kaufmann gerieren (Scheinkaufmann). Eine Haftung kann sich dann aus allgemeinen Rechtsscheinsgrundsätzen ergeben. 235

Fall 12: Der Schein trügt

Friedrich F betreibt ein kleines Lebensmittelgeschäft. Obwohl er nicht im Handelsregister eingetragen ist, findet sich auf seinen Geschäftsbriefen die Angabe „Firma Friedrich F, Lebensmittelgroßhandel". F trat mit dem auswärtigen Lieferanten L in Geschäftsbeziehungen ein. Schon nach kurzer Zeit kam es jedoch zu Differenzen, als L Bezahlung einer angeblichen Lieferung verlangte, die F niemals bestellt und erhalten haben will. Zur Bereinigung der Angelegenheit gab F schließlich L gegenüber mündlich ein Schuldanerkenntnis ab. Als L später hieraus gegen F vorgehen will, verweigert dieser die Zahlung mit dem Hinweis auf die fehlende Schriftform. Er weist weiterhin (zutreffend) darauf hin, dass er Kleingewerbetreibender ist, sein Betrieb also kaufmännische Einrichtungen nicht erfordert.

I. Ein Anspruch des L aus einem (konstitutiven) Schuldanerkenntnis setzt nach § 781 BGB die schriftliche Erteilung der Anerkenntniserklärung voraus. Daran fehlt es hier. Nach § 350 HGB kann ein Schuldanerkenntnis auch ohne Einhaltung der Formvorschrift des § 781 BGB erklärt werden, wenn das Anerkenntnis aufseiten des Schuldners ein Handelsgeschäft darstellt, also ein Rechtsgeschäft eines Kaufmanns ist, das zum Betrieb seines Handelsgewerbes gehört, § 343 Abs. 1 HGB. 236

1. Aus §§ 1 und 2 HGB ergibt sich die Kaufmannseigenschaft des F nicht. F betreibt zwar ein Gewerbe, sein Unternehmen erfordert jedoch keinen in kaufmännischer Weise eingerichteten Geschäftsbetrieb. Dieser Einwand ist nicht gemäß § 2 HGB ausgeschlossen, da F nicht im Handelsregister eingetragen ist.

---

295 BGHZ 22, 234, 238.

2. L könnte als gutgläubiger Dritter nach § 15 Abs. 1 HGB schutzwürdig sein. Es müsste dann eine eintragungspflichtige Tatsache nicht eingetragen und bekannt gemacht worden sein. Tatsache war hier, dass F kein kaufmännisches Unternehmen betrieb. Diese Tatsache ist aber nicht eintragungsfähig und damit schon gar nicht eintragungspflichtig.

3. Die Rechtsscheinsregelungen im HGB sind nicht abschließend. Über diese Regeln hinausgehend sind die **allgemeinen Rechtsscheinsgrundsätze** anwendbar. Danach muss sich derjenige, der einen Rechtsschein zurechenbar veranlasst hat, gutgläubigen Dritten gegenüber an diesem Rechtsschein festhalten lassen.[296]

   a) Es muss ein entsprechender **Rechtsschein** bestehen. F ist seinen Geschäftspartnern gegenüber wie ein Kaufmann aufgetreten. Denn er hat durch die Firmierung „Firma Friedrich F, Lebensmittelgroßhandel" den Eindruck erweckt, er sei Kaufmann.

   b) Dieser Rechtsschein muss **zurechenbar veranlasst** sein. Dies kann ausdrücklich oder konkludent geschehen, Verschulden ist nicht erforderlich.

   Beispiele für das Veranlassen des Rechtsscheins der Kaufmannseigenschaft:
   Ausdrückliche wahrheitswidrige Behauptung, Gebrauch einer Firma, Erteilung einer Prokura oder Handlungsvollmacht.[297]

   F hat hier sowohl durch den Gebrauch der Firma als auch durch die Angabe „Lebensmittelgroßhandel" zurechenbar den Anschein hervorgerufen, er betreibe ein kaufmännisches Unternehmen. Denn zurechenbar ist der Rechtsschein jedenfalls demjenigen, der ihn selbst gesetzt hat (Ausnahme bei nicht voll Geschäftsfähigen).

   Ist der Rechtsschein zunächst ohne Zutun des „Kaufmanns" entstanden (z.B. durch Behauptungen Dritter), so ist er nur dann zuzurechnen, wenn der „Kaufmann" davon nachträglich Kenntnis erlangt bzw. ihn wenigstens bei pflichtgemäßer Sorgfalt hätte erkennen können und nicht für die Beseitigung des Rechtsscheins sorgt.

   c) Der Dritte muss gutgläubig sein und im Vertrauen auf den Rechtsschein gehandelt haben.

      aa) Der Rechtsschein wirkt nur zugunsten eines **gutgläubigen** Dritten. Nach h.M. schadet bereits einfache Fahrlässigkeit.[298] Bedenken an der Gutgläubigkeit des L könnten sich allein daraus ergeben, dass er als Lieferant die Verhältnisse des F u.U. hätte erkennen können (z.B. wegen des geringen Umfangs der Lieferungen). Da vorliegend die Geschäftsbeziehungen zwischen L und F indes noch nicht lange andauerten, lässt sich daraus nicht unbedingt ein Sorgfaltspflichtverstoß des L ableiten. Grundsätzlich ist es im geschäftlichen Verkehr auch nicht zumutbar, sich jedes Mal im Handelsregister zu vergewissern, ob der als Kaufmann Auftretende auch tat-

296 BGHZ 17, 13, 18; BGHZ 62, 217, 222; BGH NJW 1990, 2678; GK/Ensthaler § 5 Rn. 10 ff.
297 GK/Ensthaler § 5 Rn. 12 ff.
298 BGH JZ 1971, 334; GK/Ensthaler § 5 Rn. 19; a.A. K. Schmidt § 10 VIII 3 b aa, S. 329: nur Kenntnis und grobe Fahrlässigkeit.

sächlich Kaufmann ist oder nicht. Insgesamt ist daher von der Gutgläubigkeit des L auszugehen.[299]

Etwas anderes kann sich z.B. bei der ersten Aufnahme von Geschäftsbeziehungen ergeben, wenn damit ein größeres finanzielles Engagement verbunden ist.[300]

bb) Weiterhin muss der Dritte im Vertrauen auf den Rechtsschein gehandelt haben, d.h. der Rechtsschein muss für das Verhalten des Dritten **kausal** gewesen sein. An diese Voraussetzung sind keine hohen Anforderungen zu stellen. Es ist nach den Erfahrungen des täglichen Lebens in der Regel naheliegend anzunehmen, dass das Rechtsgeschäft im Vertrauen auf den Rechtsschein abgeschlossen worden ist.[301]

d) **Rechtsfolge:** Der von dem Handelnden gesetzte Rechtsschein wirkt grundsätzlich nur für, nicht gegen den gutgläubigen Dritten.[302]

Der Scheinkaufmann kann daher grundsätzlich nicht gemäß § 352 HGB 5% Zinsen verlangen, sondern nur 4% (§ 246 BGB). Wenn sich allerdings der Geschäftspartner auf die Anwendung handelsrechtlicher Vorschriften beruft, kommen diese auch dem Scheinkaufmann zugute. Der Dritte soll nicht besser stehen, als wenn sein Partner wirklich Kaufmann wäre. Wenn z.B. der Dritte sich auf das Zustandekommen eines Vertrages gemäß § 362 HGB beruft, kann der Scheinkaufmann Zinsen nach § 352 HGB verlangen.[303]

F muss sich daher L gegenüber wie ein Kaufmann behandeln lassen. Fraglich ist aber, ob das gesamte HGB auf den „Scheinkaufmann" anwendbar ist.

aa) Teilweise wird angenommen, das Handelsrecht sei auf den Scheinkaufmann nur in eingeschränktem Umfang anwendbar. Rechtsfolgen, die sich aus zwingendem Recht ergeben, könnten nicht durch einen bloßen Rechtsschein zulasten desjenigen eintreten, den das zwingende Recht gerade schützen wolle. Deswegen würden vor allem die gesetzlichen Schutzvorschriften zugunsten des Nichtkaufmanns, wie z.B. die §§ 343, 766, 780 und 781 BGB durch den Rechtsscheinsgrundsatz nicht verdrängt.[304] **237**

bb) Nach heute h.M. untersteht der Scheinkaufmann dem Handelsrecht dagegen in vollem Umfang. Im Interesse des Rechtsverkehrs sei anzunehmen, dass auch dem Scheinkaufmann die Berufung auf den Mangel der Schriftform versagt sei.[305] **238**

Für diese Auffassung spricht, dass die Reichweite eines Rechtsscheinstatbestandes grundsätzlich aus der Sicht des Rechtsverkehrs bzw. des schutzwürdigen Dritten zu bestimmen ist. Der gutgläubige L konnte da-

---

299 BGH NJW 1987, 3124, 3126.

300 Vgl. BGH JZ 1971, 334 bei einem Bauauftrag über rund 400.000,00 €.

301 BGHZ 17, 13, 19; K. Schmidt § 10 VIII 3 b bb, S. 330.

302 GK/Ensthaler § 5 Rn. 20.

303 GK/Ensthaler § 5Rn. 23.

304 Nickel JA 1980, 566, 576.

305 GK/Ensthaler § 5 Rn. 20; Baumbach/Hopt § 5 Rn. 14; § 350 Rn. 7; MünchKommHGB/Krebs § 15 Rn. 105.

rauf vertrauen, dass F Kaufmann und somit das mündliche Schuldanerkenntnis wirksam war. L hat einen Anspruch aus § 781 BGB.

II. Ob L einen Anspruch aus § 433 Abs. 2 BGB hat, ist davon abhängig, ob sich die Parteien im Zusammenhang mit der streitigen Lieferung über die wesentlichen Vertragsbestandteile eines Kaufvertrages geeinigt haben. Lässt sich diese Frage nach den gesamten Umständen nicht mehr klären, ist auch der Kaufpreisanspruch nicht begründet, da L die anspruchsbegründende Tatsache „Einigung" nicht beweisen kann.

---

239 Wird bei dem rechtsgeschäftlichen Handeln einer GmbH der gemäß § 4 GmbHG erforderliche Rechtsformzusatz weggelassen, entsteht regelmäßig der Rechtsschein einer OHG. Nach den Grundsätzen über unternehmensbezogene Geschäfte wird die GmbH verpflichtet. Daneben tritt eine Rechtsscheinshaftung des Vertreters entsprechend § 179 BGB.[306]

306 BGH NJW 2007, 1529.

Handelsregister und Rechtsschein

§ 15 Abs. 1 HGB

- In das Handelsregister einzutragende (wahre) Tatsache

  Nach h.M. gilt § 15 Abs. 1 HGB auch bei sekundärer Unrichtigkeit (z.B. beim Erlöschen einer nicht eingetragenen Prokura).

- In Angelegenheiten dessen, der sich sonst darauf berufen könnte
- Nicht eingetragen und bekannt gemacht
- Dem Dritten nicht bekannt
- Geschäftsverkehr (kein Unrechtsverkehr)
- Rechtsfolge: Wahlrecht

§ 15 Abs. 3 HGB

- Eintragungspflichtige Tatsache
- Unrichtig bekannt gemacht
- Keine Kenntnis von der Unrichtigkeit
- Geschäftsverkehr (kein Unrechtsverkehr)
- Ungeschriebene Voraussetzung: Unrichtige Bekanntmachung muss zurechenbar veranlasst sein

Allgemeine Rechtsscheinsgrundsätze

- Bestehen eines Rechtsscheins

  Rechtsschein entgegen Registereintragung nur ausreichend, wenn die Berufung auf den Registerinhalt rechtsmissbräuchlich wäre (insbesondere Firmierung unter Verstoß gegen § 19 Abs. 2 HGB, § 4 AktG, § 4 GmbHG).

- Zurechenbar veranlasst
- Gutgläubigkeit des Dritten und Kausalität des Rechtsscheins

  Für Kausalität zwischen Rechtsschein und Verhalten des Dritten spricht der Beweis des ersten Anscheins (Ausnahme: positive Publizität).

6. Abschnitt: Die allgemeinen Regeln für Handelsgeschäfte, §§ 343–372 HGB

A. Das Handelsgeschäft

I. Begriff des Handelsgeschäfts

240 Für Handelsgeschäfte gelten die besonderen Vorschriften der §§ 343–372 HGB. Handelsgeschäfte sind alle Geschäfte eines Kaufmanns, die zum Betrieb seines Handelsgewerbes gehören, § 343 Abs. 1 HGB.

241 **1.** Derjenige, der das Geschäft tätigt, muss grundsätzlich **Kaufmann** sein.

Die §§ 343–372 HGB gelten beim Kommissionsgeschäft (§ 383 Abs. 2 S. 2 HGB), Frachtgeschäft (§ 407 Abs. 3 S. 2 HGB), Speditionsgeschäft (§ 453 Abs. 3 S. 2 HGB) und Lagergeschäft (§ 467 Abs. 3 S. 2 HGB) mit Ausnahme der §§ 348–350 HGB auch für nicht eingetragene Kleingewerbetreibende.

Ob der Rechtsscheinskaufmann ein Handelsgeschäft getätigt hat, muss nach seinem Auftreten im Einzelfall entschieden werden. Allerdings wird jemand, der durch sein Auftreten den Rechtsschein eines Kaufmanns erzeugt, in aller Regel auch den Anschein eines Handelsgeschäfts und nicht den eines Privatgeschäfts erwecken.

242 Je nachdem, ob von den am Geschäft Beteiligten eine Partei oder beide Parteien Kaufleute sind, spricht das Gesetz vom **einseitigen** Handelsgeschäft oder vom **beiderseitigen** Handelsgeschäft.

- Grundsätzlich gelten die Vorschriften über die Handelsgeschäfte für beide Parteien, auch wenn es sich nur um ein einseitiges Handelsgeschäft handelt, § 345 HGB. Die besonderen Vorschriften des HGB gelten dann auch für den Beteiligten, der kein Kaufmann ist.

  So liegt z.B. ein Handelskauf vor, wenn eine Privatperson im Supermarkt einkauft. Es finden also die Vorschriften über den Handelskauf, §§ 373 ff. HGB (mit Ausnahme der §§ 377, 379 HGB) Anwendung, also z.B. die §§ 373, 374 HGB über den Annahmeverzug des Käufers.

- Wenn beim einseitigen Handelsgeschäft eine bestimmte Partei Kaufmann sein muss, so ist dies im Gesetz ausdrücklich geregelt;

  beispielsweise bei der kaufmännischen Sorgfaltspflicht („auf seiner Seite"), § 347 HGB; bei der Vertragsstrafe, § 348 HGB („von einem Kaufmann ... versprochen"); bei dem Ausschluss der Einrede der Vorausklage, § 349 HGB („wenn die Bürgschaft für ihn ein Handelsgeschäft ist"); bei der Formfreiheit, § 350 HGB („auf der Seite des Bürgen ...").

- Wenn beide Beteiligte Kaufleute sein müssen (beiderseitiges Handelsgeschäft), so wird dies ebenfalls im Gesetz ausdrücklich gefordert;

  beispielsweise bei den Besonderheiten des Gewährleistungsrechts, § 377 HGB („Ist der Kauf für beide Teile ein Handelsgeschäft"); beim kaufmännischen Zurückbehaltungsrecht, §§ 369 ff. HGB.

243 **2.** Das Geschäft muss zum **Betrieb des Handelsgewerbes** gehören. Geschäft i.S.d. § 343 HGB ist jedes rechtserhebliche Verhalten, also der Abschluss von Verpflichtungsverträgen, die Vornahme von Verfügungsgeschäften, einseitige Rechtsgeschäfte wie Rücktritt und Kündigung, geschäftsähnliche Handlungen wie Mahnung, Fristsetzung usw. und Realakte, soweit daran von der Rechtsordnung Rechtsfolgen geknüpft werden, wie z.B. Verarbeitung, Vermischung, Versenden von Waren.

Für die Betriebszugehörigkeit spricht die Vermutung des § 344 Abs. 1 HGB. Diese ist erst widerlegt, wenn feststeht, dass das von dem Kaufmann eingegangene Geschäft nicht dem Betrieb seines Handelsgewerbes dienen sollte. Dazu reicht es nicht aus, dass das Geschäft allein objektiv eine Privatangelegenheit war, sondern dies muss für den Geschäftsgegner auch erkennbar gewesen sein.[307] Wegen der Vermutung des § 344 HGB kann von einem privaten Geschäft also nur ausgegangen werden, wenn dies eindeutig zum Ausdruck gekommen ist. Andererseits besteht jedoch keine allgemeine Vermutung dafür, dass alle vorgenommenen Rechtsgeschäfte eines Unternehmens im Zweifel seinem geschäftlichen Bereich zuzuordnen sind.[308] 244

In der Rspr. ist jedoch anerkannt, dass der Verkauf beweglicher Sachen durch eine GmbH an einen Verbraucher im Zweifel zum Betrieb ihres Handelsgewerbe gehört und damit, auch wenn es sich um ein branchenfremdes Geschäft handelt, unter die Bestimmungen für den Verbrauchsgüterkauf fällt, sofern die gesetzliche Vermutung des § 344 Abs. 1 HGB nicht widerlegt ist.[309]

II. Der Handelsbrauch, § 346 HGB

Handelsbräuche sind die kaufmännischen Verkehrssitten. Sie beruhen auf einer gleichmäßigen, einheitlichen und freiwilligen tatsächlichen Übung der beteiligten Verkehrskreise.[310] Der EuGH[311] bejaht einen Handelsbrauch, wenn die in einer Branche tätigen Kaufleute bei Abschluss einer bestimmten Art von Verträgen allgemein und regelmäßig ein bestimmtes Verhalten befolgen. 245

Beispiel 1: Bei den Hamburger Schiffsmaklern war es (jedenfalls bis 1963) allgemeiner Handelsbrauch, dass in den Fällen, in denen der Vertrag über den Verkauf eines Schiffes ohne Verschulden des Verkäufers nicht durchgeführt worden ist, von diesem eine Provision nicht gefordert werden konnte.[312]

Beispiel 2: Ein Reise- oder Event-Veranstalter kann von Beherbergungs- und Bewirtungsverträgen aufgrund eines Handelsbrauches drei Wochen vor dem Reservierungsdatum ohne Stornokosten zurücktreten.[313]

Vom Gewohnheitsrecht unterscheiden sie sich dadurch, dass sie neben der dauernden Übung einen allgemeinen Rechtsgeltungswillen nicht voraussetzen. Dementsprechend werden Handelsbräuche von der h.M. nicht als Rechtsnormen anerkannt.[314] Im Rechtsverkehr zwischen Kaufleuten kommt ihnen jedoch gemäß § 346 HGB rechtlich verpflichtende Kraft zu. Daraus folgt:

- Handelsbräuche sind auch dann verbindlich, wenn die Beteiligten ihre Geltung nicht vereinbart haben, und selbst dann, wenn sie ihnen unbekannt waren;
- Handelsbräuche verdrängen dispositives Recht. Entgegen zwingendem Recht kann sich ein Handelsbrauch dagegen nicht entwickeln.[315]

---

307 BGH WM 1976, 424, 425.
308 BGH RÜ 2018, 75.
309 BGH RÜ 2011, 613.
310 BGH NJW 1994, 659, 660; GK/Achilles § 346 Rn. 10.
311 EuGH ZIP 1999, 1184.
312 HansOLG MDR 1963, 849.
313 OLG Frankfurt a.M. NJW-RR 1986, 1229; zwei Monate: LG Hamburg NJW-RR 2004, 699.
314 K. Schmidt § 1 III 3 a, S. 23.
315 H.M., vgl. BGHZ 62, 71, 82; OLG Frankfurt NJW-RR 1996, 548, 549.

246 Ihren Hauptanwendungsbereich finden Handelsbräuche bei der Auslegung von Willenserklärungen, dem Zustandekommen von Verträgen, der Auslegung von geschlossenen Verträgen, insbesondere der Bestimmung des Umfangs der gegenseitigen Rechte und Pflichten und der Ergänzung unvollständiger Vertragsabreden. Teilweise wird auf sie zu diesem Zweck im HGB ausdrücklich Bezug genommen (vgl. §§ 359 Abs. 1, 380, 393 Abs. 2 HGB).

Besonderheiten gelten für die **Handelsklauseln**. Oftmals begnügen sich die Parteien zur Begründung von Rechten und Pflichten mit der Angabe einer bestimmten Klausel, Formel oder üblichen Abkürzung im Vertrag. Für die Auslegung solcher Kurzformeln sind wiederum die Handelsbräuche heranzuziehen.

Beispiele:

Nachnahme: Bei Aushändigung der Ware hat der Käufer durch Barzahlung vorzuleisten. Der Barzahlung steht die sofortige Überweisung oder die Aushändigung eines gedeckten Schecks gleich, eine Aufrechnung ist aber ausgeschlossen.[316]

Selbstbelieferung vorbehalten: Der Verkäufer wird von seiner Lieferpflicht befreit, wenn er ein kongruentes Deckungsgeschäft abgeschlossen hat und von seinem Lieferanten nicht beliefert wird.[317] Kongruent ist ein Deckungsgeschäft, wenn der Verkäufer bei Abschluss des Kaufvertrages bereits einen verbindlichen Einkaufsvertrag abgeschlossen hat, der ihm die Erfüllung seiner Lieferpflicht ermöglicht. Der Einkaufsvertrag muss auf Waren mindestens gleicher Menge und Qualität gerichtet sein und entsprechende Liefertermine vorsehen.[318]

247 Für den internationalen Handel ist von der *International Chamber of Commerce* (ICC) in Paris eine Zusammenstellung der Auslegung national handelsüblicher Vertragsformeln („Trade Terms") erarbeitet worden. Daran knüpfen die **Incoterms** (International Commercial Terms) an, die eine einheitliche Auslegung handelsüblicher Vertragsklauseln gewährleisten sollen. Die aktuelle Fassung gilt seit dem 01.01.2011.[319]

Beispiele:

FOB (free on board) … benannter Verschiffungshafen: Verkäufer trägt Kosten und Gefahr des Untergangs oder von Schäden an der Ware bis zum Überschreiten der Schiffsreling.

CIF (cost, insurance, freight) … benannter Bestimmungshafen: Verkäufer trägt Kosten, Versicherung und Fracht bis zum Abladen im Bestimmungshafen.

CFR (Cost and Freight): Der Verkäufer muss den Transportvertrag zu den üblichen Bedingungen des Seefrachtvertrages abschließen und die Kosten der Fracht tragen.

EXW (Ex Works; Ab Werk): Der Verkäufer ist lediglich verpflichtet, die Ware auf seinem Grundstück zur Verfügung zu stellen. Der Käufer trägt alle Kosten und Gefahren, die mit dem Transport der Ware vom Werk zum Bestimmungsort verbunden sind.

DDP (Delivered Duty Paid) … benannter Bestimmungsort im Inland: Der Verkäufer ist verpflichtet, die Ware auf eigenen Kosten und Gefahr verzollt am Bestimmungsort abzuliefern und alle im Kaufvertrag vorgesehenen Belege dafür zu erbringen.

---

316 BGHZ 139, 190.

317 BGH NJW 1995, 1959, 1960.

318 GK/Achilles § 346 Rn. 45.

319 Vollständige Übersichten über die Incoterms 2010 finden sich auf der deutschen Website der ICC unter https://www.iccgermany.de/standards-regelwerke/incoterms/ (zuletzt abgerufen am 07.01.2019).

III. Die Besonderheiten beim Zustandekommen des Handelsgeschäfts

Ist das Handelsgeschäft ein Vertrag, gelten grundsätzlich die Vorschriften der §§ 145 ff. BGB. Der Vertrag kommt danach durch zwei übereinstimmende Willenserklärungen zustande, die ausdrücklich oder durch konkludentes Verhalten (schlüssig) abgegeben werden können. Durch bloßes Schweigen entstehen dagegen im bürgerlichen Recht grundsätzlich keine rechtsgeschäftlichen Pflichten. Nur im Einzelfall ordnet das Gesetz ausdrücklich an, dass Schweigen als Ablehnung (z.B. §§ 108 Abs. 2 S. 2, 177 Abs. 2 S. 2 BGB) oder Zustimmung (z.B. §§ 416 Abs. 1 S. 2, 516 Abs. 2 S. 2 BGB) gilt. Auch kann durch Parteivereinbarung bestimmt werden, welche Bedeutung dem Schweigen im konkreten Fall zukommen soll. In der Regel ist bloßes Schweigen aber weder Zustimmung noch Ablehnung; es ist überhaupt keine Willenserklärung. Im Handelsrecht gibt es jedoch von diesem Grundsatz zwei Ausnahmen: **248**

- Schweigen auf ein Angebot zur Geschäftsbesorgung, § 362 Abs. 1 HGB und
- Schweigen auf ein kaufmännisches Bestätigungsschreiben.

1. Schweigen auf ein Angebot, § 362 Abs. 1 HGB

Unter den Voraussetzungen des § 362 Abs. 1 HGB ist der Kaufmann verpflichtet, auf ein Angebot unverzüglich zu antworten; anderenfalls gilt sein Schweigen als Annahme des Antrags. § 362 Abs. 1 HGB enthält in den Sätzen zwei Alternativen, die die gleichen Rechtsfolgen haben. **249**

a) Voraussetzungen des § 362 Abs. 1 S. 1 HGB:

- Derjenige, dem der Antrag zugeht, muss **Kaufmann** sein. **250**
- Der Betrieb des Kaufmanns muss die **Besorgung von Geschäften** für andere mit sich bringen.

  Beispiele: Die Tätigkeit einer Bank hat generell Geschäftsbesorgungen zum Gegenstand, da sie z.B. für ihre Kunden Zahlungs-, Überweisungs- und Einziehungsaufträge erledigt. Entsprechendes gilt für Handelsvertreter, Handelsmakler, Kommissionäre, Spediteure, Frachtführer und Lagerhalter, nicht aber allgemein für alle Kaufleute, denn sonst wäre die Einschränkung des § 362 Abs. 1 S. 1 HGB überflüssig. Nicht darunter fallen z.B. Kaufgeschäfte, sodass ein Warenkaufmann bei Angeboten auf Abschluss von Kaufverträgen grundsätzlich ohne nachteilige Rechtswirkungen schweigen kann.

- Der Kaufmann muss mit dem Antragenden zum Zeitpunkt des Angebots in einer **Geschäftsbeziehung** stehen.
- Weiterhin muss sich der Antrag auf die Besorgung solcher Geschäfte beziehen, die der Gewerbebetrieb des Kaufmanns mit sich bringt, d.h. das Geschäft muss zu dessen **üblichen Geschäftskreis** gehören. Entscheidend ist dabei aber nicht, wie der Kaufmann seinen Betrieb tatsächlich führt oder ob ein derartiges Geschäft auch in der konkreten Geschäftsbeziehung üblich ist, sondern welche Geschäftsbesorgungen nach der Verkehrsanschauung normalerweise zu einem solchen Gewerbebetrieb gehören.[320]

---

320 Baumbach/Hopt § 362 Rn. 3.

§ 362 HGB gilt aber nicht bei branchenfremden Geschäftsbesorgungen, so z.B. wenn einem Spediteur ein Maklerauftrag oder einem Frachtführer ein Kommissionsangebot zugeht.

b) Voraussetzungen des § 362 Abs. 1 S. 2 HGB:

251 - Der Kaufmann muss sich jemandem **zur Besorgung von Geschäften erboten** haben. Anders als bei der ersten Alternative ist nicht erforderlich, dass der Betrieb des Kaufmanns eine Geschäftsbesorgung mit sich bringt und dass eine Geschäftsbeziehung besteht.

- Der **Antrag** muss sich **im Rahmen des vom Kaufmann Erbotenen** halten.

c) Rechtsfolgen des § 362 Abs. 1 HGB:

252 - Der Kaufmann ist verpflichtet, auf das Angebot **unverzüglich zu antworten**. Er muss ohne schuldhaftes Zögern erklären, ob er den Antrag annimmt oder nicht. Dem Beauftragten schadet nur Schweigen. Jede irgendwie geartete Antwort, die nicht Annahme oder Ablehnung des Angebots zu sein braucht, hindert die Wirkungen des § 362 Abs. 1 HGB.[321] Bei Kaufleuten ist die Unverzüglichkeit in der Regel nur gewahrt, wenn noch am Tag des Antragszugangs eine Antwort erfolgt.[322]

- Antwortet der Kaufmann nicht unverzüglich, gilt sein Schweigen als Annahme des Antrags. Ein Anfechtung des Kaufmanns mit der Begründung, er habe sich über die Bedeutung des Schweigens geirrt, ist nicht möglich, denn diese Fehlvorstellung stellt einen unbeachtlich Motivirrtum dar.[323]

2. Das kaufmännische Bestätigungsschreiben

253 Das kaufmännische Bestätigungsschreiben ist ein von dem einen Vertragspartner an den anderen gerichtetes Schreiben, in dem der Absender seine Auffassung über das Zustandekommen und den Inhalt eines mündlich, fernmündlich oder telegrafisch geschlossenen Vertrages mitteilt. Will der Empfänger eines derartigen Schreibens dessen Inhalt nicht gelten lassen, muss er unverzüglich widersprechen; anderenfalls gilt sein Schweigen als Einverständnis und der Vertrag kommt zu den Bedingungen des Bestätigungsschreibens zustande.

Diese Regelung beruht auf dem Handelsbrauch, mündliche Abreden alsbald schriftlich festzuhalten, um dadurch dem Bedürfnis nach Klarheit und Rechtssicherheit im kaufmännischen Verkehr Rechnung zu tragen. Er hat heute nach h.M. gewohnheitsrechtlichen Charakter.

Die Rspr. hat den Anwendungsbereich aber auch auf Personen ausgedehnt, die in größerem Umfang am Wirtschaftsleben teilnehmen. Die Grundsätze über das Schweigen auf ein kaufmännisches Bestätigungsschreiben sind somit nicht nur auf das Handelsrecht beschränkt, sodass ihre Darstellung im AS-Skript BGB AT 1 erfolgt.[324]

---

321 BGH NJW 1984, 866, 867.

322 GK/Weber § 362 Rn. 17.

323 Staub/Canaris § 362 Rn. 13; Baumbach/Hopt § 362 Rn. 6; K. Schmidt § 19 II 2 e bb, S. 562; Koller/Kindler/Roth/Morck § 362 Rn. 11.

324 Dazu AS-Skript BGB AT 1 (2018), Rn. 214 ff.

B. Der Erwerb vom Nichtberechtigten gemäß § 366 HGB

Damit die mit einer Willenserklärung erstrebte Rechtsänderung an beweglichen Sachen eintritt, muss die Einigung durch Übergabe oder Übergabesurrogate vollzogen werden und der Verfügende muss Berechtigter sein. Die §§ 932–936, 1207 BGB regeln den Erwerb vom Nichteigentümer, d.h. das fehlende **Eigentum** des Verfügenden wird überwunden. § 366 HGB erweitert die Möglichkeit eines gutgläubigen Erwerbs. Dieser ist auch dann möglich, wenn der Erwerber zwar nicht an das Eigentum, aber an die **Verfügungsbefugnis** des Veräußerers glaubt. 254

- § 366 Abs. 1 HGB betrifft den Erwerb des Eigentums oder eines rechtsgeschäftlichen Pfandrechts an einer beweglichen Sache.
- Gemäß § 366 Abs. 2 HGB ist ein gutgläubiger lastenfreier Erwerb möglich.
- Nach § 366 Abs. 3 HGB können die genannten Kaufleute gutgläubig ein gesetzliches Pfandrecht erwerben, wenn ihr Vertragspartner zwar nicht Eigentümer, aber verfügungsbefugt ist.

I. Gutgläubiger Erwerb gemäß § 366 Abs. 1 HGB

1. Veräußerer ist Kaufmann

Der Veräußerer muss Kaufmann sein. Streitig ist, ob § 366 HGB auch beim Erwerb vom „Scheinkaufmann" analog § 5 HGB, § 242 BGB anwendbar ist. Von der h.M. wird dies abgelehnt, da der von dem Scheinkaufmann veranlasste Rechtsschein nicht in die Rechtsposition unbeteiligter Dritter, hier des wahren Eigentümers, eingreifen könne.[325] Dementsprechend kann nach h.M. auch unter den Voraussetzungen des § 15 Abs. 1 HGB ein Schutz des gutgläubigen Erwerbers nicht stattfinden. 255

Beispiel: Der noch eingetragene Kaufmann K veräußert nach Einstellung des Gewerbebetriebes eine Sache des E an den gutgläubigen D. D weiß zwar, dass K nicht Eigentümer ist, hält ihn aber mit Rücksicht auf die Eintragung im Handelsregister für einen Kaufmann.

K ist kein Kaufmann nach § 2 HGB, da er seinen Betrieb eingestellt hat und kein Gewerbe mehr betreibt. Auch § 5 HGB setzt den Betrieb eines Gewerbes voraus. § 15 Abs. 1 HGB greift nicht ein, weil diese Vorschrift nur zulasten desjenigen wirkt, in dessen Angelegenheit die Tatsache einzutragen war. Das ist hier allein der Kaufmann K als Verkäufer und nicht der wahre Eigentümer E.[326]

2. Veräußerung einer beweglichen Sache im Betrieb des Handelsgewerbes

Es muss sich um die Veräußerung einer beweglichen Sache handeln und die Veräußerung muss im Betrieb des Handelsgewerbes erfolgen. Ob die Verfügung betriebsbezogen ist, bestimmt sich nach den Grundsätzen der §§ 343 ff. HGB. Dem Erwerber kommt also auch die Vermutung des § 344 Abs. 1 HGB zugute. 256

---

325 OLG Düsseldorf NJW-RR 1999, 615; Löhnig JA 1999, 615; GK/Weber § 366 Rn. 7; Baumbach/Hopt § 366 Rn. 4; Bülow AcP 186 (1986), 576, 582 ff.; a.A. Staub/Canaris § 366 Anm. 6.

326 Brox/Henssler Rn. 310.

3. Gutgläubigkeit des Erwerbers

257 Der Erwerber muss gutgläubig sein **in Bezug auf die Verfügungsbefugnis** des Veräußerers. Dabei gilt der Maßstab des § 932 Abs. 2 BGB.

Die Prüfung, ob es infolge grober Fahrlässigkeit am guten Glauben beim Erwerb einer beweglichen Sache gefehlt hat, kann bei Anwendung von § 932 BGB und § 366 HGB zu unterschiedlichen Ergebnissen führen; denn der gute Glaube an die Verfügungsbefugnis eines Kaufmanns kann gerechtfertigt sein, selbst wenn ein guter Glaube an sein Eigentum durch grobe Fahrlässigkeit ausgeschlossen ist.[327]

258 Umstritten ist, ob § 366 HGB analog anwendbar ist, wenn der Erwerber nicht an die Verfügungsbefugnis, aber an die **Vertretungsmacht** des Veräußerers glaubt.

Fall 13: Trau, schau, wem

E wollte seinen Pkw von dem Autohändler H schätzen lassen, um ihn privat zu verkaufen. H veräußert das Fahrzeug ohne Befragen des E zu einem günstigen Preis im eigenen Namen an K und übergibt K auch den Kfz-Brief, in dem E als Halter des Fahrzeuges ausgewiesen ist. Hat K wirksam von H das Eigentum erworben?

259 A. Ein Eigentumserwerb gemäß § 929 S. 1 BGB ist nicht erfolgt, da H nicht Eigentümer war und E den H nicht gemäß § 185 Abs. 1 BGB zur Verfügung ermächtigt hatte.

B. Ein Erwerb vom Nichtberechtigten gemäß §§ 929 S. 1, 932 Abs. 1 S. 1 BGB scheitert daran, dass K **bezüglich des Eigentums** nicht gutgläubig war. Da der Kfz-Brief auf den Namen des E lautete, konnte K nicht ohne Weiteres davon ausgehen, dass H Eigentümer war. K hätte zumindest Nachforschungen anstellen müssen. Unterlässt es der Erwerber in einem solchen Fall, sich über die Berechtigung des Veräußerers zu vergewissern, so handelt er in der Regel grob fahrlässig.[328]

C. Die mangelnde Berechtigung des H könnte jedoch gemäß **§§ 929 S. 1, 932 Abs. 1 S. 1 BGB i.V.m. § 366 Abs. 1 HGB** überwunden werden.

Auch im Fall des § 366 HGB bleiben Grundlage des gutgläubigen Erwerbs die §§ 929 ff. BGB, denn § 366 HGB erweitert nur den Anwendungsbereich dieser Vorschriften. Es gelten also auch die Regelungen der §§ 929 ff. BGB und insbesondere § 935 BGB.

I. Der **Veräußerer** muss **Kaufmann** sein. H betreibt als Autohändler ein Handelsgewerbe nach § 1 HGB.

II. H hat das Fahrzeug im Betrieb seines Handelsgewerbes veräußert.

III. K müsste gutgläubig bezüglich der Verfügungsbefugnis des H gewesen sein. Dies ist fraglich, weil der Kfz-Brief auf den Namen des E lautete. Bezüglich der Verfügungsbefugnis enthält der Kfz-Brief aber keine Aussage. Ist der Veräußerer nicht der im Brief eingetragene Halter, schließt dies seine Verfügungsbefugnis nicht aus. Vielmehr begründet die tatsächliche Innehabung eines auf fremden Namen

---

327 BGH NJW 1975, 735, 736; K. Schmidt JuS 1988, 74.

328 BGH NJW 1991, 1415, 1416; BGHZ 119, 75, 90; K. Schmidt JuS 1988, 74.

lautenden Briefs in der Regel den Rechtsschein der Verfügungsbefugnis. Wer bei einem Autohändler den Wagen eines Dritten erwirbt, kann grundsätzlich darauf vertrauen, dass der Autohändler vom Dritten zur Verfügung ermächtigt worden ist. Der Erwerber ist daher regelmäßig gutgläubig.[329]

Etwas anderes kann nur dann gelten, wenn sich aufgrund besonderer Umstände der Veräußerung – ungewöhnlich niedriger Preis, Zeit und Ort des Geschäftsabschlusses usw. – Verdachtsmomente aufdrängen, die normalerweise jeden zu Nachforschungen bewegen würden.[330]

IV. Da der Wagen E auch nicht abhandengekommen ist (§ 935 BGB), hat K gutgläubig das Eigentum vom Nichtberechtigten H erworben.

Abwandlung:

H war bei der Veräußerung des Pkw nicht im eigenen Namen, sondern im Namen des E aufgetreten. Kann E in diesem Fall Herausgabe des Pkw von K verlangen, wenn K gutgläubig von der Vertretungsmacht des H ausgegangen ist?

A. Ein Herausgabeanspruch des E könnte sich aus § 985 BGB ergeben. K ist Besitzer, E **260**
müsste noch Eigentümer sein. Sein früheres Eigentum könnte E indes durch die Übereignung an K verloren haben.

I. K könnte das Eigentum von H gemäß §§ 929 S. 1, 932 Abs. 1 S. 1 BGB, § 366 Abs. 1 HGB erworben haben. Ein gutgläubiger Erwerb nach diesen Vorschriften kommt jedoch nur dann in Betracht, wenn der nichtberechtigte Veräußerer im eigenen Namen verfügt. Tritt er dagegen im Namen des wahren Eigentümers – also im fremden Namen – auf, so fehlt es an der nach §§ 929 S. 1, 932 Abs. 1 S. 1 BGB vorausgesetzten Einigung zwischen dem Erwerber und dem Nichtberechtigten.

Entsprechendes gilt, wenn der nichtberechtigte Veräußerer unter dem Namen des wahren Eigentümers auftritt. Aufgrund der Vorlage des Kfz-Briefs wird beim Käufer ein Identitätsirrtum über den Verkäufer hervorgerufen, denn der Erwerber will es nur mit dem im Brief angegebenen wahren Eigentümer zu tun haben und nicht mit einer anderen Person. Deshalb kommt die Einigung nicht zwischen dem Nichtberechtigten und dem Erwerber zustande, sondern – vorbehaltlich der Vertretungsmacht – zwischen dem Eigentümer und dem Erwerber.[331]

II. Ein Eigentumserwerb des K könnte aber unmittelbar von E nach §§ 929 S. 1, 164 Abs. 1 BGB erfolgt sein. Dann müsste H den E wirksam vertreten haben. Zwar hat H die Einigung im Namen des E erklärt, er war aber von E nicht bevollmächtigt worden.

1. Ein **guter Glaube an die Vertretungsmacht** ist grundsätzlich unerheblich, und die mangelnde Einigung kann durch die Regeln über den Erwerb vom Nichtberechtigten nicht überwunden werden.

2. Doch in der Praxis wird zwischen der Vertretungs- und der Verfügungsmacht nicht streng getrennt. Auch wird vor allem beim Handeln im Betrieb nicht im-

---

329 BGH RÜ 1999, 61; K. Schmidt § 23 II 1 f., S. 678.

330 BGH NJW 1992, 2570, 2575; K. Schmidt JuS 1993, 76, 77 (Nachforschungspflicht, wenn der Kfz-Brief bei einer Bank hinterlegt ist); BGH NJW 1999, 425 (Ein Vermieter von Baumaschinen verkauft zehn hochwertige, fabrikneue Maschinen).

331 Palandt/Ellenberger § 164 BGB Rn. 11.

mer feststellbar sein, ob der Betriebsinhaber im eigenen oder im fremden Namen auftritt.

261 a) Mit Rücksicht auf den Schutzzweck der Norm des § 366 HGB, die Sicherheit des Handelsverkehrs zu gewährleisten, nimmt ein Teil der Lit. an, dass – ausnahmsweise und beschränkt auf das Handelsrecht – der gute Glaube an die Vertretungsmacht geschützt werde.[332]

262 b) Nach der Gegenansicht greift § 366 HGB bei dem guten Glauben an die Vertretungsbefugnis nicht ein. Der Dritte sei nicht schutzwürdig, da sich schon aus der Berufsstellung des Verfügenden ohne Weiteres ergebe, ob dieser im eigenen Namen (so z.B. der Kommissionär) oder im fremden Namen (so z.B. der Handelsvertreter) handele. Außerdem seien Praktikabilitätsgesichtspunkte keine hinreichende Rechtfertigung dafür, dass der wahre Berechtigte die Verfügung gegen sich gelten lassen müsse. Schließlich bestehe auch keinerlei Bedürfnis für die Anwendung des § 366 HGB, da die wichtigsten Fälle ohnehin über die Anscheins- und Duldungsvollmacht oder über § 56 HGB gelöst werden könnten.[333]

263 c) Für eine analoge Anwendung des § 366 HGB spricht indes, dass das HGB auch sonst nicht scharf zwischen Ermächtigung und Vollmacht trennt (z.B. spricht das Gesetz in §§ 49 Abs. 1, 54 Abs. 1, 56 und § 125 Abs. 1 HGB von „ermächtigt", obwohl die Vertretungsmacht gemeint ist). Die Interpretation der h.M. findet außerdem auch in der Entstehungsgeschichte der Vorschrift ihre Grundlage.[334]

Danach wird der gute Glaube des K an die Vertretungsmacht analog § 366 HGB geschützt. Es liegt eine wirksame Einigung zwischen E und K vor.

3. Die Übergabe der Sache ist erfolgt.

4. Der verfügende E, für den H die Einigungserklärung abgegeben hat, war als Eigentümer auch Berechtigter. K hat demnach das Eigentum wirksam von E, vertreten durch H, erworben. Ein Herausgabeanspruch des E nach § 985 BGB besteht somit nicht.

264 B. E könnte jedoch ein Anspruch auf Rückübereignung gemäß § 812 Abs. 1 S. 1 Var. 1 BGB zustehen.

I. K hat Eigentum und Besitz am Pkw erlangt, also ein vermögenswertes „Etwas" i.S.v. § 812 BGB.

II. Dies geschah auch durch Leistung des E, denn aus der Empfängersicht des K ist Leistender nicht der Vertreter, sondern der Vertretene.[335]

---

332 Baumbach/Hopt § 366 Rn. 5; MünchKomm-HGB/Welter § 366 Rn. 42; HK/Ruß § 366 Rn. 1; Brox/Henssler Rn. 313.

333 Staub/Canaris § 366 Anm. 27; Oetker/Maultzsch § 366 Rn. 28; Canaris § 27 Rn. 16.

334 Denkschrift zum Entwurf eines HGB, S. 206 ff., wonach § 366 HGB den guten Glauben an „die Befugnis ... über eine fremde Sache, sei es im eigenen Namen, sei es im Namen des Eigentümers zu verfügen", schützen wolle (Hahn/Mugdan Materialien S. 362).

335 Palandt/Sprau § 812 Rn. 55.

III. Die Leistung erfolgte rechtsgrundlos, wenn zwischen E und K kein wirksamer Kaufvertrag zustande gekommen ist. Da H auch bezüglich des schuldrechtlichen Kausalgeschäfts keine Vertretungsmacht für E besaß, besteht ein Rechtsgrund nur, wenn auch hierauf § 366 HGB Anwendung finden würde.

1. Von der h.M. wird dies indes abgelehnt. Der gute Glaube an die Vertretungsmacht sei im Interesse der Sicherheit des Handelsverkehrs nur im Hinblick auf den Eigentumserwerb, also das dingliche Geschäft zu schützen. Im Schuldrecht werde der gute Glaube an die Vertretungsmacht dagegen grundsätzlich nicht geschützt (Ausnahme: Duldungs- und Anscheinsvollmacht). Hier verbleibe es bei der Regelung des § 177 BGB.[336] **265**

2. Von der Gegenmeinung wird diese Beschränkung auf das Verfügungsgeschäft als inkonsequent angesehen. Damit würde dem Erwerber über § 812 BGB das wieder genommen, was ihm durch die analoge Anwendung des § 366 Abs. 1 HGB gegeben werde. Daher müsse die gesetzliche Regelung des § 366 Abs. 1 HGB als Rechtsgrund für den Eigentumserwerb angesehen werden. Der Erwerber sei daher auch keinem Kondiktionsanspruch ausgesetzt.[337] **266**

3. Für die h.M. spricht, dass für eine Ausweitung auch auf das Grundgeschäft kein praktisches Bedürfnis besteht. Denn der Erwerber kann nach der herrschenden Saldotheorie der Herausgabekondiktion die Rückforderung des an den falsus procurator gezahlten Kaufpreises entgegenhalten.[338] **267**

   Dadurch werden die Interessen des Erwerbers hinreichend geschützt. § 366 Abs. 1 HGB überwindet daher nicht die fehlende Vertretungsmacht hinsichtlich des Kaufvertrages. Die Leistung des E ist rechtsgrundlos erfolgt. Er kann mithin von K Rückübereignung des Pkw verlangen, aber nur Zug um Zug gegen Rückzahlung des an H als (vermeintlichen) Leistungsmittler des E entrichteten Kaufpreises.

II. Lastenfreier Eigentumserwerb gemäß § 366 Abs. 2 HGB

§ 366 Abs. 2 HGB erweitert die Regelung des § 936 BGB, der nur den guten Glauben an das Nichtbestehen einer dinglichen Belastung schützt. Nach § 366 Abs. 2 HGB erlangt der Erwerber auch dann lastenfreies Eigentum, wenn er die Belastung zwar kennt, aber den Veräußerer gutgläubig für befugt hält, ohne Vorbehalt des Rechts über die Sache zu verfügen. **268**

III. Erwerb eines gesetzlichen Pfandrechts gemäß § 366 Abs. 3 HGB

Gemäß § 366 Abs. 3 HGB können die gesetzlichen Pfandrechte des HGB gutgläubig erworben werden. Der Kommissionär, der Frachtführer, der Verfrachter, der Spediteur und **269**

336 Baumbach/Hopt § 366 Rn. 5; Brox/Henssler Rn. 313.
337 K. Schmidt JuS 1987, 936, 939; ders. § 23 III 2, S. 684 f.
338 Baumbach/Hopt § 366 Rn. 5; Brox/Henssler Rn. 313.

der Lagerhalter erwerben zur Sicherung ihrer Forderungen ein gesetzliches (Besitz-) Pfandrecht an den ihnen anvertrauten Sachen (§§ 397, 441, 464, 475 b HGB).

Da es dabei an einer „Verfügung" im Rechtssinne fehlt (das Pfandrecht entsteht kraft Gesetzes!), kommt es bei § 366 Abs. 3 HGB auch nicht auf einen guten Glauben an die Verfügungsbefugnis an. Ausreichend ist vielmehr der gute Glaube daran, der Nichtberechtigte dürfe die genannten Verträge abschließen, z.B. das Gut in Kommission geben.[339]

Anders ist es nur bei Gut, das nicht Vertragsgegenstand ist. Für das Pfandrecht des Kommissionärs, des Frachtführers, des Verfrachters, des Spediteurs und des Lagerhalters kommt es gemäß § 366 Abs. 3 HGB auf den guten Glauben an das Eigentum des Vertragspartners an.

§ 368 HGB enthält eine Besonderheit für den Pfandverkauf. Gemäß § 1234 Abs. 1 BGB muss der Pfandverkauf grundsätzlich angedroht werden. Während zwischen Androhung und Verkauf nach § 1234 Abs. 2 BGB ein Zeitraum von einem Monat liegen muss, verkürzt § 368 HGB diese Frist zwecks Erleichterung der Pfandverwertung auf eine Woche, sofern die Pfandrechtsbestellung ein beiderseitiges Handelsgeschäft bzw. bei den gesetzlichen Pfandrechten des Spediteurs, des Verfrachters und des Frachtführers zumindest aufseiten des Gläubigers (§ 368 Abs. 2 HGB) ein Handelsgeschäft darstellt.

IV. Einschränkung des Gutglaubensschutzes beim Eigentumserwerb

270 Gemäß § 935 Abs. 1 BGB ist ein gutgläubiger Erwerb abhandengekommener Sachen ausgeschlossen, sofern es sich nicht um Geld, Inhaberpapiere oder in öffentlicher Versteigerung erworbene Sachen handelt (§ 935 Abs. 2 BGB). Grundsätzlich gilt diese Regelung aufgrund des in § 366 Abs. 1 HGB enthaltenen Verweises auch im Handelsverkehr. Während aber nach bürgerlichem Recht das Abhandenkommen von Inhaberpapieren dem gutgläubigen Erwerb nicht entgegensteht, schließt § 367 HGB den guten Glauben aus, wenn das abhandengekommene Inhaberpapier an einen Bankier veräußert wird und der Verlust des Papieres innerhalb einer bestimmten Frist vor der Veräußerung im Bundesanzeiger bekannt gemacht worden ist (Ausnahme: § 367 Abs. 2 HGB).

C. Wirksame Abtretung trotz Abtretungsverbots, § 354 a HGB

271 Ist bei einem beiderseitigen Handelsgeschäft die Abtretung gemäß § 399 BGB ausgeschlossen, so ist nach § 354 a Abs. 1 S. 1 HGB eine Abtretung gleichwohl wirksam. Der Schuldner kann aber nach § 354 a Abs. 1 S. 2 HGB mit befreiender Wirkung an den bisherigen Gläubiger leisten. Die Vorschrift bezweckt, den Refinanzierungsspielraum mittelständischer Unternehmen zu sichern. Kaufleute sollen Forderungen aus Warenlieferungen und Dienstleistungen zur Kreditsicherung gegenüber Kreditinstituten oder Vorbehaltslieferanten oder zur Finanzierung durch Verkauf an Factoringinstitute verwenden können.[340]

§ 354 a Abs. 1 S. 3 HGB bestimmt, dass abweichende Vereinbarungen unwirksam sind. Die Regelung ist jedoch – im Wege der teleologischen Reduktion – dahingehend auszulegen, dass eine nach und in Kenntnis der Abtretung erfolgte Vereinbarung des Schuldners mit dem Zessionar, Zahlungen künftig an diesen zu entrichten, nicht von der Ver-

339 K. Schmidt § 23 II 2 b cc, S. 681.

340 GK/Schmidt § 354 a Rn. 1.

botsnorm erfasst wird. Dies entspricht dem Sinn und Zweck des § 354 a Abs. 1 S. 2 HGB, der allein dem Schutz des Schuldners dient.[341]

I. Auswirkungen des § 354 a Abs. 1 S. 1 HGB auf den Eigentumserwerb des Abkäufers beim verlängerten Eigentumsvorbehalt

Liegt kein beiderseitiges Handelsgeschäft vor, ist das Abtretungsverbot wirksam. Der Vorbehaltskäufer handelt bezüglich der Übereignung der Waren als Nichtberechtigter, wenn er mit dem Abkäufer ein Abtretungsverbot vereinbart, weil der Eigentümer seine Verfügungsermächtigung nach § 185 Abs. 1 BGB nur für den Fall erteilt, dass ihm die Forderungen gegen den Abkäufer wirksam abgetreten werden. Ein gutgläubiger Eigentumserwerb des Abkäufers scheidet aus, da dieser als bösgläubig anzusehen ist. Denn die Vereinbarung des Abtretungsverbots zeigt, dass der Abkäufer mit einem verlängerten Eigentumsvorbehalt rechnet. Der Abkäufer handelt jedenfalls grob fahrlässig, wenn er keine weiteren Erkundigungen einzieht. **272**

Ist die Weiterveräußerung aber ein beiderseitiges Handelsgeschäft, so geht das Abtretungsverbot gemäß § 354 a Abs. 1 S. 1 HGB ins Leere und der Abkäufer erwirbt das Eigentum gemäß §§ 929 S. 1, 185 Abs. 1 BGB vom Berechtigten.

Beispiel: V liefert unter verlängertem Eigentumsvorbehalt Waren an K. K veräußert diese weiter an A, wobei A und K ein Abtretungsverbot vereinbaren. Hat A Eigentum erworben, wenn sowohl K als auch A Kaufleute sind?

A kann das Eigentum gemäß § 929 S. 1 BGB vom Berechtigten K erworben haben. K war allerdings nicht Eigentümer der Waren, da sich V das Eigentum vorbehalten hatte. Beim verlängerten Eigentumsvorbehalt wird jedoch gemäß § 185 Abs. 1 BGB eine Ermächtigung zur Weiterveräußerung unter der Voraussetzung erteilt, dass die Forderungen aus der Weiterveräußerung an den Vorbehaltsverkäufer abgetreten werden.

I. Ist das Veräußerungsgeschäft zwischen dem Vorbehaltskäufer (K) und dem Abkäufer (A) kein beiderseitiges Handelsgeschäft, ist das Abtretungsverbot wirksam. Da die Forderung nicht abgetreten werden kann, greift die Ermächtigung zur Weiterveräußerung für diesen Fall nicht ein und der Vorbehaltskäufer handelt als Nichtberechtigter. Ein gutgläubiger Erwerb des Abkäufers (A) gemäß §§ 929 S. 1, 932 Abs. 1 S. 1 BGB oder §§ 929 S. 1, 932 Abs. 1 S. 1 BGB i.V.m. § 366 Abs. 1 HGB scheidet aus, denn die Vereinbarung des Abtretungsverbots zeigt, dass der Abkäufer mit einem verlängerten Eigentumsvorbehalt rechnet. Der Abkäufer handelt grob fahrlässig, wenn er keine weiteren Erkundigungen einzieht.[342]

II. Ist aber – wie hier – die Weiterveräußerung ein beiderseitiges Handelsgeschäft, so geht das Abtretungsverbot gemäß § 354 a Abs. 1 S. 1 HGB ins Leere, da die Abtretung wirksam ist. Der Vorbehalt, unter dem die Ermächtigung zur Weiterveräußerung erteilt ist, nämlich die Abtretung der Forderung, wirkt sich hier nicht aus.[343] Da die Abtretung gemäß § 354 a Abs. 1 S. 1 HGB wirksam ist, hat der Vorbehaltskäufer (K) als Berechtigter gemäß §§ 929 S. 1, 185 Abs. 1 BGB an den Abkäufer (A) verfügt. A ist Eigentümer.

---

341 BGH RÜ 2018, 477; a.A. Wagner WM 2010, 202, 207.

342 BGHZ 77, 274; BGH NJW 1999, 425; die Urteile betreffen Handelskäufe, behandeln aber Sachverhalte, die vor Inkrafttreten des § 354 a HGB im August 1994 spielen; vgl. auch die kritische Anmerkung K. Schmidt NJW 1999, 400.

343 MünchKommHGB/Welter § 366 Rn. 50, Canaris § 27 Rn. 22; a.A. Oetker/Maultzsch § 366 Rn. 40.

II. Leistung i.S.d. § 354 a Abs. 1 S. 2 HGB

273 Nach § 354 a Abs. 1 S. 2 HGB kann der Schuldner mit befreiender Wirkung an den Gläubiger leisten. Als Leistung im Sinne der Vorschrift sind zunächst **Erfüllungshandlungen i.S.d. §§ 362, 364 BGB** anzusehen.[344]

Die **Aufrechnung** wird den Erfüllungshandlungen gleichgestellt. Der Schuldner kann gegenüber dem bisherigen Gläubiger die Aufrechnung erklären.[345] § 354 a Abs. 1 S. 2 HGB ist Spezialvorschrift zu § 406 BGB. Anders als in § 406 BGB kommt es nicht darauf an, ob und wann der Schuldner Kenntnis von der Abtretung erlangt hat.[346]

Nach h.M. ermöglicht § 354 a Abs. 1 S. 2 HGB – anders als § 407 Abs. 1 BGB – **keine forderungsbezogenen Rechtsgeschäfte** zwischen bisherigem Gläubiger und Schuldner.

Fall 14: Vergleich nach Abtretung

Die G-GmbH führte Bauarbeiten für die S-GmbH durch. In dem Bauvertrag war ein Abtretungsverbot vereinbart. Gleichwohl tritt die G-GmbH die Werklohnforderung i.H.v. 30.000 € an den Z ab. Später streiten sich die G-GmbH und die S-GmbH über die Höhe des Werklohns. Die Parteien schließen einen Vergleich, in dem der S-GmbH von dem Werklohn 10.000 € erlassen werden. Kann Z von der S-GmbH Zahlung von 30.000 € verlangen, wenn die S-GmbH bei Abschluss des Vergleichs Kenntnis von der Abtretung hatte?

Ein Anspruch des Z gegen die S-GmbH kann sich aus §§ 631, 398 BGB ergeben.

I. Z und die G-GmbH haben einen Abtretungsvertrag geschlossen.

II. Die G-GmbH war im Zeitpunkt der Abtretung Inhaberin einer Werklohnforderung i.H.v. 30.000 € und damit Berechtigte.

III. In dem Vertrag zwischen der G-GmbH und der S-GmbH war die Abtretung ausgeschlossen. Die Abtretung ist aber gemäß § 354 a Abs. 1 S. 1 HGB gleichwohl wirksam, da der Bauvertrag zwischen den GmbHs ein beiderseitiges Handelsgeschäft ist.

IV. Die Forderung kann durch den zwischen der G-GmbH und der S-GmbH geschlossenen Vergleich auf 20.000 € gemindert worden sein.

1. Gemäß **§ 407 Abs. 1 BGB** muss der neue Gläubiger eine **Leistung** an den bisherigen Gläubiger sowie **Rechtsgeschäfte** zwischen dem Schuldner und dem bisherigen Gläubiger gegen sich gelten lassen, es sei denn, er hat Kenntnis von der Abtretung. Die S-GmbH hatte bei Abschluss des Vergleichs Kenntnis von der Abtretung, sodass § 407 Abs. 1 BGB nicht eingreift.

2. Der Vergleich könnte gemäß **§ 354 a Abs. 1 S. 2 HGB** wirksam sein.

   a) In der Lit. wird teilweise angenommen, der Schuldner sei gemäß § 354 a Abs. 1 S. 2 HGB berechtigt, nach der Abtretung noch einen Vergleich mit dem bishe-

344 BGHZ 178, 315.

345 BGH BB 2005, 404.

346 BGH BB 2005, 404.

rigen Gläubiger zu schließen.[347] § 354 a Abs. 1 S. 2 HGB solle einen über § 407 Abs. 1 BGB hinausgehenden Schutz bieten und berechtige auch bei Kenntnis von der Abtretung zu forderungsbezogenen Rechtsgeschäften.

b) Nach h.M. berechtigt § 354 a Abs. 1 S. 2 HGB nicht zum Abschluss eines Vergleichs.[348] **Leistung** im Sinne der Norm sind nur Erfüllungshandlungen gemäß §§ 362, 364 HGB und die Aufrechnung. Die in § 407 Abs. 1 BGB enthaltene Gleichstellung forderungsbezogener Rechtsgeschäfte mit der Leistung fehlt in § 354 a Abs. 1 S. 2 HGB. Diese Norm gibt dem bisherigen Gläubiger nur eine Empfangszuständigkeit, aber keine Verfügungsberechtigung über die Forderung.

Der Vergleich wirkt nicht zum Nachteil des Z. Z hat eine Forderung gegen die S-GmbH i.H.v. 30.000 €.

D. Das Kontokorrent

I. Der Begriff des Kontokorrents

Das Kontokorrent (conto corrente = laufende Rechnung) dient der vereinfachten Abwicklung gegenseitiger Geldansprüche (Hauptfall: Girokonten). Die einzelnen Forderungen verlieren ihre rechtliche Selbstständigkeit, sie werden in regelmäßigen Zeitabschnitten verrechnet und anerkannt. **274**

Nach der gesetzlichen Definition in § 355 Abs. 1 HGB liegt ein Kontokorrent vor, wenn jemand mit einem Kaufmann derart in Geschäftsverbindung steht, dass die aus der Verbindung entstehenden beiderseitigen Ansprüche und Leistungen nebst Zinsen in Rechnung gestellt und in regelmäßigen Zeitabschnitten durch Verrechnung und Feststellung des sich für den einen oder anderen Teil ergebenden Überschusses ausgeglichen werden.

Voraussetzungen des in § 355 Abs. 1 HGB geregelten Kontokorrents: **275**

- Mindestens einer der Beteiligten muss **Kaufmann** sein.

  Bei § 355 HGB handelt es sich jedoch nicht um eine zwingende Vorschrift, sodass auch andere Formen des Kontokorrents (z.B. zwischen Nichtkaufleuten) vereinbart werden können (uneigentliches Kontokorrent). Nur handelt es sich dann nicht um ein Kontokorrent i.S.d. § 355 HGB, sodass Zinseszinsen wegen § 248 BGB nicht verlangt werden können. Im Übrigen gelten die §§ 355 ff. HGB analog, soweit es dem Parteiwillen entspricht.[349]

- Zwischen den Parteien muss eine **Geschäftsverbindung** bestehen, aus der beiderseitige Forderungen entstehen. **276**

---

347 Canaris § 26 Rn. 27.

348 BGHZ 178, 315.

349 K. Schmidt § 21 II 2 b, S. 617; GK/Herget § 355 Rn. 12; Canaris § 25 Rn. 56; Brox/Henssler Rn. 341.

277 ■ Es muss eine **Verrechnungsabrede** (Kontokorrentabrede) getroffen werden. Diese ist auf folgende Rechtsfolgen gerichtet:

- Die „aus der Verbindung entspringenden beiderseitigen Ansprüche und Leistungen" werden „nebst Zinsen in Rechnung gestellt" (§ 355 Abs. 1 HGB). Dadurch verlieren die einzelnen Forderungen in der Geschäftsbeziehung ihre rechtliche Selbstständigkeit. Sie können nicht selbstständig geltend gemacht und auch nicht selbstständig erfüllt werden.

  Durch die Verrechnungsabrede unterscheidet sich das Kontokorrent von der sog. offenen Rechnung. Dort bleiben die einzelnen Rechnungsposten selbstständig bestehen, die einzelnen Ansprüche können jederzeit vom Gläubiger isoliert geltend gemacht bzw. vom Schuldner entsprechend §§ 366, 367 BGB getilgt werden.

- Die Forderungen werden „in regelmäßigen Zeitabschnitten durch Verrechnung und Feststellung des für den einen oder anderen Teil sich ergebenden Überschusses ausgeglichen".

278 Die rechtliche Bewertung der **„Verrechnung"** ist umstritten. In der Lit. wird überwiegend angenommen, durch die Verrechnung entstehe eine (kausale) Saldoforderung, die Grundlage für das spätere abstrakte Saldoanerkenntnis sei.[350] Die Rspr. bewertet die Verrechnung als unselbstständigen Teilakt des Saldoanerkenntnisses.[351]

Eine kausale Saldoforderung entsteht nach der Rspr. des BGH nur gemäß § 355 Abs. 3 HGB bei der Beendigung des Kontokorrentverhältnisses.[352]

279 Die **„Feststellung"** erfolgt dadurch, dass die kontoführende Partei den Rechnungsabschluss mit dem sich daraus ergebenden Saldo übermittelt. Darin liegt das Angebot auf Abschluss eines Anerkenntnisvertrages (§ 781 BGB), den die andere Partei durch das Saldoanerkenntnis annimmt.

Liegt ein Saldoanerkenntnis nicht vor, muss der Gläubiger den Saldo darlegen und ggf. beweisen.[353]

II. Die Rechtswirkungen des Kontokorrents im Einzelnen

1. Unselbstständigkeit der in das Kontokorrent eingestellten Forderungen

280 Die in ein Kontokorrent eingestellten Forderungen verlieren ihre rechtliche Selbstständigkeit und werden zu bloßen Rechnungsposten. Sie können weder selbstständig geltend gemacht werden, noch sind sie isoliert erfüllbar. Diese Forderungen sind nicht abtretbar, nicht verpfändbar (§ 1274 Abs. 2 BGB) oder im Wege der Zwangsvollstreckung pfändbar (§ 851 Abs. 1 ZPO).

---

350 Oetker/Maultzsch § 355 Rn. 48.
351 BGHZ 93, 307, 314.
352 BGHZ 49, 24; BGHZ 70, 86, 93.
353 OLG Koblenz WM 1995, 1224.

Beispiel:[354]

Der A-Verlag liefert an den Großhändler G Bücher unter verlängertem Eigentumsvorbehalt, d.h. er lässt sich die Ansprüche, die G aus dem Weiterverkauf an seinen Kunden hat, im Voraus abtreten. G hat mit dem Buchhändler B eine Kontokorrentvereinbarung getroffen. Er liefert an B Bücher im Wert von 3.000 €. Der A-Verlag verlangt von B Zahlung aus abgetretenem Recht.

I. Mit der Vereinbarung des verlängerten Eigentumsvorbehalts haben sich A und G wirksam im Voraus über die Abtretung der dem G aus dem Weiterverkauf zustehenden Ansprüche geeinigt.

II. Als Forderungsinhaber ist G grundsätzlich zur Abtretung berechtigt. Die Abtretung ist jedoch ausgeschlossen, da die Forderung des G gegen B in das Kontokorrent eingestellt wurde. In einem Kontokorrent entstehen die Forderungen von vornherein als nicht abtretbar.[355]

BGHZ 73, 259, 263: „Mit der Einstellung in ein Kontokorrent sind die kontokorrentpflichtigen Einzelposten nicht mehr abtretbar und können für sich als Einzelforderungen nicht mehr geltend gemacht werden (...). Eine Vorausabtretung der kontokorrentpflichtigen Einzelforderungen scheitert demnach an der Kontokorrentabrede (Serick BB 1978, 873, 875 m.w.N.)."

III. § 354 a HGB greift in diesem Fall nicht ein. Die Abtretbarkeit ist nicht aufgrund einer Vereinbarung gemäß § 399 BGB ausgeschlossen, die Forderungen sind vielmehr deswegen nicht abtretbar, weil sie ihre rechtliche Selbstständigkeit verloren haben.[356]

2. Verrechnung der Forderungen

a) Nach § 355 Abs. 1 HGB erfolgt die Verrechnung „in regelmäßigen Zeitabschnitten". **281**
Das Gesetz geht damit als Grundsatz von einem **Periodenkontokorrent** aus. Möglich ist es auch, ein Staffelkontokorrent zu vereinbaren, bei dem die Verrechnung unmittelbar dann erfolgt, wenn eine neue Forderung oder Leistung in das Kontokorrent eingestellt wird.

Beim Girokonto handelt es sich nach heute ganz h.M. um ein Periodenkontokorrent, auch wenn der Bankkunde über jede Buchung einen Kontoauszug erhält.[357]

Die Kontoauszüge sind lediglich Mitteilungen über den Stand der laufenden Rechnung. Nimmt der Bankkunde sie widerspruchslos hin, kann dies Beweiswirkungen haben, es wird damit aber kein Saldoanerkenntnis erklärt. Nach Nr. 7 AGB-Banken erfolgt die Saldierung jeweils zum Ende eines Kalenderquartals. Das Unterlassen rechtzeitiger Einwendungen gilt als Saldoanerkenntnis (ähnlich Nr. 7 AGB-Sparkassen).

b) Streitig ist, ob die Verrechnung automatisch erfolgt und welche Folgen sie hat. **282**

Nach der Rspr. besteht aus einem Kontokorrent grundsätzlich nur der Anspruch aus dem Saldoanerkenntnis. Es wird angenommen, dass es sich dabei um eine neue Verpflichtung handelt, die an die Stelle der in das Kontokorrent eingestellten einzelnen Forderungen und Leistungen tritt **(Novationstheorie)**. Die Verrechnung ist lediglich das Mittel zur Feststellung des Abrechnungsergebnisses, das in das Angebot zum Abschluss des Anerkenntnisvertrages aufgenommen wird und dessen Annahme durch das Saldoanerkenntnis vom Vertragspartner begehrt wird. Verrechnung und Saldoanerkenntnis

354 Nach BGHZ 70, 86, 92.

355 BGHZ 70, 86, 92; BGH NJW 1998, 2526, 2527; K. Schmidt § 21 III 2, S. 622.

356 K. Schmidt § 21 III 2, S. 622.

357 BGHZ 50, 277, 280; BGH NJW 1985, 3010; GK/Herget § 355 Rn. 75 f.; Baumbach/Hopt § 355 Rn. 9; K. Schmidt § 21 II 2 e, S. 620.

sind „Teile ein und desselben Rechtsakts".[358] Da die Verrechnung Teil des Angebots auf Abschluss des Anerkenntnisvertrages ist, kann sie nicht automatisch erfolgen.

Eine Ausnahme von dem Grundsatz, dass sich grundsätzlich nur ein Anspruch aus dem Schuldanerkenntnis ergibt, besteht, wenn das Kontokorrentverhältnis gekündigt oder sonst beendigt wird. Dann besteht ein Anspruch aus § 355 Abs. 3 HGB auf Auszahlung des Überschusses.

283 In der Lit. wird überwiegend die Ansicht vertreten, bei Ablauf der Verrechnungsperiode finde eine automatische Verrechnung statt. Als deren Ergebnis entstehe eine (kausale) Saldoforderung, die sich aus den zugrunde liegenden Einzelforderungen zusammensetzt. Das später zwischen den Parteien vereinbarte Saldoanerkenntnis ersetze die Saldoforderung nicht, sondern trete nach § 364 Abs. 2 BGB erfüllungshalber neben sie.[359]

3. Das Saldoanerkenntnis

284 Die dogmatische Einordnung des Saldoanerkenntnisses ist umstritten. Nach der von der Rspr. vertretenen Novationstheorie erlöschen durch das Saldoanerkenntnis die bisherigen Forderungen und werden durch eine neue abstrakte Forderung ersetzt.[360] In der Lit. wird überwiegend angenommen, beim Saldoanerkenntnis handele es sich um ein abstraktes Schuldanerkenntnis, das neben die kausale, durch die Verrechnung entstandene Saldoforderung tritt.[361]

285 Unabhängig von dem Theorienstreit ergibt sich durch das Saldoanerkenntnis die Rechtsfolge, dass eine neue, selbstständige Forderung entsteht, die einen eigenen Erfüllungsort und Gerichtsstand hat und für die die Regelverjährung gemäß §§ 195, 199 BGB eingreift.

286 Unstreitig bleiben auch die für die Einzelforderungen bestehenden Sicherheiten jedenfalls durch die gesetzliche Anordnung in § 356 HGB bestehen. Problematisch ist allerdings die rechtliche Bewertung von Zahlungen, die in Bezug auf gesicherte Forderungen im Kontokorrent erfolgen.

Beispiel:[362] G und S haben ein Kontokorrent vereinbart. Einbezogen werden eine Darlehensforderung des G gegen S i.H.v. 10.000 €, die in monatlichen Raten von 1.000 € getilgt werden soll, und eine Kaufpreisforderung des G gegen S i.H.v. 7.000 €. Für die Darlehensforderung hat sich B verbürgt. Bis zum Ablauf der halbjährlichen Rechnungsperiode zahlt S durch monatliche Zahlungen von jeweils 1.000 € insgesamt 6.000 €, sodass sich zugunsten des G ein Saldo von 11.000 € ergibt. B möchte wissen, in welcher Höhe er noch aus der Bürgschaft verpflichtet ist.

Die für die Forderung bestellte Bürgschaft bleibt nach § 356 HGB auch nach dem Saldoanerkenntnis bestehen.

I. Nach der Rspr. ergibt sich aus § 356 HGB, dass die Sicherheit bis zur Höhe des Saldos bestehen bleibt. Sind im Laufe der Zeit mehrere Rechnungsabschlüsse erfolgt, verbleibt eine Haftung für den niedrigsten anerkannten Saldo.[363] Hier beträgt der Saldo 11.000 €; er ist damit höher als die Forderung, für die sich B verbürgt hat. Die Bürgschaft bleibt danach in voller Höhe bestehen. Eine Tilgung der gesicherten

358 BGHZ 93, 307, 314.
359 K. Schmidt § 21 IV, V, S. 624 ff.; Canaris § 25 Rn. 30.
360 BGHZ 93, 307, 313.
361 Canaris § 25 Rn. 30; K. Schmidt § 21 V 1, S. 628.
362 Nach Canaris § 25 Rn. 39.
363 BGH WM 1991, 495, 497.

Forderung (die nach § 767 BGB zum Erlöschen der Bürgschaft führen würde) scheidet aus, da die Forderungen durch die Einstellung in das Kontokorrent der selbstständigen Erfüllung entzogen sind. Aus diesem Grunde ist auch eine Tilgungsbestimmung nach § 366 Abs. 1 BGB nicht möglich.

Es kann allerdings durch eine „ungewöhnliche Sonderabrede“[364] die vorrangige Tilgung einer gesicherten Forderung vereinbart werden. Diese Vereinbarung kann wohl nicht allein darin gesehen werden, dass entsprechend der Vereinbarungen im Darlehensvertrag monatliche Zahlungen von 1.000 € erfolgt sind.

II. In der Lit. wird § 356 HGB erst nach der Verrechnung angewandt. Die Bürgschaft bleibt demnach gemäß § 356 HGB nur in der Höhe bestehen, in der nach der Verrechnung die gesicherte Forderung noch besteht. Für die Verrechnung selbst wird eine analoge Anwendung des § 366 BGB befürwortet. Im Zeitpunkt des Rechnungsabschlusses erlöschen danach analog § 366 Abs. 1 BGB die Forderungen, die der Schuldner bei der Leistung bestimmt hat. Durch die monatliche Zahlung der vereinbarten Darlehensrate ist hier eine konkludente Tilgungsbestimmung getroffen worden. Mit der Verrechnung wurde die gesicherte Darlehensforderung i.H.v. 6.000 € getilgt. Gemäß § 356 HGB bleibt die Sicherheit bestehen, aber nur noch in Höhe des Restbetrags von 4.000 €.[365]

4. Pfändbarkeit von Ansprüchen aus einer Bankverbindung

Der Hauptfall des Kontokorrents ist das Girokonto. Da die rechtlichen Beziehungen zwischen Bank und Bankkunde wesentlich durch die AGB-Banken (bzw. AGB-Sparkassen) geprägt sind, gehören sie weitgehend dem Bankrecht an und sind zu speziell, um examensrelevant zu sein. Die Pfändbarkeit von Ansprüchen aus einer Bankverbindung gehört allerdings zu den Standardthemen des Vollstreckungsrechts. **287**

- Für die Pfändbarkeit der Ansprüche aus der Kontokorrentbeziehung gilt Folgendes: **288**
  - Die einzelne ins Kontokorrent eingestellte Forderung ist nicht pfändbar. Aus § 357 HGB ergibt sich, dass nur der Saldo pfändbar sein soll.
  - Pfändbar ist der Saldo am Tage der Zustellung des Pfändungs- und Überweisungsbeschlusses (Zustellungssaldo).

    Dies gilt auch dann, wenn dieser Zeitpunkt in eine laufende Kontokorrentperiode fällt. Die Pfändung in ein laufendes Kontokorrent bewirkt, dass das Konto lediglich buchungstechnisch vorläufig abgeschlossen wird.[366]
  - Pfändbar sind auch die künftigen Salden.

    Nach h.M. ist bei der Pfändung künftiger Forderungen § 357 HGB nicht anzuwenden. Schuldposten, die nach der Pfändung entstehen, mindern damit den Saldo.
- Von der Pfändbarkeit von Salden aus dem Bankkontokorrent ist die Pfändung von Ansprüchen aus dem Girovertrag zu unterscheiden. **289**
  - Hätte der Kunde nur Ansprüche aus dem Kontokorrent, so könnte er Auszahlung eines Guthabens nur am Ende einer Rechnungsperiode verlangen. Aus dem Girovertrag hat er aber einen Anspruch auf Auszahlung des jeweils sich ergebenden Guthabens. Der Anspruch auf Auszahlung des Tagesguthabens ist pfändbar, weil er nicht kontokorrentgebunden ist.

---

364 BGH a.a.O.

365 Canaris § 25 Rn. 39 f.; K. Schmidt § 21 V 2.

366 BGHZ 80, 172, 175 ff.

- Der Anspruch auf Gutschrift der Neueingänge ist mit der Maßgabe pfändbar, dass diese auch tatsächlich auf dem Konto des Schuldners gutgeschrieben werden.
- Auch die Ansprüche des Bankkunden gegen das Kreditinstitut aus einem vereinbarten Dispositionskredit **(offene Kreditlinie)** sind pfändbar, wenn und soweit der Kunde den Kreditbetrag abruft.[367]

  Bei einem Dispositionskredit besteht keine Pflicht zur Inanspruchnahme. Deswegen wird überwiegend angenommen, bis zum Abruf des Dispositionskredits bestehe kein Anspruch auf Auszahlung gegen die Bank, der pfändbar wäre. Eine Auszahlungspflicht der Bank besteht aber dann, wenn der Kontoinhaber durch eine entsprechende Verfügung (Verlangen nach Barauszahlung, Ausstellung eines Überweisungsauftrags) in Höhe eines bestimmten Geldbetrags die Kreditzusagen in Anspruch nimmt.
- Unpfändbar ist der Überziehungskredit, der durch bloße Duldung einer Kontoüberziehung seitens der Bank gewährt wird.[368]

E. Das kaufmännische Zurückbehaltungsrecht

290 Nach § 273 BGB kann der Schuldner seine Leistung verweigern, bis die ihm gebührende Leistung bewirkt wird, wenn er gegen den Gläubiger einen fälligen Anspruch hat,

- der auf demselben rechtlichen Verhältnis wie seine Verpflichtung beruht (Konnexität, § 273 Abs. 1 BGB)
- oder einen herauszugebenden Gegenstand betrifft (auf Verwendungs- und Schadensersatz, § 273 Abs. 2 BGB).

Dies gilt uneingeschränkt auch für den kaufmännischen Rechtsverkehr. Über das Zurückbehaltungsrecht nach § 273 BGB hinaus besteht zwischen Kaufleuten aber unter den Voraussetzungen des § 369 HGB ein besonderes Zurückbehaltungsrecht.

291 **I. Voraussetzungen** des kaufmännischen Zurückbehaltungsrechts

Anders als bei § 273 BGB, wo der Zurückbehaltungsberechtigte als Schuldner und sein Gegner als Gläubiger bezeichnet werden, spricht § 369 HGB umgekehrt beim Zurückbehaltungsberechtigten vom Gläubiger und bezeichnet seinen Gegner als Schuldner.

1. Dem Gläubiger muss eine **fällige Forderung** aus einem beiderseitigen Handelsgeschäft zustehen, ohne dass jedoch Konnexität mit der Schuld verlangt wird. Gläubiger und Schuldner müssen also beide Kaufleute sein und die Forderung, wegen der zurückbehalten wird, muss aus einem Rechtsgeschäft resultieren, das für beide zum Betrieb ihrer Handelsgewerbe gehört.

292 **2.** Nach h.M. muss es sich darüber hinaus um eine **Geldforderung** handeln. Denn § 371 HGB geht davon aus, dass sich der Gläubiger wegen seiner Forderung letztlich aus dem Verkaufserlös befriedigen können soll, was aber konkludent einen Gegenanspruch auf Geld voraussetzt bzw. einen solchen, der (bei Leistungsstörungen, z.B. §§ 280 ff. BGB) in einen Geldanspruch übergehen kann.[369]

---

367 BGH RÜ 2001, 308; BGH WM 2004, 517; BGH WM 2004, 669.

368 BGHZ 93, 315, 324.

369 GK/Weber § 369 Rn. 9; Staub/Canaris §§ 369–372 Anm. 33; Brox/Henssler Rn. 322; a.A. Baumbach/Hopt § 369 Rn. 4, wonach alle vermögenswerten Forderungen das Zurückbehaltungsrecht begründen können, also auch dingliche Ansprüche wie § 985 BGB.

3. Zurückbehalten werden können nur selbstständig verwertbare **bewegliche Sachen** oder Wertpapiere i.e.S. (also nicht Sparbuch, Kfz-Brief o.Ä.). 293

4. Die Sachen müssen grundsätzlich im **Eigentum des Schuldners** stehen. Dabei kommt es auf die Eigentumsverhältnisse bei Entstehung und nicht bei Geltendmachung des Zurückbehaltungsrechts an. 294

Beispiel: Übereignet der Schuldner die Sache nach Entstehung des Zurückbehaltungsrechts an einen Dritten gemäß § 930 BGB bzw. § 931 BGB, so wird dadurch das Zurückbehaltungsrecht des Gläubigers nicht berührt (vgl. § 986 Abs. 2 BGB).

Ein gutgläubiger Erwerb des Zurückbehaltungsrechts ist nicht möglich, denn es handelt sich hierbei nicht um ein dingliches, sondern nur um ein obligatorisches Recht.[370]

Ausnahmsweise entsteht das Zurückbehaltungsrecht an eigenen Sachen des Gläubigers (Zurückbehaltungsberechtigten) und zwar, wenn

- das Eigentum zunächst vom Schuldner auf den Gläubiger übergegangen ist (z.B. zur Erfüllung eines Kaufvertrages), nun aber vom Gläubiger auf den Schuldner zurückzuübertragen ist (etwa infolge eines Rücktritts) oder
- das Eigentum von einem Dritten auf den Gläubiger übertragen worden ist, aber vom Gläubiger an den Schuldner weiterübereignet werden muss (z.B. im Fall der Einkaufskommission, § 384 Abs. 2 HGB);

wenn also die Sache zwar nicht rechtlich, aber doch wirtschaftlich zum Vermögen des Schuldners (Zurückbehaltungsverpflichteten) gehört.

5. Die Sachen müssen **mit Willen des Schuldners** – also nicht eigenmächtig – in den Besitz des Gläubigers gelangt sein, wobei der Besitzerwerb für den Gläubiger ein Handelsgeschäft darstellen muss. 295

6. Der Gläubiger muss noch im Besitz der Sache sein. 296

7. Das kaufmännische Zurückbehaltungsrecht darf **nicht** durch widerstreitende Weisung oder rechtsgeschäftliche Verpflichtungen gemäß § 369 Abs. 3 HGB **ausgeschlossen** sein. 297

II. Aufgrund des kaufmännischen Zurückbehaltungsrechts hat der Gläubiger gegenüber dem Schuldner folgende Rechte: 298

- Es besteht ein Zurückbehaltungsrecht gegenüber dem Herausgabeanspruch. Dabei handelt es sich um eine Einrede, die zur Verurteilung Zug um Zug führt (§ 274 BGB, Art. 2 Abs. 1 EGHGB). Gegenüber Dritten, die nachträglich das Eigentum oder dingliche Rechte an der Sache erlangt haben, wirkt das Zurückbehaltungsrecht nur unter der Voraussetzung des § 369 Abs. 2 HGB (vgl. dazu §§ 404, 986 Abs. 2 BGB).
- Anders als bei § 273 BGB, der ein bloßes Leistungsverweigerungsrecht gewährt, begründet § 369 HGB ein pfandartiges Befriedigungsrecht am zurückbehaltenen Gegenstand, § 371 Abs. 1 HGB. Voraussetzung für eine solche Befriedigung ist aber stets das Vorliegen eines vollstreckbaren Titels (§ 371 Abs. 3 S. 1 HGB). Der Gläubiger

370 Staub/Canaris §§ 369–372 Anm. 23.

muss also entweder den Schuldner auf Zahlung verklagen oder beantragen, den Schuldner bzw. Eigentümer zu verurteilen, dem Gläubiger zu gestatten, sich wegen seiner Forderung aus dem näher zu bezeichnenden Gegenstand zu befriedigen. Dem Gläubiger stehen dabei drei Möglichkeiten offen:

- Gewöhnlicher Zahlungstitel mit anschließender Pfändung und Verwertung der zurückbehaltenen Sache (Vollstreckungsbefriedigung, §§ 809, 814 ZPO);
- Gestaltungsklage auf Gestattung der Befriedigung (§ 371 Abs. 3 HGB) und anschließender Verkauf wie eine verpfändete Sache im Wege öffentlicher Versteigerung bzw. freihändig, §§ 1235, 1221 BGB (Verkaufsbefriedigung nach BGB, § 371 Abs. 2 S. 1 HGB, §§ 1233 Abs. 1, 1234 ff. BGB);
- Gestaltungsklage auf Gestattung der Befriedigung (§ 371 Abs. 3 HGB) mit anschließender Verwertung wie eine gepfändete Sache nach den Vorschriften der ZPO (Verkaufsbefriedigung nach ZPO, § 371 Abs. 2 S. 1 HGB, § 1233 Abs. 2 BGB, §§ 814 ff. ZPO).

- Bei Insolvenz des Eigentümers hat der Zurückbehaltungsberechtigte ein Absonderungsrecht wie ein Pfandgläubiger, § 51 Nr. 3 InsO.

F. Sonstige allgemeine Sonderbestimmungen für Handelsgeschäfte

I. Sorgfalt eines ordentlichen Kaufmanns, § 347 HGB

299 Der Kaufmann haftet wie jeder andere Schuldner grundsätzlich für Vorsatz und jede Fahrlässigkeit, § 276 Abs. 1 S. 1 BGB. Ihn trifft jedoch nach § 347 Abs. 1 HGB eine erhöhte Sorgfaltspflicht. Er handelt nicht erst dann fahrlässig, wenn er die allgemein im Verkehr erforderliche Sorgfalt außer Acht lässt (§ 276 Abs. 2 BGB), sondern bereits dann, wenn er die Sorgfalt eines ordentlichen Kaufmanns missachtet. Unberührt bleiben nach § 347 Abs. 2 HGB aber die Haftungserleichterungen des BGB, z.B. §§ 277, 300 Abs. 1, 521, 690 BGB.

II. Entgeltlichkeit kaufmännischen Handelns, §§ 352 ff. HGB

300 Ein Kaufmann, der in Ausübung seines Handelsgewerbes einem anderen Geschäfte besorgt oder Dienste leistet, hat stets Anspruch auf Vergütung (Provision, Lagergeld u.Ä.), auch wenn dies nicht vereinbart oder eine entsprechende Abrede nichtig ist, § 354 Abs. 1 HGB. Für die Auslösung eines Vergütungsanspruchs genügt es, dass jemand die ihm erkennbar von einem Kaufmann geleisteten Dienste in Anspruch nimmt, obwohl er weiß oder sich nach den Umständen sagen muss, dass solche Dienste auch ohne ausdrückliche, eine Vergütungspflicht und/oder deren Höhe klarstellende vertragliche Grundlage nur gegen entsprechende Vergütung erbracht werden. Zu den von § 354 Abs. 1 HGB erfassten Geschäftsbesorgungen oder Dienstleitungen zählt jede selbstständige Tätigkeit wirtschaftlicher Art zur Wahrnehmung fremder Vermögensinteressen sowie alle sonstigen, für den anderen Teil objektiv nützlichen Tätigkeiten tatsächlicher oder rechtlicher Art.[371]

---

371 BGH NJW 2017, 1388.

Beispiel: A schließt, vermittelt durch den Pkw-Händler B, mit der C-Bank einen Leasing-Vertrag über einen Neuwagen der Marke X. Im Leasingvertrag stellt die C-Bank klar, dass Überführungs- und Zulassungskosten von ihr nicht übernommen werden. B liefert das Fahrzeug im Auftrag der C-Bank an A aus und berechnet ihm hierfür die entstandenen Überführungs- und Zulassungskosten. Obwohl zwischen A und B kein Vertrag geschlossen wurde, steht dem B ein gesetzlicher Provisionsanspruch nach § 354 Abs. 1 HGB zu.

Die Entgeltlichkeit kaufmännischen Handelns wird darüber hinaus durch spezielle Zinsvorschriften verstärkt. **301**

- Entstehung kraft Gesetzes: Bei Geldforderungen aus beiderseitigen Handelsgeschäften sind Zinsen vom Tage der Fälligkeit an zu zahlen, § 353 S. 1 HGB (anders §§ 286, 288 BGB: erst mit Verzug); dies gilt jedoch nicht für Geldschulden aus unerlaubter Handlung, auch wenn diese im Zusammenhang mit einem beiderseitigen Handelsgeschäft entstanden sind.[372] Bei Darlehen, Vorschüssen, Auslagen und anderen Verwendungen für Rechnung eines Dritten sind Zinsen vom Tage der Leistung an zu berechnen, wenn die Leistung aufseiten des Gläubigers ein Handelsgeschäft ist, § 354 Abs. 2 HGB.
- Zinshöhe: Das HGB erhöht den gesetzlichen Zinssatz (4% nach § 246 BGB) auf 5% bei beiderseitigen Handelsgeschäften (§ 352 Abs. 1 S. 1 HGB) und in den Fällen, in denen das HGB eine besondere gesetzliche Zinspflicht ausspricht (§ 352 Abs. 2 HGB), auch wenn im letzteren Fall nur ein einseitiges Handelsgeschäft vorliegt (z.B. § 354 Abs. 2 HGB).

III. Leistungszeit

Auch für Handelsgeschäfte gilt grundsätzlich § 271 BGB (Fälligkeit im Zweifel sofort), der jedoch durch §§ 358, 359 HGB ergänzt wird. Nach § 358 HGB kann die Leistung nur während der gewöhnlichen Geschäftszeit bewirkt und gefordert werden. In § 359 HGB sind häufig verwendete Begriffe zur Leistungszeit (wie Frühjahr, Herbst, acht Tage) erläutert. **302**

IV. Qualität der Leistung, § 360 HGB

Nach § 243 Abs. 1 BGB muss der Schuldner einer Gattungsschuld eine Sache mittlerer Art und Güte leisten. Ist das Geschäft zumindest für den Schuldner ein Handelsgeschäft (also auch einseitig), so schuldet er Handelsgut mittlerer Art und Güte (§ 360 HGB). Das kann im Einzelfall gegenüber § 243 Abs. 1 BGB ein Mehr, aber auch ein Weniger an Qualität bedeuten.[373] **303**

372 BGH RÜ 2018, 636.

373 Brox/Henssler Rn. 366.

Handelsgeschäfte

Zustandekommen, Besonderheiten

- Kaufmännisches Bestätigungsschreiben
- Schweigen auf Angebot zur Geschäftsbesorgung, § 362 HGB
- Handelsbräuche, § 346 HGB

Gutgläubiger Erwerb, Besonderheiten

- Erweiterung des Gutglaubensschutzes
  - Guter Glaube an Verfügungsbefugnis bzw. Vertretungsmacht für dingliche Geschäfte geschützt
  - Auch für gesetzliche Besitzpfandrechte und für lastenfreien Erwerb (§ 366 Abs. 2 HGB)
- Einschränkungen des gutgläubigen Erwerbs bei Inhaberpapieren (§ 367 HGB)

Kontokorrent

- Voraussetzungen
  - Mindestens ein Beteiligter Kaufmann
  - Geschäftsverbindung mit wechselseitigen Forderungen
  - Verrechnungsabrede, Saldo
- Rechtsfolgen
  - Einzelforderungen verlieren Selbstständigkeit
  - Verrechnung in regelmäßigen Zeitabschnitten (Periodenkontokorrent)
  - Saldoanerkenntnis

Kaufmännisches Zurückbehaltungsrecht, §§ 369–372 HGB

- Voraussetzungen
  - Fällige Geldforderung aus beiderseitigem Handelsgeschäft
  - Zurückbehaltungsrecht
  - Besitzerwerb für Handelsgeschäft des Gläubigers
  - Kein Ausschluss durch abweichende Weisung oder Verpflichtung (§ 369 Abs. 3 HGB)
  - Bei Gefährdung Notzurückbehaltungsrecht, § 370 HGB; Verzicht auf Fälligkeit, kein Ausschluss nach § 369 Abs. 3 HGB
- Rechtsfolgen
  - Leistungsverweigerungsrecht gegenüber Herausgabeanspruch
  - Pfandartiges Befriedigungsrecht, § 371 HGB
  - Absonderungsrecht bei Insolvenz, § 51 Nr. 3 InsO

7. Abschnitt: Die besonderen Handelsgeschäfte

A. Der Handelskauf

Häufigstes und wichtigstes Handelsgeschäft ist der Handelskauf (§§ 373 ff. HGB). Ein Handelskauf liegt vor, wenn **304**

- es sich um einen Kaufvertrag i.S.d. §§ 433 ff. BGB handelt,
- dessen Gegenstand Waren (§ 373 HGB; Legaldefinition in § 241 a BGB) oder Wertpapiere (§ 381 Abs. 1 HGB) sind
- und zumindest eine Partei Kaufmann ist, für den der Vertrag zum Betriebe seines Handelsgewerbes gehört (§§ 343, 344 HGB).

Kauf- und Werklieferungsverträge über Waren, bei denen die Vertragsparteien ihre Niederlassungen in verschiedenen Staaten haben, richten sich vorrangig nach dem **CISG** (United Nations Convention on Contracts for the International Sale of Goods), wenn beide Vertragsparteien ihre Niederlassung in einem Vertragsstaat haben und die Parteien die Anwendung des CISG nicht abgewählt haben. **305**

Neben dem Kaufvertrag finden die §§ 373 ff. HGB auch Anwendung auf den Tausch (§ 480 BGB) und auf einen Vertrag, der die Lieferung herzustellender oder zu erzeugender Sachen zum Gegenstand hat (§ 381 Abs. 2 HGB). **306**

Nach § 651 S. 1 BGB finden auf einen Vertrag, der die Lieferung herzustellender oder zu erzeugender beweglicher Sachen zum Gegenstand hat, die Vorschriften über den Kauf Anwendung. Soweit es sich dabei um nicht vertretbare Sachen handelt, sind gemäß § 651 S. 3 BGB auch die §§ 642, 643, 645, 649 und 650 BGB anzuwenden. § 381 Abs. 2 HGB bestimmt aber nur die generelle Anwendung der §§ 373 ff. HGB und unterscheidet nicht zwischen vertretbaren und nicht vertretbaren Sachen.

Da nur bewegliche Sachen Waren sind, liegt ein Handelskauf nicht vor bei Kaufverträgen über Grundstücke, Forderungen, Rechte oder sonstige vermögenswerte Positionen. Kaufverträge über derartige Güter können zwar Handelsgeschäfte i.S.d. § 343 HGB sein, auf die die allgemeinen Vorschriften der §§ 343–372 HGB Anwendung finden, nicht aber die Sondervorschriften der §§ 373 ff. HGB über den Handelskauf. **307**

Grundsätzlich genügt es, wenn der Kaufvertrag für eine Partei ein Handelsgeschäft ist und damit nur ein einseitiger Handelskauf vorliegt (§ 345 HGB). **308**

- Die §§ 373–376 HGB über die Hinterlegung und den Selbsthilfeverkauf beim Annahmeverzug des Käufers, den Spezifikationskauf und den Fixhandelskauf finden also auch dann Anwendung, wenn entweder nur der Verkäufer oder der Käufer ein Handelsgeschäft i.S.d. §§ 343, 344 HGB tätigt.
- Die Sonderregeln der §§ 377–379 HGB über die Mängelrüge und die Aufbewahrungspflicht gelten dagegen nur für den beiderseitigen Handelskauf, d.h. sowohl Käufer als auch Verkäufer müssen Kaufleute sein, und für beide muss der Kauf zum Betrieb ihres Handelsgewerbes gehören.

I. Allgemeine Vorschriften über den Handelskauf

1. Der Annahmeverzug des Käufers, § 373 HGB

309 Gerät der Käufer bei einem Handelskauf in Annahmeverzug, hat der Verkäufer gemäß § 373 Abs. 1 HGB das Recht zur Hinterlegung. Weiterhin ist er berechtigt, nach vorheriger Androhung gemäß § 373 Abs. 2–5 HGB die Ware öffentlich versteigern zu lassen.

a) Hinterlegung, § 373 Abs. 1 HGB

310 Anders als nach § 372 BGB sind gemäß § 373 Abs. 1 HGB Waren aller Art hinterlegungsfähig, gemäß § 381 Abs. 1 HGB auch Wertpapiere. Der Verkäufer hat die Pflicht, einen sicheren Hinterlegungsort auszusuchen. Verletzt er diese Pflicht, haftet er gemäß § 280 Abs. 1 BGB. Dabei gilt die Haftungsmilderung aus § 300 Abs. 1 BGB entsprechend.[374]

b) Selbsthilfeverkauf

311 Der Selbsthilfeverkauf muss **rechtzeitig angedroht** werden (§ 373 Abs. 2 HGB). Die Androhung braucht keine bestimmte Art des Selbsthilfeverkaufs – öffentliche Versteigerung oder freihändiger Verkauf – zu benennen.[375]

Wenn der Verkäufer jedoch eine bestimmte Art des Selbsthilfeverkaufs androht, ist er hieran gebunden. Das gebietet der Schutz des Käufers, denn dieser muss sich auf die konkrete Ankündigung verlassen können. Denn bei einer Versteigerung kann er mitbieten und muss vom Termin benachrichtigt werden, § 373 Abs. 4, 5 HGB. Die Androhung ist formfrei. Sie entfällt, wenn sie untunlich ist, insbesondere bei leicht verderblichen Waren, § 373 Abs. 2 S. 2 HGB.

312 Der Selbsthilfeverkauf muss **ordnungsgemäß durchgeführt** werden. Nach dem Gesetz bestehen zwei Möglichkeiten des Selbsthilfeverkaufs:

- Öffentliche Versteigerung durch einen Gerichtsvollzieher oder durch eine andere zur Versteigerung befugte Person, §§ 373 Abs. 2 S. 1 Hs. 1 HGB, § 383 Abs. 3 BGB
- Freihändiger Verkauf durch einen dazu öffentlich ermächtigten Handelsmakler oder durch eine zur Versteigerung befugte Person, sofern die Ware einen Börsen- oder Marktpreis hat, § 373 Abs. 2 S. 1 Hs. 2 HGB

Wählt der Verkäufer die öffentliche Versteigerung, so hat er den Käufer über Zeit und Ort der Versteigerung vorher zu informieren, es sei denn, dies ist untunlich (z. B. weil der Käufer nicht erreichbar ist), § 373 Abs. 5 S. 1 Hs. 1, Abs. 5 S. 3 HGB. Die Benachrichtigung ist allerdings keine Gültigkeitsvoraussetzung für den Selbsthilfeverkauf, sondern begründet im Fall ihrer Unterlassung lediglich eine Schadensersatzpflicht des Verkäufers (§ 373 Abs. 5 S. 2 HGB). Gleiches gilt für die nicht erfolgte unverzügliche Benachrichtigung vom vollzogenen Verkauf nach § 373 Abs. 5 S. 1 Hs. 2 HGB.

313 Ein ordnungsgemäß durchgeführter Selbsthilfeverkauf hat die **Erfüllung des Kaufvertrags durch den Verkäufer** zur Folge, da er gemäß § 373 Abs. 3 HGB „für Rechnung des säumigen Käufers" erfolgt.

374 OLG Saarbrücken ZIP 2001, 1375.
375 Oetker/Koch §§ 373, 374 Rn. 78.

Die Rechtsfolgen eines ordnungsgemäßen Selbsthilfeverkaufs auf den **Zahlungsanspruch** ergeben sich nicht unmittelbar aus dem Gesetz. § 373 Abs. 3 HGB wird dahin ausgelegt, dass der Verkäufer durch den Selbsthilfeverkauf kraft Gesetzes die Stellung eines Beauftragten erlangt. Danach ergeben sich seine Rechte und Pflichten aus §§ 664 ff. BGB. Der Verkäufer hat also gemäß § 667 BGB den erzielten Versteigerungserlös dem Käufer herauszugeben, kann aber seinerseits aus § 670 BGB Ersatz der Versteigerungskosten verlangen. Der Kaufpreisanspruch des Verkäufers bleibt zunächst unberührt, insbesondere ist er nicht infolge der Entgegennahme des Erlöses aus dem Selbsthilfeverkauf erloschen. Der Verkäufer kann aber gegen den Anspruch des Käufers auf Herausgabe des Erlöses (§ 667 BGB) mit seinem Kaufpreisanspruch (§ 433 Abs. 2 BGB) und dem Aufwendungsersatzanspruch (§ 670 BGB) aufrechnen und sich so ohne Hinterlegung unmittelbar aus dem Erlös befriedigen.[376] 314

2. Der Spezifikationskauf, § 375 HGB

Der Spezifikationshandelskauf (Bestimmungskauf) i.S.d. § 375 HGB ist ein Handelskauf über eine bewegliche Sache, bei welchem die Parteien im Hinblick auf den Kaufgegenstand nur vereinbaren, aus welchem Grundstoff die Ware zu bestehen hat, während dem Käufer die nähere Bestimmung über Form, Maß, Farbe u.Ä. überlassen bleibt. 315

Beispiel: Bestellung eines Neuwagens mit der Maßgabe, dass die Bestimmung der Sonderausstattung erst zu einem späteren Zeitpunkt vorgenommen werden soll und sich der Kaufpreis dann nach dem bei Auslieferung geltenden Listenpreis bestimmt.[377]

Wird eine entsprechende Befugnis dem Verkäufer oder einem Dritten eingeräumt, greift § 375 HGB nicht ein. Es gelten vielmehr die §§ 315 ff. BGB.

Der Verkäufer hat einen Anspruch auf Vornahme der Spezifikation, § 375 Abs. 1 HGB. Gerät der Käufer mit dieser Verpflichtung in Verzug (§ 286 BGB), so steht dem Verkäufer ein Wahlrecht zu. Er kann dann

- entweder die Bestimmung selbst vornehmen (Selbstspezifikation, § 375 Abs. 2 S. 3 HGB) oder
- nach Setzung einer Nachfrist gemäß §§ 280 Abs. 1 und 3, 281 BGB Schadensersatz statt der Leistung verlangen oder gemäß § 323 BGB vom Vertrag zurücktreten (§ 375 Abs. 2 S. 1 HGB).

Der Spezifikationskauf ist abzugrenzen von der Wahlschuld i.S.d. § 262 BGB. Während dort der Verkäufer zu mehreren verschiedenen Leistungen – sei es hinsichtlich des Kaufgegenstandes oder Ort und Zeit der Leistung – verpflichtet ist, von denen er aber entsprechend der Wahl nur die eine oder die andere zu erbringen hat, besteht beim Spezifikationskauf dagegen die Verpflichtung zur Leistung einer fest bestimmten Ware, bei der lediglich eine oder mehrere Eigenschaften bei Kaufabschluss noch nicht festgelegt sind.[378]

---

376 Staub/Koller § 374 Rn. 55; Baumbach/Hopt § 373 Rn. 13.

377 OLG München NJW-RR 2018, 1320.

378 Oetker/Koch § 375 Rn. 13 f.

3. Der Fixhandelskauf, § 376 HGB

316 Der Fixhandelskauf ist ein Handelskauf, bei dem die Leistung zumindest des einen Teils genau zu einer fest bestimmten Zeit oder innerhalb einer fest bestimmten Frist bewirkt werden soll. Die Einhaltung der Frist muss wesentlicher Vertragsbestandteil sein, sodass das Geschäft mit Einhaltung des Termins „steht und fällt", was häufig durch Klauseln wie „fix", „präzise", „genau" oder „spätestens" klargestellt wird.[379]

Die Leistungszeit darf andererseits aber nicht derart wesentlich sein, dass die Leistung nur zu einem bestimmten Zeitpunkt erfolgen kann, also nicht nachholbar ist und daher unmöglich wird, wenn sie in diesem Zeitpunkt nicht erfolgt (absolutes Fixgeschäft). Es handelt sich um ein relatives Fixgeschäft, das die gleichen Voraussetzungen hat wie § 323 Abs. 2 Nr. 2 BGB. Hinzukommen muss bei § 376 HGB, dass es sich um einen einseitigen oder beiderseitigen Handelskauf handelt.

317 In den Rechtsfolgen weicht § 376 HGB in mehreren Punkten von § 323 Abs. 2 Nr. 2 BGB ab.

Will der Gläubiger nicht zurücktreten oder Schadensersatz statt der Leistung gemäß §§ 280 Abs. 1 u. 3, 281 BGB verlangen, so bleibt ihm der Erfüllungsanspruch nur bei sofortiger Anzeige erhalten, § 376 Abs. 1 S. 2 HGB (Nach dem BGB behält der Gläubiger seinen Anspruch, bis er gemäß § 349 BGB den Rücktritt erklärt oder gemäß § 281 Abs. 4 BGB Schadensersatz statt der Leistung verlangt.).

Setzt der Gläubiger dem Schuldner eine Nachfrist, erklärt er damit regelmäßig, dass er von seinem Rücktritts- oder Schadensersatzrechten aus dem Fixgeschäft keinen Gebrauch machen will, sondern trotz der Verzögerung der Leistung weiterhin auf der Erfüllung des Vertrages bestehen will. Die Nachfristsetzung hat aber nur dann die in § 376 Abs. 1 S. 2 HGB vorgesehene Wirkung der Erhaltung der Erfüllungsansprüche, wenn sie sofort nach dem Ablauf der Fixfrist erfolgt.[380]

318 Nach § 323 BGB besteht nur ein Rücktrittsrecht, während gemäß § 376 HGB wahlweise ein Rücktrittsrecht oder ein Schadensersatzanspruch gegeben ist. Der Schadensersatzanspruch setzt allerdings Verzug des Schuldners voraus. Im Unterschied zu §§ 281, 280 BGB braucht hier aber keine Fristsetzung vorzuliegen. Allein der Verzugseintritt löst den Schadensersatzanspruch aus. Für die Schadensberechnung enthält § 376 Abs. 2–4 HGB besondere Regelungen (vgl. insbesondere § 376 Abs. 2 HGB als gesetzlich geregelter Fall der abstrakten Schadensberechnung).

II. Besonderheiten beim beiderseitigen Handelskauf

1. Die Rügeobliegenheit bei Qualitätsmängeln, § 377 HGB

319 Gemäß § 377 Abs. 1 HGB muss der Käufer bei einem beiderseitigen Handelskauf die Ware unverzüglich untersuchen und Mängel dem Verkäufer unverzüglich anzeigen. Tut er dies nicht, gilt die Ware gemäß § 377 Abs. 2 HGB grundsätzlich als genehmigt.

---

379 MünchKommHGB/Grunewald § 376 Rn. 7.

380 BGH NJW-RR 1998, 1489.

Ist der Mangel bei der Untersuchung nicht erkennbar, muss er unverzüglich nach Entdeckung angezeigt werden, sonst gilt die Ware gemäß § 377 Abs. 3 HGB als genehmigt.

Die Genehmigungsfiktion schließt Gewährleistungsansprüche aus. Im Fallaufbau ist § 377 HGB daher als möglicher Ausschlussgrund innerhalb eines Gewährleistungsanspruchs aus §§ 434, 437 BGB zu prüfen.

§ 377 HGB: Voraussetzungen und Rechtsfolge

- Beiderseitiger Handelskauf
- Ablieferung
- Keine Arglist des Verkäufers
- Verletzung der Rügeobliegenheit
  - Inhaltliche Anforderungen an die Rüge
  - Rechtzeitigkeit:
    Offene Mängel unverzüglich nach der Ablieferung (§ 377 Abs. 1 HGB)
    Versteckte Mängel unverzüglich nach der Entdeckung (§ 377 Abs. 3 HGB)
- Rechtsfolge: Bei offenen Mängeln gilt die Ware gemäß § 377 Abs. 2 HGB als genehmigt. Bei versteckten Mängeln ergibt sich dies aus § 377 Abs. 3 HGB.

a) Beiderseitiger Handelskauf

Sowohl der Käufer als auch der Verkäufer müssen Kaufleute sein und den Kauf im Rahmen ihres Handelsgeschäfts getätigt haben (§ 343 HGB). **320**

K. Schmidt vertritt die Auffassung, § 377 HGB sei im Wege der Analogie auch auf nicht zweiseitige Handelskäufe anzuwenden, wenn auf beiden Seiten zumindest ein nichtkaufmännischer „Unternehmer" beteiligt ist[381], namentlich also Freiberufler wie Rechtsanwälte oder Ärzte. Von der h.M. wird diese Analogie dagegen abgelehnt.[382]

Die Rspr. hat im Fall einer als Bau-ARGE tätigen GbR § 377 HGB analog angewandt.[383] Eine **ARGE** (Arbeitsgemeinschaft) ist ein Zusammenschluss mehrerer Unternehmen, um ein bestimmtes Bauvorhaben zusammen durchzuführen. Da eine solche Tätigkeit nicht auf Dauer angelegt ist, liegt nach der bisherigen BGH-Rspr. kein Handelsgewerbe i.S.v. §§ 105 Abs. 1, 1 Abs. 2 HGB und damit keine OHG vor.[384] Jedenfalls dann, wenn alle Gesellschafter der ARGE Kaufleute sind, ist es mit den Zielen des Handelskaufrechts nicht vereinbar, wenn durch die Koordinierung ihrer Tätigkeiten in einer Zweck-GbR die Rügepflicht entfällt.

Beim Leasinggeschäft ist nach der Rspr. auf das Verhältnis zwischen dem Verkäufer und dem Leasinggeber (Käufer) abzustellen. Nicht entscheidend ist, ob der Leasingnehmer Kaufmann ist.[385]

Umstritten ist die Anwendung des § 377 HGB beim Streckengeschäft, d.h. dann, wenn der Verkäufer unmittelbar an einen Abnehmer des Käufers liefert. Nach ganz h.M. ist bezüglich der Kaufmannseigenschaft auf den Käufer abzustellen und nicht auf den direkt belieferten Abnehmer. Der Käufer hat dafür zu sorgen, dass der Abnehmer unverzüglich **321**

381 K. Schmidt § 29 III 2 b, S. 798.

382 Staub/Brüggemann § 377 Rn. 22.

383 OLG Brandenburg NJW 2012, 2124; kritisch dazu Lakkis NZBau 2012, 737, 738 ff.

384 Oetker/Körber § 1 Rn. 21.

385 BGH NJW 1990, 1290, 1291; OLG Hamm MDR 2006, 858.

(§ 121 Abs. 1 S. 1 BGB) untersucht und ihn sobald als möglich von dem Ergebnis der Untersuchung benachrichtigt.[386] Das Risiko einer Verspätung trägt allein der Käufer, und zwar unabhängig davon, ob der Abnehmer Kaufmann oder Nichtkaufmann ist.[387]

b) Ablieferung

322 Die verkaufte Ware muss durch den Verkäufer abgeliefert worden sein. Ablieferung bedeutet, dass der Käufer oder eine von ihm benannte Person in eine solche tatsächliche räumliche Beziehung zur Ware kommt, dass deren Beschaffenheit nachgeprüft werden kann. Eine Ablieferung liegt grundsätzlich nur dann vor, wenn die Ware zur Erfüllung des Kaufvertrages vollständig in den Machtbereich des Käufers verbracht worden ist.[388]

An einer Ablieferung fehlt es beispielsweise, wenn eine Computeranlage ohne Handbücher ausgeliefert wird. Es ist dann keine vollständige Leistung erfolgt.[389]

Auch die Nachlieferung ist als selbstständige Lieferung anzusehen. § 377 HGB greift auch für die Nachlieferung ein.[390]

c) Keine Arglist des Verkäufers

323 Die Rügeobliegenheit entfällt gemäß § 377 Abs. 5 HGB, wenn der Verkäufer den Mangel arglistig verschwiegen hat.

d) Verletzung der Rügeobliegenheit

aa) Inhaltliche Anforderungen an die Rüge

324 Der Verkäufer muss der Anzeige Art und Umfang der Mängel entnehmen können. Es genügt also nicht eine Mitteilung, die nur schlechthin auf die Mangelhaftigkeit hinweist (z.B. „unbrauchbar", „mangelhaft"). Erforderlich ist vielmehr, dass der Käufer den Mangel substantiiert angibt.

Die Mängelrüge muss den Verkäufer in die Lage versetzen, aus seiner Sicht und Kenntnis der Dinge zu erkennen, in welchen Punkten und in welchem Umfang der Käufer die gelieferte Ware als nicht vertragsgemäß beanstandet.[391] Die Beanstandung, es sei „derselbe Mist wieder geliefert" worden, reicht nicht.[392] Bei Vorliegen mehrerer Mängel muss jeder Mangel gesondert gerügt werden. Auch Mängel einer Nachbesserung müssen erneut angezeigt werden.[393]

---

386 BGHZ 110, 130, 137; BGH GWR 2014, 302; OLG Köln NJW-RR 2015, 859; OLG Karlsruhe NZG 2009, 395; Staub/Brüggemann § 377 Rn. 111.

387 Staub/Brüggemann § 377 Rn. 111.

388 BGH WM 1985, 518; BGH BB 1988, 1209; BGH NJW 1993, 461; BGHZ 143, 307; Padeck Jura 1987, 454, 455 f.

389 BGH NJW 1993, 461; OLG Köln NJW-RR 1999, 1287, 1288.

390 OLG Düsseldorf ZGS 2005, 117; Mankowski NJW 2006, 865 ff.

391 BGH NJW 1996, 2228 m.w.N.; Michalski DB 1997, 81.

392 OLG Düsseldorf NJW-RR 2001, 821.

393 BGH WM 1998, 936.

bb) Rechtzeitigkeit der Rüge

Bei der Frage der Rechtzeitigkeit unterscheidet das Gesetz zwischen offenen Mängeln und versteckten Mängeln. 325

Offene Mängel sind Fehler, die – wenn auch erst nach einer ordnungsgemäßen Untersuchung – erkennbar sind.

Beispiel: Artikel wurden in falscher Farbe geliefert, Lebensmittel sind verdorben.

Ohne Untersuchung erkennbare Mängel sind als solche unverzüglich nach der Ablieferung zu rügen;[394] durch Untersuchung erkennbare Mängel sind unverzüglich nach Ablauf der Frist anzuzeigen, die für eine ordnungsgemäße Untersuchung erforderlich ist, § 377 Abs. 1 HGB.

Welche **Anforderungen** an die Art und Weise der Untersuchung zu stellen sind, lässt 326 sich nicht allgemein festlegen. Die Untersuchung muss grundsätzlich nicht von derartigem Umfang und solcher Intensität sein, dass sie nach Art einer „Rundum-Untersuchung" alle irgendwie in Betracht kommenden Mängel erfasst.[395] Nach der Rspr. ist darauf abzustellen, welche in den Rahmen eines ordnungsgemäßen Geschäftsganges fallenden Maßnahmen einem ordentlichen Kaufmann im konkreten Einzelfall unter Berücksichtigung auch der schutzwürdigen Interessen des Verkäufers zur Erhaltung seiner Gewährleistungsrechte zugemutet werden können. Diese sind letztlich durch eine Interessenabwägung zu ermitteln. Dabei ist einerseits zu berücksichtigen, dass die Vorschriften über die Mängelrüge in erster Linie den Interessen des Verkäufers dienen sollen, denn er soll davor geschützt werden, sich längere Zeit nach der Lieferung etwaigen, dann nur schwer feststellbaren Gewährleistungsansprüchen ausgesetzt zu sehen. Allerdings dürfen die Anforderungen an den Käufer auch nicht überspannt werden. Da der Mangel (falls einer vorliegt) aus der Sphäre des Verkäufers stammt, soll er das Risiko einer mangelhaften Leistung und die erforderliche Qualitätskontrolle nicht vollständig auf den Käufer abwälzen können.[396] Ein wesentlicher Faktor kann das Verhältnis der Untersuchungskosten zum Warenwert sein.[397] Eine Verschärfung der Untersuchungsanforderungen in den AGB des Verkäufers (z.B. Verpflichtung zur Untersuchung durch einen unabhängigen Sachverständigen) kann eine unangemessene Benachteiligung darstellen und damit nach § 307 Abs. 1 BGB unwirksam sein.[398]

Versteckte Mängel sind Fehler, die auch bei ordnungsgemäßer Untersuchung nicht er- 327 kennbar sind, § 377 Abs. 2 HGB. Sie sind unverzüglich anzuzeigen, sobald sich der Mangel zeigt, § 377 Abs. 3 HGB. Die Formulierung „ein solcher Mangel" in § 377 Abs. 3 HGB bezieht sich auf die in § 377 Abs. 2 HGB genannten, nicht erkennbaren Mängel.

Beispiel: Aufgrund eines Konstruktionsfehlers nutzt sich ein Maschinenteil sehr schnell ab, wodurch die Maschine nach einer Laufzeit von nur wenigen Wochen ausfällt.

---

394 Staub/Brüggemann § 377 Rn. 67.

395 BGH RÜ 2018, 140.

396 BGH RÜ 2016, 755.

397 OLG Koblenz NJW-RR 2017, 83, Rz. 22: Untersuchungskosten i.H.v. 15% des Warenwertes sind „nicht mehr als tunlich einzustufen".

398 BGH RÜ 2018, 140.

328 Liegt lediglich ein **Mangelverdacht** vor (z.B. durch eine Reklamation eines Kunden), ohne dass der Mangel feststeht, ist der Käufer nach der Rspr. gehalten, sich durch eine unverzügliche (erneute) Untersuchung Gewissheit zu verschaffen.[399] Dabei gelten die gleichen Kriterien wie für die Erstuntersuchung bei Ablieferung der Ware. Bei der verspäteten Rüge eines versteckten Mangels, den der Käufer bei einer sich aufdrängenden Prüfung früher hätte erkennen können, wird er genau so gestellt wie bei der verspäteten Rüge eines offenen Mangels.[400]

329 Da es sich bei der Mängelrüge nach h.M. um eine empfangsbedürftige Erklärung handelt, entfaltet sie Rechtswirkungen erst mit Zugang, d.h. die Verlustgefahr trägt der Käufer; lediglich das Verzögerungsrisiko ist ihm bei rechtzeitiger Absendung gemäß § 377 Abs. 4 HGB abgenommen. Dementsprechend trifft den Käufer auch die Beweislast für den Zugang der Mängelanzeige.[401]

e) Rechtsfolge:

330 Bei offenen Mängeln gilt die Ware gemäß § 377 Abs. 2 HGB als genehmigt. Für versteckte Mängel ergibt sich dies aus § 377 Abs. 3 HGB. Aufgrund der Genehmigungsfiktion ist es so anzusehen, als habe der Verkäufer vertragsgemäß erfüllt. Der Käufer kann daher keine Gewährleistungsansprüche mehr geltend machen. Dies sind alle gesetzlichen Nacherfüllungs- und Gewährleistungsansprüche, die § 437 BGB aufzählt, und alle Gewährleistungsrechte im weiteren Sinne. Ausgeschlossen sind damit auch alle Ansprüche wegen Schlechterfüllung oder Verletzung mit dem Mangel zusammenhängender Nebenpflichten.[402]

Die unterstellte Vertragsmäßigkeit schließt auch eine Anfechtung nach § 119 Abs. 2 BGB aus.[403]

331 Nicht ausgeschlossen sind Ansprüche aus § 280 Abs. 1 BGB, soweit sie auf einer Nebenpflichtverletzung beruhen.

332 Weiterhin findet § 377 HGB nach h.M. keine Anwendung auf deliktische Ansprüche, insbesondere aus § 823 Abs. 1 BGB.[404] Begründung: Beim Zusammentreffen von Schadensersatzansprüchen aus Vertragsverletzung und aus unerlaubter Handlung handelt es sich um eine echte Anspruchskonkurrenz, bei der jeder Anspruch nach seinen Voraussetzungen, seinem Inhalt und seiner Durchsetzung selbstständig zu beurteilen ist und seinen eigenen Regeln folgt. § 377 HGB läuft insoweit auch nicht leer, da ein gleichzeitiger deliktischer Anspruch nur in besonderen Fällen in Betracht kommt.

399 OLG Koblenz NJW-RR 2015, 376.
400 Oetker/Koch § 377 Rn. 89.
401 BGH NJW 1987, 2235, 2236.
402 OLG Düsseldorf GWR 2013, 315 (m. Anm. Zarth).
403 Staub/Brüggemann § 377 Rn. 166.
404 BGH NJW 1988, 52, 53.

Fall 15: Kartoffelsalat

A bestellte bei seinem Lebensmittelhändler K zehn Zentner Einkellerungskartoffeln. Da K selbst kein Lager hatte, kaufte er die Kartoffeln bei dem Großhändler V mit der Abrede, dass V die Kartoffeln unmittelbar zu A bringen sollte. Außerdem bestellte K bei V 50 Dosen Formosa Stangenspargel, die in sein Geschäft geliefert wurden. Als K drei Wochen später von A Bezahlung der Kartoffeln verlangt, erklärt A dem K, er wolle die Kartoffeln nicht behalten, denn sie seien überwiegend angefault. Als K am selben Tag auch noch eine Dose des Spargels zurückgebracht wird, weil sie verdorben ist, öffnet K die anderen Dosen auch. Dabei stellt er fest, dass 20 weitere Dosen verdorben sind. K zeigt V die Mängel an den Kartoffeln und dem Stangenspargel sogleich an und setzt V eine Nachfrist für eine mangelfreie Lieferung. Nach deren Ablauf erklärt K den Rücktritt.

A. K könnte bezüglich der **Kartoffeln** ein Rücktrittsrecht gemäß §§ 434, 437 Nr. 2, 323 BGB zustehen. **333**

I. Ein Kaufvertrag über die Lieferung von zehn Zentnern Einkellerungskartoffeln ist zwischen V und K zustande gekommen.

II. Die Kaufsache muss im Zeitpunkt des Gefahrübergangs mangelhaft gewesen sein. V schuldete hier Kartoffeln mittlerer Art und Güte (§ 360 HGB), die Lieferung entsprach diesen Anforderungen nicht. Der Mangel (§ 434 Abs. 1 Nr. 2 BGB) lag auch schon bei Übergabe (§ 446 BGB) an A vor, an den entsprechend der Vereinbarung zwischen V und K die Ware auszuliefern war. K hat V entsprechend § 323 Abs. 1 BGB eine Frist für die Nacherfüllung gesetzt. Die Voraussetzungen des Rücktrittsrechts nach §§ 434, 437 Nr. 2, 323 BGB sind damit erfüllt.

III. Der Rücktritt könnte jedoch nach § 377 HGB ausgeschlossen sein.

1. Dann muss ein **beiderseitiger Handelskauf** vorliegen. Sowohl V als auch K sind Kaufleute gemäß § 1 HGB und haben den Kauf im Rahmen ihres Handelsgewerbes getätigt (§ 343 HGB). Ob der Abnehmer A Kaufmann ist, ist nicht relevant, da er nicht Vertragspartner des Verkäufers V ist.

2. Die verkaufte Ware muss durch den Verkäufer **abgeliefert** worden sein. Ablieferung bedeutet, dass der Käufer oder eine von ihm benannte Person in eine solche tatsächliche räumliche Beziehung zur Ware kommt, dass deren Beschaffenheit nachgeprüft werden kann. V hat die Kartoffeln wie vertraglich vereinbart direkt bei A abgeliefert.

3. Die Rügeobliegenheit ist nicht gemäß § 377 Abs. 5 HGB ausgeschlossen, da V nicht arglistig gehandelt hat.

4. Fraglich ist, ob K seine Rügeobliegenheit verletzt hat. Die Rüge muss inhaltlich ausreichend sein und rechtzeitig erfolgen. K hat den Mangel drei Wochen nach Ablieferung an A, aber unverzüglich nach Kenntniserlangung angezeigt. Fraglich ist daher die Rechtzeitigkeit der Rüge.

Die Kartoffeln waren angefault und hatten damit einen offenen Mangel, der bei einer Untersuchung ohne Weiteres erkennbar war. Bei einem offenen Mangel muss gemäß § 377 Abs. 1 HGB unverzüglich untersucht und der Mangel unverzüglich angezeigt werden.

Wird die Ware, wie hier, vom Verkäufer unmittelbar an den Abnehmer des Käufers gesandt, so hat der Käufer dafür zu sorgen, dass der Abnehmer unverzüglich untersucht und ihn sobald als möglich von dem Ergebnis der Untersuchung benachrichtigt.[405]

K hat nicht für eine unverzügliche Untersuchung durch den Abkäufer A Sorge getragen. Die drei Wochen nach Ablieferung erhobene Mängelrüge ist nicht mehr unverzüglich.

5. Rechtsfolge: Nach § 377 Abs. 2 HGB gilt die Ware als genehmigt, d.h. es ist so anzusehen, als habe der Verkäufer vertragsgemäß erfüllt. Der K kann daher keine Gewährleistungsansprüche mehr geltend machen.

334 B. Auch **bezüglich des Spargels** kommen als Anspruchsgrundlage nur §§ 434, 437 Nr. 2, 323 BGB in Betracht.

I. Es ist ein wirksamer Kaufvertrag über eine Gattungssache abgeschlossen worden.

II. Die Lieferung ist mangelhaft.

III. Die Ware gilt aber nach § 377 Abs. 2 HGB als genehmigt, wenn für K eine Rügeobliegenheit bestand und K diese verletzt hat.

1. Eine Rügeobliegenheit bestand, denn es lag ein beiderseitiger Handelskauf vor. Die abgelieferte Ware war mangelhaft und V hatte den Mangel nicht arglistig verschwiegen.

2. Eine Verletzung der Rügeobliegenheit setzt voraus, dass K den Mangel nicht unverzüglich angezeigt hat. Zwar hat K die Mängelanzeige sofort nach der späteren Entdeckung des Mangels an V abgesandt, das reicht aber gemäß § 377 Abs. 3 HGB nur bei versteckten, nicht aber bei offenen Mängeln aus. Ob im vorliegenden Fall ein offener oder versteckter Mangel vorlag, richtet sich danach, ob bei einer verkehrsüblichen Untersuchung der Mangel dem Käufer als ordentlichem Kaufmann (§ 347 HGB) erkennbar gewesen wäre. Bei verschlossener Ware besteht die verkehrsübliche Untersuchung in der Öffnung. Dies wird aber durch den Grundsatz der Zumutbarkeit begrenzt, denn die Untersuchungspflicht darf nicht dazu führen, dass durch sie die Ware wirtschaftlich entwertet wird. In diesen Fällen besteht eine Stichprobenpflicht. Der Käufer ist verpflichtet, Stichproben zu entnehmen, die repräsentativ sind, d.h. sinnvoll auf die Gesamtmenge verteilt sind. Bei Konserven sind einige Dosen zu öffnen und nach Aussehen, Geruch und Geschmack zu überprüfen. Die Zahl

---

405 BGHZ 110, 130, 137; BGH GWR 2014, 302; OLG Köln NJW-RR 2015, 859; OLG Karlsruhe NZG 2009, 395; Staub/Brüggemann § 377 Rn. 111.

der zu entnehmenden Stichproben richtet sich nach der angelieferten Gesamtmenge, wobei in der Regel ein Umfang von 4% ausreichend ist.[406]

Da K jedoch keine einzige Dose geöffnet hat, hat er seine Stichprobenpflicht verletzt. Die Genehmigungsfiktion des § 377 Abs. 2 HGB greift hierbei ohne Rücksicht darauf ein, ob der Mangel bei einer Probe auch tatsächlich hätte entdeckt werden können,[407] es reicht allein die fiktive Erkennbarkeit.

K hat auch bezüglich der fehlerhaften Dosen keine Gewährleistungsrechte.

2. Die Aufbewahrungspflicht, § 379 HGB

Während beim nichtkaufmännischen oder nur einseitigen Handelskauf für den Käufer nach erfolgter Mängelbeanstandung keine besonderen Pflichten bestehen, trifft ihn beim beiderseitigen Handelskauf nach § 379 Abs. 1 HGB die Pflicht, für eine einstweilige ordnungsgemäße Aufbewahrung der Ware zu sorgen, sofern es sich um einen sog. Distanzkauf handelt. Verletzt der Käufer diese Pflicht schuldhaft, so macht er sich nach § 280 Abs. 1 BGB dem Verkäufer gegenüber schadensersatzpflichtig. Ist die Ware dem Verderb ausgesetzt und ist Gefahr im Verzug, kann der Käufer die Ware nach § 373 HGB für Rechnung des Verkäufers verkaufen lassen, § 379 Abs. 2 HGB (Notverkaufsrecht). **335**

406 Staub/Brüggemann § 377 Rn. 91.
407 Staub/Brüggemann § 377 Rn. 83.

Rügeobliegenheit gemäß § 377 HGB

Voraussetzungen

- Beiderseitiger Handelskauf
  - Auch wenn der Verkäufer direkt an einen vom Käufer bestimmten Abkäufer liefert, bleibt die Kaufmannseigenschaft des Käufers entscheidend. Irrelevant ist, ob der Abkäufer Kaufmann ist.
  - Bei einem Kauf des Leasinggebers ist auf seine Kaufmannseigenschaft und nicht die des Leasingnehmers abzustellen.
- Ablieferung = vollständige Verbringung in den Machtbereich des Käufers

Ordnungsgemäße Rüge

- Inhaltlich: Art und Umfang des konkreten Mangels
- Zeitlich: unverzüglich (Absendung reicht, § 377 Abs. 4 HGB)
  - Offene Mängel: nach Ablieferung, § 377 Abs. 1 HGB
  - Versteckte Mängel: nach Erkennbarkeit, § 377 Abs. 3 HGB

Rechtsfolgen

- Rügt der Käufer nicht oder nicht ordnungsgemäß, verliert er die Gewährleistungsrechte, da die Ware als genehmigt gilt.
  - Für offene Mängel enthält § 377 Abs. 2 HGB die Genehmigungsfiktion.
  - Bei versteckten Mängeln ergibt sie sich aus § 377 Abs. 3 HGB.
  - Ausgeschlossen ist auch die Anfechtung gemäß § 119 Abs. 2 BGB.
- Ansprüche aus § 280 Abs.1 BGB wegen einer Nebenpflichtverletzung bleiben erhalten.
- Auch eventuelle Ansprüche aus §§ 823 ff. BGB sind nicht gemäß § 377 HGB ausgeschlossen.
- Bei ordnungsgemäßer Rüge bleiben die Gewährleistungsrechte bestehen.

B. Das Kommissionsgeschäft

I. Begriff und Bedeutung

Nach der Legaldefinition des § 383 Abs. 1 HGB ist Kommissionär, wer es gewerbsmäßig übernimmt, Waren oder Wertpapiere für Rechnung eines anderen (des Kommittenten) in eigenem Namen zu kaufen oder zu verkaufen. 336

Auch für kleingewerbliche Unternehmen gelten die §§ 383 ff. HGB. Für das Kommissionsgeschäft gelten dann auch die §§ 343–372 HGB mit Ausnahme der §§ 348–350 HGB (§ 383 Abs. 2 S. 2 HGB).

Beim Kommissionsgeschäft sind zu unterscheiden:

- die eigentliche Kommission, d.h. der Ankauf oder Verkauf von Waren oder Wertpapieren, § 383 HGB;

  gleich stehen der Abschluss von Tauschverträgen und von Verträgen, die die Lieferung herzustellender oder zu erzeugender beweglicher Sachen zum Gegenstand haben (§ 406 Abs. 2 HGB);[408]

  Beispiel: Auktion von Kunstgegenständen

- die uneigentliche Kommission (auch Geschäftsbesorgungskommission genannt), wenn ein Kommissionär Geschäfte abschließt, die sich auf andere Gegenstände als Waren und Wertpapiere beziehen, § 406 Abs. 1 S. 1 HGB (z.B. Verlegen eines literarischen Werkes, Inkasso);
- die Gelegenheitskommission, die vorliegt, wenn ein Kaufmann, der nicht Kommissionär ist, im Betrieb seines Handelsgewerbes ein Kommissionsgeschäft vornimmt, § 406 Abs. 1 S. 2 HGB.

Die §§ 383 ff. HGB sind auf alle Kommissionsarten anwendbar.

Aufgrund des verstärkten Auftretens von Handelsvertretern oder Vertragshändlern als Absatzmittler hat das Kommissionsgeschäft erheblich an wirtschaftlicher Bedeutung verloren. Eine praktische Rolle spielt es nur noch im Kunsthandel, beim Warenimport und -export und insbesondere im Wertpapiergeschäft (Effektenkommission).

II. Die Rechtsstellung des Kommissionärs

Der Kommissionär steht in einem doppelten Rechtsverhältnis. Mit seinem Auftraggeber, dem Kommittenten, verbindet ihn der Kommissionsvertrag; dem Dritten gegenüber ist er aus dem Ausführungsgeschäft verpflichtet. Daneben tritt das Abwicklungsgeschäft zwischen Kommissionär und Kommittenten, durch das der Kommissionär die aus dem Ausführungsgeschäft erlangten Rechte oder Sachen auf den Kommittenten überträgt. 337

408 Baumbach/Hopt § 406 Rn. 3; Steck NJW 2002, 3203.

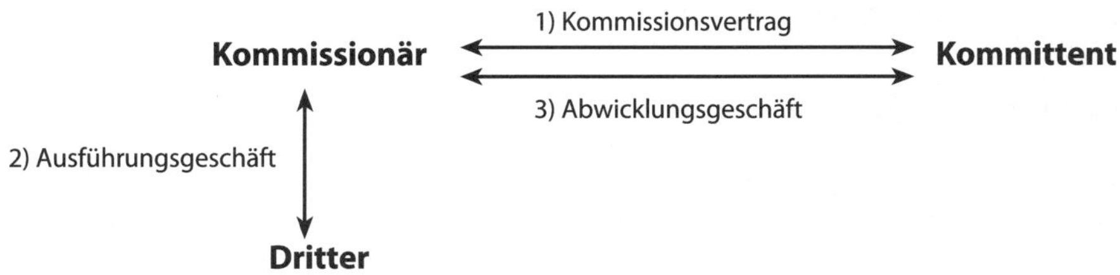

1. Der Kommissionsvertrag

338 Der Kommissionsvertrag regelt die vertraglichen Rechte und Pflichten im Verhältnis des Kommissionärs zum Kommittenten. Er ist ein formlos gültiger, gegenseitiger Vertrag über eine entgeltliche Geschäftsbesorgung (§ 675 BGB), der bei Einzelgeschäften einen Werkvertrag, bei ständiger Verbindung einen Dienstvertrag darstellt.[409]

Die Abgrenzung ist insofern von Bedeutung, als beim Dienstvertrag beide Parteien jederzeit nach § 627 BGB kündigen können, während bei Annahme eines Werkvertrages allein der Kommittent ein Kündigungsrecht gemäß § 649 BGB hat.

Der Kommissionsvertrag ist ein gegenseitiger Vertrag, auf den die §§ 320 ff. BGB Anwendung finden. Im Gegenseitigkeitsverhältnis stehen dabei

- zum einen der Provisionsanspruch (§ 396 Abs. 1 HGB) des Kommissionärs und der Anspruch auf Vornahme des Ausführungsgeschäftes (§ 384 Abs. 1 HGB)
- sowie nach h.M. der Provisionsanspruch auch mit dem Anspruch des Kommittenten auf Herausgabe des Erlangten (§ 384 Abs. 2 Hs. 2 HGB).

a) Pflichten des Kommissionärs

339 Den Kommissionär trifft insbesondere eine Pflicht zur Durchführung des übernommenen Geschäfts. Dazu gehören

- die Ausführung des Geschäfts mit der Sorgfalt eines ordentlichen Kaufmanns, §§ 384 Abs. 1, 347 HGB und
- die Herausgabe des durch die Ausführung Erlangten, § 384 Abs. 2 Hs. 2 HGB (Abwicklungsgeschäft).

Dabei hat der Kommissionär die Interessen des Kommittenten wahrzunehmen, muss sich also um möglichst günstige Vertragsbedingungen bemühen, §§ 384 Abs. 1 Hs. 2, 387 HGB (Treuepflicht).

Beispiel: Eine Pflichtverletzung kann z.B. dann vorliegen, wenn ein Auktionshaus, das mit der Bewertung, Bewerbung und Versteigerung eines Kunstgegenstandes, Fehler bei der Beschreibung im Auktionskatalog macht oder einen unvertretbar niedrigen Schätzwert ansetzt.[410]

Des Weiteren treffen den Kommissionär eine Gehorsamspflicht (§§ 384 Abs. 1, 385, 386 HGB) sowie eine Benachrichtigungs- und Rechenschaftspflicht (§ 384 Abs. 2, Abs. 3 HGB).

---

409 Baumbach/Hopt § 383 Rn. 6; Brox/Henssler Rn. 430.

410 LG Köln NJW 2018, 799.

Bei vom Kommissionär zu vertretender Unmöglichkeit der Herausgabe ergibt sich ein Schadensersatzanspruch des Kommittenten gegen den Kommissionär aus §§ 280 Abs. 1 und 3, 283 BGB.

Beispiel: Das von D angekaufte Kommissionsgut geht beim Kommissionär durch dessen Verschulden unter, bevor er es an den Kommittenten weitergeben kann. Der Kommittent hat gegen den Kommissionär einen Anspruch aus §§ 280 Abs. 1 und 3, 283 BGB.

b) Rechte des Kommissionärs

Dem Kommissionär steht nach Ausführung des Geschäfts, d.h. nach Erfüllung des (Ausführungs-)Geschäfts durch den Dritten ein **Provisionsanspruch** zu, § 396 Abs. 1 HGB. Der Anspruch entsteht bereits mit dem Abschluss des Ausführungsgeschäfts aufschiebend bedingt durch die Erfüllung seitens des Dritten. 340

Gemäß § 396 Abs. 1 S. 2 HGB besteht der Provisionsanspruch ausnahmsweise auch ohne Ausführung, wenn diese ortsüblich ist oder nur aus einem in der Person des Kommittenten liegenden Grund unterbleibt. Eine besondere Vergütung erhält der Kommissionär, wenn er sich verpflichtet hat, für die Erfüllung des Dritten einzustehen, § 394 HGB (Delkredereprovision, vgl. auch § 86 b HGB). Daneben kann der Kommissionär Ersatz seiner Aufwendungen verlangen (§§ 675, 670 BGB, § 396 Abs. 2 HGB).

Sämtliche Ansprüche des Kommissionärs sind durch ein gesetzliches **Pfandrecht** am Kommissionsgut gesichert, § 397 HGB. Es sichert auch Forderungen aus früheren Kommissionsgeschäften. Das Pfandrecht kann gemäß § 366 Abs. 3 HGB gutgläubig an schuldnerfremden Sachen erworben werden. Steht das Kommissionsgut dagegen noch im Eigentum des Kommissionärs selbst (z.B. bei der Einkaufskommission), so gewährt ihm § 398 HGB – wegen § 1256 BGB (kein Pfandrecht an eigenen Sachen) – statt eines Pfandrechts ein pfandähnliches Befriedigungsrecht. An den Forderungen aus dem Ausführungsgeschäft steht dem Kommissionär wegen seiner eigenen Forderungen ein entsprechendes Recht auf bevorzugte Befriedigung zu (§ 399 HGB), sodass er die Forderungen selbst einziehen kann. 341

Der Kommissionär ist – außer bei entgegenstehender Weisung – berechtigt, beim Ein- und Verkauf von Waren und Wertpapieren, die einen Börsen- und Marktpreis haben bzw. bei denen ein solcher amtlich festgestellt wird, selbst als Verkäufer oder Käufer einzutreten und das Gut selbst zu liefern oder zu übernehmen, § 400 Abs. 1 HGB **(Selbsteintrittsrecht)**. Auch beim Selbsteintritt behält der Kommissionär seine Ansprüche auf Provision und Aufwendungsersatz (§ 403 HGB), ebenso kommen ihm das gesetzliche Pfandrecht und das Recht auf Befriedigung aus eigener Kommissionsware zugute, §§ 404, 397, 398 HGB. 342

2. Das Ausführungsgeschäft

Das Ausführungsgeschäft ist das Vertragsverhältnis zwischen dem Kommissionär, der im eigenen Namen für fremde Rechnung handelt (mittelbare Stellvertretung ist für die Kommission unerlässlich!), und dem Dritten. Nur diese beiden sind Vertragsparteien. Umstände in der Person des Kommittenten sowie dessen (Innen-)Verhältnis zum Kommissionär berühren das (Außen-)Verhältnis zum Dritten grundsätzlich nicht, auch dann nicht, wenn dieser von der Kommission wusste (arg. e § 392 Abs. 1 HGB). 343

Eine Ausnahme gilt für Schadensersatzansprüche des Kommissionärs aus dem Ausführungsgeschäft (z.B. aus § 280 Abs. 1 BGB). Zwar ist der Kommissionär als Gläubiger Anspruchsinhaber, jedoch tritt der Schaden nicht bei ihm, sondern bei dem, für dessen Rechnung er handelt, dem Kommittenten, ein. Dieser hat den Schaden, ist aber nicht Vertragspartner und dementsprechend nicht Anspruchsinhaber. Hier kann der Kommissionär den Schaden des Kommittenten gegenüber dem Dritten im Wege der Drittschadensliquidation geltend machen.[411]

III. Rechte des Kommittenten an Forderungen aus dem Ausführungsgeschäft

344 **1.** Da das Ausführungsgeschäft Rechte und Pflichten nur zwischen dem Kommissionär und dem Dritten begründet, stehen die Forderungen aus dem Geschäft (z.B. auf Kaufpreiszahlung) nicht dem Kommittenten, sondern dem Kommissionär als Vertragspartner zu. Der Kommittent kann die Forderung gegen den Dritten erst nach Abtretung durch den Kommissionär geltend machen, § 392 Abs. 1 HGB. Zwar ist der Kommissionär nach § 384 Abs. 2 Hs. 2 HGB zur Abtretung verpflichtet, er kann aber, solange die Abtretung noch nicht erfolgt ist, über die Forderung als Berechtigter verfügen, z.B. durch Abtretung an einen Dritten.

345 Eine Einschränkung ergibt sich aber aus § 392 Abs. 2 HGB. Danach gelten auch noch nicht abgetretene Forderungen im Verhältnis zwischen dem Kommittenten und dem Kommissionär oder dessen Gläubigern als Forderungen des Kommittenten. Tritt also der Kommissionär die Forderung an einen Gläubiger zur Deckung oder Sicherheit ab, so stellt die Abtretung nach § 392 Abs. 2 HGB die Verfügung eines Nichtberechtigten dar mit der Folge, dass der Gläubiger die Forderung im Verhältnis zum Kommittenten nicht wirksam erwirbt (kein gutgläubiger Forderungserwerb!).

Beispiel: K verkauft das Auto des A in Kommission an X. Die Kaufpreisforderung gegen X tritt K an seinen Gläubiger G zur Sicherung eines Darlehens ab. Die Abtretung an G ist A gegenüber wegen § 392 Abs. 2 HGB (relativ) unwirksam.[412]

Geschieht die Abtretung ohne Beziehung auf die Gläubigereigenschaft des Zessionars, so greift § 392 Abs. 2 HGB nicht ein.

Beispiel: K verkauft die Kaufpreisforderung gegen X an D. Gegen Zahlung von 5.000 € tritt K in Erfüllung des Kaufvertrages mit D die Forderung an D ab.

Die Abtretung ist wirksam, selbst wenn der Zessionar gewusst hat, dass es sich um eine Kommissionsforderung handelte.[413] Der Kommissionär ist dann aber dem Kommittenten gegenüber zum Schadensersatz gemäß §§ 280 Abs. 1 und 3, 283 BGB verpflichtet, da er sich die Erfüllung des Abwicklungsgeschäfts (§ 384 Abs. 2 HGB) – Abtretung der Forderung an den Kommittenten – schuldhaft unmöglich gemacht hat.

346 **2.** Problematisch ist der Anwendungsbereich des § 392 Abs. 2 HGB bei Aufrechnungen gegenüber dem Kommissionär.

---

411 Dazu AS-Skript Schuldrecht AT 2 (2018), 179; zur weiteren Ausnahme des § 392 Abs. 2 HGB s. Rn. 345 ff.

412 BGH NJW 1988, 3203, 3204; Hüffer JuS 1991, 195, 197.

413 Hüffer JuS 1991, 195, 197.

Fall 16: Ausgerechnet – aufgerechnet

Antiquitätenhändler H, der üblicherweise Waren nur für eigene Rechnung verkauft, hat es übernommen, für seinen Freund F eine russische Ikone für 5.000 € zu veräußern. G, der H vor längerer Zeit ein Darlehen in gleicher Höhe gewährt hat, ist bereit, das wertvolle Stück zum vorgesehenen Preis zu erwerben. Als H indes die Kaufpreisforderung geltend macht, erklärt G demgegenüber die Aufrechnung mit seinem Darlehensanspruch gegen H, obwohl er weiß, dass die Ikone Kommissionsgut ist. Welche Ansprüche hat F gegen G und H?

A. F kann gegen G ein Anspruch auf Kaufpreiszahlung nach § 433 Abs. 2 BGB zustehen. **347**

I. Der Kaufvertrag ist aber zwischen H und G abgeschlossen worden, sodass auch nur H daraus berechtigt ist. Daran ändert auch das Vorliegen eines Kommissionsgeschäfts nichts. Denn nach § 392 Abs. 1 HGB kann der Kommittent die Forderung aus dem Ausführungsgeschäft erst nach Abtretung durch den Kommissionär gegen den Dritten geltend machen. F steht also kein Anspruch aus eigenem Recht zu.

II. Forderungsinhaber kann F daher nur durch Abtretung gemäß § 398 BGB geworden sein. Eine ausdrückliche Abtretung von H an F liegt nicht vor. Gegeben sein könnte also allenfalls eine Vorausabtretung bei Abschluss des Kommissionsvertrages. Hierzu bedarf es jedoch einer besonderen – zumindest konkludenten – vertraglichen Vereinbarung zwischen F und H. Dafür finden sich im Sachverhalt indes keine Anhaltspunkte, insbesondere lässt sich allein aus dem Vorliegen einer Kommission nicht generell auf eine Vorausabtretung schließen.[414] Ein Zahlungsanspruch gegen G steht F daher weder aus eigenem noch aus abgeleitetem Recht zu.

B. Ansprüche F gegen H

I. Gegen H könnte F einen Anspruch auf Abtretung der Kaufpreisforderung gegen G gemäß §§ 675, 667 BGB, § 384 Abs. 2 Hs. 2 HGB haben.

1. Dann müsste ein Kommissionsgeschäft i.S.d. §§ 383 ff. HGB vorliegen.

a) H ist als Antiquitätenhändler Kaufmann nach § 1 HGB.

b) Er hat es übernommen, im Betrieb seines Handelsgewerbes die Veräußerung der Ikone – einer Ware i.S.v. § 383 Abs. 1 HGB – im eigenen Namen für Rechnung des F vorzunehmen. Dass H üblicherweise keine Kommissionsgeschäfte abschließt, ist gemäß § 406 Abs. 1 S. 2 HGB unschädlich (Gelegenheitskommission).

2. H hat durch den Verkauf an G ein Ausführungsgeschäft abgeschlossen. Gemäß § 384 Abs. 2 Hs. 2 HGB ist er zur Herausgabe des durch die Geschäftsführung Erlangten verpflichtet. Erlangt hat H durch den Abschluss des Kaufvertrages ei-

414 BGH NJW 1969, 276.

nen Anspruch gegen G aus § 433 Abs. 2 BGB; diesen hat er durch Abtretung (§ 398 BGB) an F „herauszugeben".

348 3. Die Erfüllung der Verpflichtung könnte H indes unmöglich sein, § 275 Abs. 1 BGB. Das ist dann der Fall, wenn der Kaufpreisanspruch infolge der von G gegenüber H erklärten Aufrechnung gemäß § 389 BGB erloschen ist. Dann müsste eine Aufrechnungslage i.S.d. § 387 BGB vorgelegen haben.

a) H stand gegen G eine erfüllbare Hauptforderung aus § 433 Abs. 2 BGB zu.

b) G hatte gegen H einen fälligen Gegenanspruch gemäß § 488 Abs. 1 S. 2 BGB.

c) Die Forderungen müssten im Gegenseitigkeitsverhältnis gestanden haben. Dies ist an sich der Fall, da der Gläubiger der einen Forderung jeweils der Schuldner der anderen Forderung war.

Der Gegenseitigkeit könnte jedoch § 392 Abs. 2 HGB entgegenstehen. G ist bezogen auf das Darlehen Gläubiger des H, sodass gemäß § 392 Abs. 2 HGB die Forderung des H aus dem Kommissionsgeschäft im Verhältnis zwischen F und G auch schon vor der Abtretung als Forderung des F gilt. Nach dem Wortlaut dieser Vorschrift wäre demnach die Aufrechnung mangels Gegenseitigkeit unwirksam.

349 aa) Nach h.M. ist § 392 Abs. 2 HGB als Ausnahmevorschrift zum Schutz des Kommittenten jedoch grundsätzlich eng auszulegen. Nicht nur der Kommittent, sondern auch der Geschäftspartner des Kommissionärs sei in seinem Vertrauen zu schützen, dass der Kommissionär sein Vertragspartner ist (arg. ex § 392 Abs. 1 HGB). Dementsprechend wendet die h.M. § 392 Abs. 2 HGB nicht im Verhältnis zum Vertragspartner des Ausführungsgeschäfts an. Habe dieser eine fällige und gleichartige Forderung gegen den Kommissionär, dürfe er trotz der Regelung des § 392 Abs. 2 HGB aufrechnen.[415]

Ein Aufrechnungsausschluss wird nur ausnahmsweise angenommen, wenn sich der Vertragspartner die Gegenforderung arglistig verschafft hat, um eine Aufrechnungslage herzustellen oder die Aufrechnung sonstwie gegen Treu und Glauben verstößt, z.B. wegen widersprüchlichen Verhaltens, weil der Dritte den Kommissionär in den Glauben versetzt hat, er werde (bar) bezahlen und nicht aufrechnen.

350 bb) Eine andere Meinung in der Lit. will die Aufrechnung nur mit konnexen Gegenforderungen zulassen. Bei nichtkonnexen Forderungen, also solchen, die nicht aus dem Ausführungsgeschäft stammen, sei der Vertragspartner nicht schützenswert. Hier sei er ebenso Drittgläubiger wie irgendein anderer Gläubiger des Kommissionärs.[416]

---

415 BGH NJW 1969, 276; GK/Achilles § 392 Rn. 2; Baumbach/Hopt § 392 Rn. 12.

416 K. Schmidt § 31 V 4 b, S. 902; Dressler NJW 1969, 655, 656; JuS 1969, 170, 173.

cc) Eine vermittelnde Ansicht gewährt dem Dritten nur dann eine Aufrechnungsmöglichkeit, wenn er bei Entstehung einer der beiden Forderungen nicht weiß, dass sein Vertragspartner für fremde Rechnung handelt.[417] **351**

dd) Für die h.M. spricht, dass das Außenverhältnis zum Dritten grundsätzlich nicht vom Innenverhältnis des Kommissionärs zum Kommittenten berührt wird. Dem Dritten sollen durch die Existenz eines ihm in der Regel unbekannten Hintermanns keine Rechte genommen werden. Ebenso wie er sich durch Zahlung an den Kommissionär von seiner Schuld befreien kann, müssen ihm auch die Erfüllungssurrogate, wie z.B. die Aufrechnung, zur Verfügung stehen. Dementsprechend ist § 392 Abs. 2 HGB zugunsten des Vertragspartners des Ausführungsgeschäftes eng auszulegen. **352**

Da nicht ersichtlich ist, dass G das Kommissionsgeschäft arglistig zur Schaffung einer Aufrechnungslage abgeschlossen hat, ist die Aufrechnung wirksam. Allein die Kenntnis davon, dass es sich bei der Ikone um Kommissionsgut handelte, hindert nach h.M. die Aufrechnung nicht. Dementsprechend ist der Kaufpreisanspruch gemäß § 389 BGB erloschen, sodass H die nach § 384 Abs. 2 Hs. 2 HGB geschuldete Abtretung unmöglich ist. Ein darauf gerichteter Anspruch des F besteht gemäß § 275 Abs. 1 BGB nicht mehr.

II. F steht aber gegen H ein Schadensersatzanspruch aus §§ 280 Abs. 1 u. 3, 283 BGB zu. H hätte die Aufrechnung des G durch die Vereinbarung eines Aufrechnungsverbots verhindern müssen, sodass er die Unmöglichkeit zu vertreten hat.

Beachte: *Mit konnexen Gegenforderungen, also solchen, die mit dem Ausführungsgeschäft in Zusammenhang stehen (z.B. aus §§ 280 Abs. 1 u. 2, 286 BGB wegen verspäteter Lieferung), kann der Käufer unstreitig aufrechnen. Hier bedarf es einer Erörterung des o.g. Streitstandes nicht.*

---

3. Umstritten ist auch, ob der Kommissionär mit der an den Kommittenten abzutretenden Forderung gegen eine Forderung des Vertragspartners aufrechnen darf. **353**

Beispiel: K verkauft in Kommission für E ein Silberbesteck an D, der gegen K eine Darlehensforderung hat. K, der befürchtet, dass D illiquide ist, und daher die Kaufpreisforderung aus dem Kommissionsgeschäft nicht begleichen wird, rechnet daraufhin mit der Kaufpreisforderung gegen seine alte Darlehensverbindlichkeit auf. Ist die Aufrechnung wirksam?

Die Aufrechnung ist wirksam und hat nur dann zum Erlöschen der Forderungen gemäß § 389 BGB geführt, wenn eine Aufrechnungslage bestand. Der dafür erforderlichen Gegenseitigkeit könnte § 392 Abs. 2 HGB entgegenstehen. Zwar war K vor der Abtretung an E noch Forderungsinhaber, gemäß § 392 Abs. 2 HGB galt die Forderung im Verhältnis zwischen K und E aber als Forderung des E.

---

417 Schwartz NJW 1969, 1942, 1943.

I. Teilweise wird davon ausgegangen, dass der Kommissionär wegen seiner ausdrücklichen Nennung in § 392 Abs. 2 HGB in keinem Fall mit der abzutretenden Forderung aufrechnen könne.[418]

II. Demgegenüber nimmt ein Teil der Lit. an, dass § 392 Abs. 2 HGB insoweit nur Bedeutung für das Innenverhältnis zwischen Kommissionär und Kommittent habe. Daraus, dass der Kommissionär das vom Dritten in Erfüllung Geleistete entgegennehmen dürfe, ergebe sich, dass er stets mit der ihm gegen den Dritten zustehenden Forderung auch gegen eine inkonnexe Gegenforderung des Dritten aufrechnen könne. In diesem Fall komme es nach § 392 Abs. 1 HGB allein auf seine Gläubigerstellung an; er müsse bei einer Verkaufskommission – z.B. bei Zahlungsunfähigkeit des Dritten – auch im Interesse des Kommittenten in der Lage sein, durch Aufrechnung eine Befriedigung der Kaufpreisforderung zu erreichen.[419]

Das Interesse des Kommittenten an einer Aufrechnung im Fall der Zahlungsunfähigkeit des Drittkontrahenten kann jedoch dadurch ausreichend berücksichtigt werden, dass man eine – auf diesen Fall beschränkte – (konkludente) Ermächtigung des Kommissionärs annimmt. Mit der erstgenannten Meinung ist daher aufgrund der ausdrücklichen Nennung des Kommissionärs in § 392 Abs. 2 HGB eine von ihm erklärte Aufrechnung in jedem Fall unwirksam.

IV. Zwangsvollstreckung beim Kommissionär

354 Wird in das Kommissionsgut oder eine Forderung aus dem Kommissionsgeschäft beim Kommissionär vollstreckt, stehen dem Kommittenten folgende Rechte zu:

- Forderungen aus dem Ausführungsgeschäft gelten gemäß § 392 Abs. 2 HGB auch im Verhältnis zwischen dem Kommittenten und den Gläubigern des Kommissionärs als Forderungen des Kommittenten. Dieser kann daher bei einer Pfändung der Forderung gemäß § 771 ZPO Drittwiderspruchsklage erheben.
- Bei der Verkaufskommission bleibt der Kommittent bis zur Übereignung an einen Käufer Eigentümer des Kommissionsgutes. Wird dieses beim Kommissionär gepfändet, steht dem Kommittenten die Drittwiderspruchsklage gemäß § 771 ZPO zu.
- Bei der Einkaufskommission wird der Kommittent nur dann unmittelbar Eigentümer, wenn der Kommissionär ihn bei der dinglichen Einigung vertritt oder die Voraussetzungen eines Geschäfts für den, den es angeht vorliegen. Regelmäßig findet allerdings ein Zwischenerwerb des Kommissionärs statt. Auch die Voraussetzungen einer sofortigen Weiterübereignung durch In-sich-Geschäft oder ein antizipiertes Besitzkonstitut werden nur in Ausnahmefällen vorliegen. Nach h.M. ist auch § 392 Abs. 2 HGB nicht analog auf das Kommissionsgut anzuwenden. Der Kommittent hat daher im Regelfall keine Möglichkeit, mit der Drittwiderspruchsklage gegen eine Pfändung des Kommissiongutes vorzugehen.

Entsprechendes gilt für den Fall der Insolvenz des Kommissionärs. Bezüglich der Forderung und dem Verkaufskommissionsgut besteht ein Aussonderungsrecht nach § 47 InsO,[420] nicht hingegen für das Einkaufskommissionsgut.

---

418 Baumbach/Hopt § 392 Rn. 4; Brox/Henssler Rn. 445; wohl auch BGH NJW 1969, 276.

419 Oetker/Bergmann § 392 Rn. 12.

420 BGHZ 104, 123, 127.

Fall 17: Pfändungsschutz

Gläubiger G hat gegen den Kommissionär K einen vollstreckbaren Titel über 30.000 €. Zur Durchsetzung seiner Forderung lässt er im Geschäftslokal des K eine altdeutsche Eichentruhe, die K für den Bauern B verkaufen sollte, und drei Kisten Spätburgunder Weißherbst pfänden, von denen K zwei im Auftrag des B von einem Weingut erworben hatte. Die dritte Kiste wollte K für sich behalten. Außerdem lässt G eine bisher nicht an B abgetretene Forderung aus einem früheren Kommissionsgeschäft pfänden und sich überweisen (§§ 829, 835 ZPO). Welche Rechte hat B?

I. B könnte gegen die **Pfändung der Forderung** gemäß § 771 ZPO Drittwiderspruchsklage erheben. Das setzt ein die Veräußerung hinderndes Recht voraus, wobei hier allenfalls die Gläubigerstellung an der gepfändeten Forderung in Betracht kommt. Zwar ist B mangels Abtretung (§ 398 BGB) noch nicht Inhaber der Kaufpreisforderung geworden. § 392 Abs. 2 HGB fingiert jedoch im Verhältnis zum Gläubiger G schon vor der Abtretung die Inhaberschaft des B als Kommittenten. G gegenüber steht B also ein die Veräußerung hinderndes Recht zu. Er kann daher über § 771 ZPO verlangen, dass die Zwangsvollstreckung in die Forderung für unzulässig erklärt wird.[421] **355**

II. Hinsichtlich der **Eichentruhe** kommt ebenfalls ein Vorgehen nach § 771 ZPO in Betracht. Ein die Veräußerung hinderndes Recht könnte hier das Eigentum an der Truhe sein. Zwar war B ursprünglich Eigentümer, infolge der Übergabe der Truhe zwecks kommissionsweiser Veräußerung könnte indes ein Verlust des Eigentums eingetreten sein. Gewöhnlich überträgt der Kommittent im Fall der Verkaufskommission dem Kommissionär aber nur den Besitz am Kommissionsgut und nicht das Eigentum. Der Kommissionär wickelt den Kaufvertrag mit dem Dritten als dessen Gläubiger und Schuldner ab, über das Kommissionsgut verfügt er aber als Nichtberechtigter mit Einwilligung des Kommittenten, der Dritte erwirbt das Eigentum also gemäß §§ 929, 185 Abs. 1 BGB. Ein Zwischenerwerb des Verkaufskommissionärs tritt in der Regel nicht ein.[422] **356**

Zwar können die Parteien vereinbaren, dass das Eigentum am Kommissionsgut zunächst auf den Kommissionär übergehen soll (z.B. als Sicherheit für geleistete Vorschüsse). Fehlt – wie hier – eine entsprechende Abrede, so bleibt der Kommittent so lange Eigentümer des Kommissionsgutes, bis der Kommissionär darüber zugunsten des Dritten verfügt. Damit hat B das Eigentum an der Truhe behalten, das ein die Veräußerung hinderndes Recht i.S.v. § 771 ZPO begründet.

III. Auch bezüglich der **zwei Kisten Wein** kommt nur die Drittwiderspruchsklage nach § 771 ZPO in Betracht. B hat ein die Veräußerung hinderndes Recht, wenn er Eigentümer des Weines geworden ist. **357**

---

421 BGHZ 104, 123, 127; Baumbach/Hopt § 392 Rn. 6; Canaris § 30 Rn. 32; Hüffer JuS 1991, 195, 197.

422 Canaris § 30 Rn. 29; Brox/Henssler Rn. 441.

1. Da der Kommissionär auch bei der Einkaufskommission als mittelbarer Stellvertreter und damit im eigenen Namen tätig wird, kommt die dingliche Einigung mit dem Kommissionär, nicht aber mit dem Kommittenten zustande. Dementsprechend erwirbt grundsätzlich zunächst der Kommissionär das Eigentum. Der Kommittent wird erst dann Eigentümer der Kaufsache, wenn er das Eigentum von dem Kommissionär durch ein weiteres Übereignungsgeschäft nach §§ 929 ff. BGB übertragen erhält.

358 a) Nach sachenrechtlichen Grundsätzen erwirbt der Kommittent ausnahmsweise dann unmittelbar das Eigentum von dem Dritten,

- wenn der Kommissionär bei der dinglichen Einigung ausnahmsweise im Namen des Kommittenten aufgetreten ist, § 164 Abs. 1 S. 1 BGB oder
- wenn sich der dingliche Rechtserwerb nach den Regeln des Geschäfts für den, den es angeht, vollzieht.

Da vorliegend keine Anhaltspunkte ersichtlich sind, dass K abweichend von der gesetzlichen Regelung des § 383 HGB als Vertreter des B aufgetreten ist, kann sich ein unmittelbarer Eigentumserwerb nur aus dem letztgenannten Gesichtspunkt ergeben.

Zwar kann davon ausgegangen werden, dass es dem Inhaber des Weingutes bei einem Bargeschäft gleichgültig war, an wen er den Wein übereignete. Die Fremdwirkung tritt aber nur ein, wenn der Vertreter den Willen hatte, das Eigentum unmittelbar für einen anderen zu erwerben. An einem solchen Vertreterwillen fehlt es, wenn der Handelnde – wie hier – nur einen Teil der angekauften Ware an den Vertretenen weiterzuleiten hat, denn in diesem Fall will der mittelbare Vertreter ja gerade noch bestimmen, welche Sachen konkret weiterübereignet werden sollen. Außerdem würde die Annahme einer dinglichen Einigung unmittelbar zwischen dem Vertragspartner des Kommissionärs und dem Kommittenten dem sachenrechtlichen Bestimmtheitsgrundsatz widersprechen, wonach sich allein aus dem Inhalt der Einigung ergeben muss, an welchen Sachen sich der Eigentumswechsel konkret vollziehen soll. Ein unmittelbarer Eigentumserwerb des B scheidet demnach aus.

359 b) Trotz des Zwischenerwerbs des K könnte aber bereits eine Weiterübereignung an B stattgefunden haben, bevor die Pfändung des Weines erfolgte. Denkbar ist eine Übereignung von K an B gemäß §§ 929, 930 BGB

- infolge eines In-sich-Geschäfts des K (In-sich-Einigung und In-sich-Konstitut, § 181 BGB) oder
- aufgrund einer vorweggenommenen Einigung und der Vereinbarung eines antizipierten Besitzkonstituts.

Bei einem In-sich-Geschäft ist jedoch zum Schutz des Rechtsverkehrs stets eine nach außen erkennbare Ausführungshandlung erforderlich (Aussonderung, entsprechende Buchung, Kenntlichmachung o.Ä.).[423] Ein vorweggenomme-

423 Wüst JuS 1990, 390, 391; MünchKommBGB/Oechsler § 930 Rn. 29.

nes Besitzkonstitut erfordert eine Ausführungshandlung jedenfalls dann, wenn sie wie hier zur Wahrung der Bestimmtheit der Übereignung erforderlich ist.[424]

Da nur zwei der drei Kisten an B übertragen werden sollen, aber keine der Kisten besonders gekennzeichnet wurde, scheidet eine Übereignung nach §§ 929, 930 BGB aus.

Im Übrigen bestehen erhebliche Bedenken hinsichtlich der Annahme eines antizipierten Besitzkonstituts. Allein das wirtschaftliche Interesse des B reicht nicht aus, ohne Weiteres von einer entsprechenden Vereinbarung auszugehen. Dafür müssten vielmehr konkrete Hinweise beim Vertragsschluss zwischen K und B vorliegen.[425]

B ist daher nicht Eigentümer des gepfändeten Weines geworden.

2. Ein die Veräußerung hinderndes Recht könnte B jedoch über § 392 Abs. 2 HGB zustehen. Unmittelbar erfasst die Vorschrift aber nur die Forderung aus dem Ausführungsgeschäft, d.h. hier die Forderung auf Übereignung gegen den Dritten. Hat der Kommissionär dagegen das Geschuldete bereits erhalten, so ist der Übereignungsanspruch infolge Erfüllung nach § 362 Abs. 1 BGB erloschen. **360**

   Umstritten ist allerdings, ob § 392 Abs. 2 HGB auch das Surrogat der Forderung (hier das geleistete Eigentum) erfasst.

   a) Teilweise wird der Schutz des § 392 Abs. 2 HGB auch auf den vom Dritten geleisteten Vermögenswert ausgedehnt, d.h. **361**

      - auf das Eigentum am Kommissionsgut bei der Einkaufskommission bzw.
      - den Erlös bei der Verkaufskommission.

      Durch § 392 Abs. 2 HGB werde die Rechtszuständigkeit bezüglich der Forderung im Interesse des Kommittenten relativiert. Ein vergleichbarer Konflikt entstehe aber auch bezüglich des in Erfüllung Geleisteten. Solange das Surrogat daher unterscheidbar im Vermögen des Kommissionärs vorhanden sei, setze sich der Schutz des § 392 Abs. 2 HGB an ihm fort. Der Kommittentenschutz dürfe nicht mit der Leistung an den Kommissionär enden. Bedenken wegen des Bestimmtheitsgrundsatzes bestünden nicht, da es hier nicht um eine dingliche Einigung gehe und daher keine gegenständliche Unterscheidbarkeit erforderlich sei, vielmehr solle bereits eine mengenmäßige Unterscheidbarkeit ausreichen.[426]

   b) Nach h.M. ist eine analoge Anwendung des § 392 Abs. 2 HGB dagegen abzulehnen. Die Vorschrift sei ausschließlich auf Forderungen zugeschnitten und könne dementsprechend für die dingliche Rechtslage am Erlös bzw. am Kommissionsgut nicht herangezogen werden. Für eine Ausdehnung bestehe auch kein Bedürfnis. Der Kommittent könne sich hier selbst schützen, indem er dafür sorge, dass der Dritte unmittelbar an ihn leistet, oder dass er aufgrund ent- **362**

424 MünchKommBGB/Oechsler § 930 Rn. 29.

425 Wüst JuS 1990, 390, 392.

426 K. Schmidt § 31 V 4 c, S. 903; Staub/Koller § 392 Rn. 2; Wüst JuS 1990, 390, 392; Hüffer JuS 1991, 195, 197.

sprechender Vereinbarungen mit dem Kommissionär zumindest gemäß §§ 929, 930 BGB Eigentümer wird.[427]

Für die h.M. spricht, dass Ausnahmevorschriften wie § 392 Abs. 2 HGB grundsätzlich nicht analogiefähig sind und es ein allgemeines Surrogationsprinzip im Sachenrecht nicht gibt. Dementsprechend steht B auch über § 392 Abs. 2 HGB (analog) ein die Veräußerung hinderndes Recht nicht zu. Eine Drittwiderspruchsklage wäre demnach unbegründet.

Ergebnis: Ein Vorgehen des B nach § 771 ZPO ist daher erfolgreich im Fall der Pfändung der Forderung aus dem Ausführungsgeschäft und bei der Verkaufskommission, nicht dagegen bei der Einkaufskommission.

---

427 BGH NJW 1974, 456, 457; BGHZ 79, 89, 94; GK/Achilles § 392 Rn. 2; HK/Ruß § 392 Rn. 2; Baumbach/Hopt § 383 Rn. 15; Brox/Henssler Rn. 446; Hager AcP 180 (1980), 239, 255.

Das Kommissionsgeschäft

Kommissionsgeschäft

- Kommissionär ist, wer es gewerbsmäßig übernimmt, Waren oder Wertpapiere für Rechnung eines anderen in eigenem Namen zu kaufen oder zu verkaufen.
  - Eigentliche Kommission (§ 383 HGB): An- oder Verkauf von Waren oder Wertpapieren; herzustellenden oder zu erzeugenden beweglichen Sachen (§ 406 Abs. 2 HGB); Tausch (§ 480 BGB)
  - Uneigentliche Kommission (§ 406 Abs. 1 S. 1 HGB): Geschäft bezieht sich auf andere Gegenstände
  - Gelegenheitskommission (§ 406 Abs. 1 S. 2 HGB): Kommissionsgeschäfte anderer Kaufleute
- Kommissionär steht in doppeltem Rechtsverhältnis
  - Kommissionsvertrag mit Kommittenten
  - Ausführungsgeschäft mit Dritten

Kommissionsvertrag

- Entgeltlicher Geschäftsbesorgungsvertrag, in der Regel Werkvertrag
- Pflichten des Kommissionärs, §§ 384 ff. HGB, insbesondere Herausgabe des Erlangten
- Rechte des Kommissionärs
  - Provisionsanspruch, § 396 Abs. 1 HGB
  - Aufwendungsersatzanspruch, § 396 Abs. 2 HGB; § 670 BGB
  - Gesetzliches (Besitz-)Pfandrecht am Kommissionsgut, § 397 HGB

Ausführungsgeschäft

- Rechtsbeziehungen grundsätzlich nur zwischen Kommissionär und Dritten, Kommittent kann Forderungen aus Ausführungsgeschäft erst nach Abtretung geltend machen, § 392 Abs. 1 HGB
- Ausnahme: § 392 Abs. 2 HGB
  - Im Verhältnis Kommittent zu Kommissionär sowie zu Gläubigern des Kommissionärs wird schon vor Abtretung die Forderungsinhaberschaft des Kommittenten fingiert.
  - § 392 Abs. 2 HGB hindert nicht die Gegenseitigkeit bei Aufrechnung durch den Vertragspartner des Ausführungsgeschäfts (str.).

Zwangsvollstreckung gegen Kommissionär

- Verkaufskommission: in der Regel kein Zwischenerwerb des Kommissionärs, Kommittent bleibt Eigentümer; § 771 ZPO, § 47 InsO
- Einkaufskommission: in der Regel Durchgangserwerb beim Kommissionär, Ausnahme: Geschäft für den, den es angeht oder bei unmittelbarer Stellvertretung; § 771 ZPO, § 47 InsO nur (+), wenn Weiterübereignung an Kommittenten (antizipiert oder In-sich-Geschäft)

C. Das Frachtgeschäft, §§ 407 ff. HGB

Die Regelungen über das Frachtgeschäft (§§ 407–452 d HGB) sind in drei Abschnitte unterteilt:

- Die Allgemeinen Vorschriften (§§ 407–450 HGB) gelten für alle Frachtgeschäfte, für die Güterbeförderung auf der Straße, der Schiene, mit Binnenschiffen oder Luftfahrzeugen. Sie finden auch Anwendung auf die nachfolgend geregelten besonderen Frachtgeschäfte.
- Die §§ 451–451 h HGB enthalten Sondervorschriften für die Beförderung von Umzugsgut. Die Sonderregelung erklärt sich vor allem daraus, dass der Absender von Umzugsgut in größerem Umfang schutzwürdig ist als der Absender sonstigen Gutes.
- Der dritte Unterabschnitt (§§ 452–452 d HGB) enthält Sonderregelungen für die Beförderung mit verschiedenen Beförderungsmitteln aufgrund eines einheitlichen Frachtvertrages (multimodaler Transport).

I. Der Frachtvertrag

363 Nach § 407 Abs. 1 HGB ist der Frachtführer verpflichtet, das Gut zum Bestimmungsort zu befördern und dort an den Empfänger abzuliefern. Der Absender ist zur Zahlung der vereinbarten Fracht verpflichtet (§ 407 Abs. 2 HGB).

Die Güterbeförderung muss zum Betrieb eines gewerblichen Unternehmens gehören (§ 407 Abs. 3 S. 1 Nr. 2 HGB). Auch für kleingewerbliche Unternehmen gelten die §§ 407 ff. HGB. Für diese sind im Rahmen des Frachtgeschäfts auch die §§ 343–372 HGB mit Ausnahme der §§ 348–350 HGB anwendbar (§ 407 Abs. 3 S. 2 HGB).

364 Der Frachtvertrag mit dem Versender ist ein formlos gültiger Werkvertrag, da der Frachtführer einen Erfolg – die Güterbeförderung an einen bestimmten Ort – verspricht. Zwischen Empfänger und Frachtführer besteht dagegen grundsätzlich kein selbstständiges Vertragsverhältnis. Sind aber, wie regelmäßig, Absender und Empfänger des Gutes nicht personenidentisch, so liegt ein Vertrag zugunsten Dritter vor, aufgrund dessen der Empfänger selbst Rechte gegenüber dem Frachtführer hat, vgl. § 421 HGB.

365 Bei der Vertragsdurchführung bleibt der Frachtführer grundsätzlich bis zur Ablieferung beim Empfänger an die Weisungen des Auftraggebers gebunden (§ 418 HGB), auch wenn diese von früheren Weisungen abweichen. Das Weisungsrecht des Absenders erlischt mit Ankunft des Gutes an der Ablieferungsstelle (§ 418 Abs. 2 HGB). Von diesem Zeitpunkt an ist der Empfänger berechtigt, vom Frachtführer die Ablieferung gegen Erfüllung der Verpflichtungen aus dem Frachtvertrag zu verlangen (§ 421 Abs. 1 S. 1 HGB).

366 An dem beförderten Gut hat der Frachtführer zur Sicherung seiner konnexen Forderungen ein gesetzliches Pfandrecht, § 440 HGB. Abweichend von den allgemeinen Pfandrechtsvorschriften der §§ 1204 ff. BGB regeln die §§ 440 ff. HGB die Dauer des Pfandrechts und die Rangordnung im Verhältnis zu anderen Pfandrechten.

367 Der Frachtführer hat einen Anspruch auf die vereinbarte Vergütung, die bei Ablieferung des Gutes zu zahlen ist (§ 420 Abs. 1 HGB). Schuldner ist grundsätzlich der Absender als

Vertragspartner des Frachtführers. Hat der Empfänger aber das Gut und den Frachtbrief angenommen, so haftet er neben dem Absender als Gesamtschuldner aufgrund eines gesetzlichen Schuldverhältnisses, § 421 Abs. 2–4 HGB.

II. Die Haftung des Frachtführers

1. Wichtigste Anspruchsgrundlage für die Haftung des Frachtführers ist § 425 HGB. **368**

a) Es muss ein wirksamer Frachtvertrag bestehen. Der Frachtvertrag wird zwischen Absender und Frachtführer geschlossen. Anspruchsberechtigt ist aber auch der Empfänger gemäß § 421 Abs. 1 S. 2 HGB. Daneben „bleibt" der Absender zur Geltendmachung befugt.

b) Weitere Voraussetzung ist der Verlust oder die Beschädigung in der Zeit von der Übernahme zur Beförderung bis zur Ablieferung oder eine Überschreitung der Lieferfrist.

Nach § 438 Abs. 1 HGB wird vermutet, dass das Gut vollständig und unbeschädigt angeliefert worden ist, wenn ein Verlust oder eine Beschädigung des Gutes nicht rechtzeitig angezeigt werden. Ist der Verlust oder die Beschädigung äußerlich erkennbar, ist eine Anzeige spätestens bei Ablieferung des Gutes erforderlich, sonst innerhalb von sieben Tagen nach Ablieferung.

c) Die Haftung ist verschuldensunabhängig. Der Frachtführer ist aber gemäß § 426 HGB von der Haftung befreit, wenn der Verlust, die Beschädigung oder die Überschreitung der Lieferfrist auf Umständen beruht, die er auch bei größter Sorgfalt nicht vermeiden und deren Folgen er nicht abwenden konnte. Dabei ist zu berücksichtigen, dass der Frachtführer gemäß § 428 HGB Handlungen oder Unterlassungen „seiner Leute" im gleichen Umfang zu vertreten hat wie eigenes Verhalten.

d) § 427 HGB nennt weitere Haftungsausschlussgründe. Dazu gehören z.B. die ungenügende Verpackung oder die ungenügende Kennzeichnung der Frachtstücke durch den Absender. Diese Ausschlussgründe greifen gemäß § 435 HGB nicht ein, wenn der Schaden auf Vorsatz oder Leichtfertigkeit des Frachtführers oder seiner Leute beruht.

e) Rechtsfolge des § 425 HGB ist die Verpflichtung zum Schadensersatz. **369**

aa) Hat der Absender als Verkäufer der beförderten Sache aufgrund der Gefahrtragungsregel des § 447 BGB keinen Schaden, ist er gemäß § 421 Abs. 1 S. 2 HGB gleichwohl anspruchsberechtigt. Hierbei handelt es sich um einen gesetzlichen Fall der Drittschadensliquidation.

Beim Versendungskauf geht die Preisgefahr gemäß § 447 BGB mit der Ablieferung an die Transportperson auf den Käufer über. Der Verkäufer kann daher auch bei Beschädigung oder Verlust der Sache den vollen Kaufpreis verlangen. Nach h.M. hat dies zur Folge, dass ein Schaden beim Verkäufer nicht entsteht.[428] § 421 Abs. 1 S. 2 HGB stellt klar, dass der Verkäufer einen Schadensersatzanspruch hat, auch wenn begrifflich kein Schaden vorliegt.

Neben dem Absender hat auch der Empfänger einen eigenen Anspruch gegen den Frachtführer (§ 421 Abs. 1 S. 2 HGB), sodass eine doppelte Anspruchsberechtigung vorliegt.

---

428 BGHZ 51, 91, 93; Palandt/Grüneberg Vorbem. v § 249 Rn. 110.

bb) Der Umfang des Schadens bestimmt sich nach §§ 429 ff. HGB. Der Schadensersatz bemisst sich gemäß § 429 Abs. 1 HGB nach dem Wert des Gutes am Ort und zur Zeit der Übernahme zur Beförderung. Der danach zu leistende Ersatz ist der Höhe nach begrenzt auf 8,33 SZR pro Kilogramm des Rohgewichts des Gutes (§§ 431, 432 HGB). Dies entspricht ca. 10,00 € / kg.

Die Haftung des Frachtführers aus § 425 Abs. 1 HGB umfasst grundsätzlich keine Folgeschäden. Insoweit sind auch außervertragliche Ansprüche gemäß § 432 S. 2 HGB ausgeschlossen. Folgeschäden werden allerdings ausnahmsweise dann ersetzt, wenn ein qualifizierter Verstoß i.S.d. § 435 HGB vorliegt.[429]

370 **2.** Hat der Absender oder der Empfänger bei sonstigen Vermögensschäden einen Anspruch aus § 280 Abs. 1 BGB, ist auch dieser Anspruch gemäß § 433 HGB der Höhe nach begrenzt.

371 **3.** Gemäß § 434 HGB gelten die in den §§ 425 ff. HGB vorgesehenen Haftungsbefreiungen und Haftungsbegrenzungen auch für einen außervertraglichen Anspruch des Absenders oder Empfängers.

372 **4.** Die Haftungsansprüche nach § 425 HGB verjähren nach § 439 Abs. 1 S. 1 HGB in einem Jahr.

III. Besonderheiten bei der Beförderung von Umzugsgut und der Beförderung mit verschiedenartigen Beförderungsmitteln

373 Die §§ 451–451 h HGB passen Rechte und Pflichten der am Frachtvertrag Beteiligten an die Besonderheiten des Umzugsgeschäfts an. So gehören zu den Pflichten des Frachtführers bei der Beförderung von Umzugsgut auch der Ab- und Aufbau der Möbel und das Ver- und Entladen. Eine besondere Haftungsbefreiung betrifft die Beförderung von Edelmetallen und Briefmarken oder das Verladen von Gut, dessen Größe den Raumverhältnissen an der Ladestelle nicht entspricht (z.B. Konzertflügel über enge Treppen).

374 In § 452 HGB wird die Beförderung mit verschiedenartigen Beförderungsmitteln als einheitlicher Frachtvertrag definiert. Die Sonderregelungen beziehen sich auch auf die multimodale Beförderung unter Einbeziehung von See- oder Luftstrecken. Bei der Haftung wird zwischen dem bekannten und dem unbekannten Schadensort differenziert. Für den Fall des bekannten Schadensortes findet das Recht derjenigen Teilstrecke Anwendung, auf der sich der Schaden bekanntermaßen ereignet hat (§ 452 a HGB). Für den Fall des unbekannten Schadensortes verbleibt es bei der Anwendung des allgemeinen Frachtrechts, d.h. der §§ 425 ff. HGB.

D. Das Speditionsgeschäft, §§ 453 ff. HGB

I. Der Begriff des Spediteurs

375 Gemäß § 453 Abs. 1 HGB wird der Spediteur durch den Speditionsvertrag verpflichtet, die Versendung des Gutes zu besorgen. Der Spediteur im Sinne des HGB ist derjenige, der die Versendung besorgt, d.h. er führt die Beförderung grundsätzlich nicht selbst

429 BGH NJW 2007, 58.

durch, sondern überlässt dies einem Frachtführer, mit dem er im eigenen Namen Frachtverträge schließt. Eine Ausnahme besteht dann, wenn der Spediteur von seinem Selbsteintrittsrecht gemäß § 458 HGB Gebrauch macht. Aufgrund des Auftretens im eigenen Namen, aber für fremde Rechnung entspricht die Rechtsstellung des Spediteurs weitgehend der des Kommissionärs. Wie dieser steht auch er in einem doppelten Rechtsverhältnis: Mit seinem Auftraggeber, dem Versender, verbindet ihn ein Speditionsvertrag; dem Frachtführer (bzw. im Seefrachtgeschäft dem Verfrachter) gegenüber ist er aus dem Frachtvertrag verpflichtet.

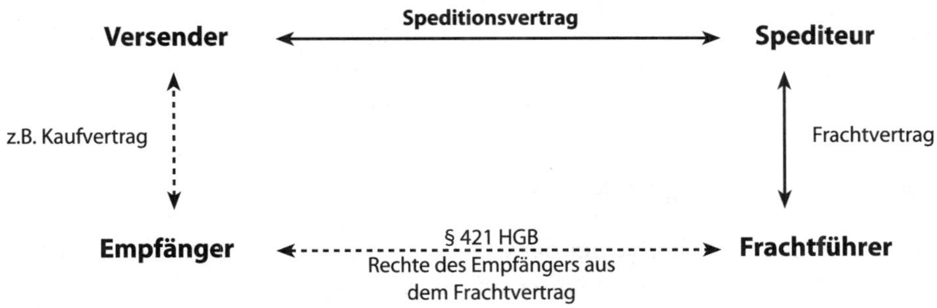

376 Im allgemeinen Sprachgebrauch (auch in juristischen Sachverhalten!) werden häufig Personen als Spediteur bezeichnet, die die Beförderung selbst durchführen sollen und damit Frachtführer im Sinne des HGB sind. Wenn jemand als Spediteur bezeichnet wird, sollte man prüfen, ob nicht doch ein Frachtführer gemeint ist. Für die Abgrenzung zwischen Spediteur und Frachtführer ist der Inhalt des mit dem Versender (Absender) geschlossenen Vertrages entscheidend.[430]

- Ein Frachtvertrag liegt vor, wenn nach dem Vertragsinhalt der „Spediteur" nicht nur zur Besorgung der Versendung, sondern zur Durchführung des Transports selbst verpflichtet ist.

  Ist jemand selbst zur Durchführung des Transports verpflichtet und schaltet er dabei Frachtführer ein, so wird er nicht zum Spediteur, sondern er bleibt Frachtführer, die von ihm verpflichteten Personen sind Unterfrachtführer.

- Beim Speditionsvertrag ist dagegen zwischen den Parteien vereinbart, dass der Spediteur nur die Versendung besorgt und nicht zur Durchführung des Transports verpflichtet ist.

  Auch wenn der Spediteur den Transport dann aufgrund seines Selbsteintrittsrechts selbst durchführt, bleibt er Spediteur, er hat nur hinsichtlich der Beförderung die Rechte und Pflichten eines Frachtführers oder Verfrachters (§ 458 S. 2 HGB).

II. Rechte und Pflichten des Spediteurs

377 Der Spediteur ist in erster Linie verpflichtet, „die Versendung des Gutes zu besorgen". Er erbringt eine Organisationsleistung, die die Bestimmung des Beförderungsmittels und des Weges, die Auswahl der ausführenden Unternehmer und die Anspruchssicherung umfasst (§ 454 HGB).

430 K. Schmidt § 33 IV 1, S. 964; OLG Düsseldorf NJW-RR 1996, 26; OLG Düsseldorf VersR 1994, 1254.

Regelmäßig werden zwischen den Parteien des Speditionsvertrages die Allgemeinen Deutschen Speditionsbedingungen (ADSp) als Allgemeine Geschäftsbedingungen vereinbart.[431]

Praktisch wichtig, insbesondere für die Haftungsfrage, sind die Versicherungspflichten. ADSp 29.1 verpflichtet den Spediteur zum Abschluss einer Speditionsversicherung zur Deckung von Schäden, die auf Speditionsfehlern beruhen. Zum Abschluss einer Transport- und Lagerversicherung ist der Spediteur dagegen nur bei besonderem Auftrag verpflichtet, ADSp 21.1.

378 Nach § 461 HGB haftet der Spediteur im Wesentlichen wie ein Frachtführer. Für das Verschulden „seiner Leute" und Erfüllungsgehilfen haftet er gemäß § 462 HGB. Die vom Spediteur beauftragten Frachtführer sind allerdings keine Erfüllungsgehilfen des Spediteurs, denn sie erfüllen nicht die Verbindlichkeit des Spediteurs gegenüber dem Versender, sondern ihre eigene Verbindlichkeit dem Spediteur gegenüber.

E. Das Lagergeschäft, §§ 467 ff. HGB

379 Nach § 467 Abs. 1 HGB verpflichtet der Lagervertrag den Lagerhalter, das Gut gegen eine Vergütung **zu lagern** und **aufzubewahren**. Dies ist mehr als die bloße Bereitstellung von Lagerraum (Miete). Der Lagerhalter muss das Gut grundsätzlich in seinen eigenen Lagerräumen (§ 472 Abs. 2 HGB) ordnungsgemäß unterbringen, es in seinem wirtschaftlichen Bestand gegen Verlust, Beschädigung und Zugriff Dritter sichern und es regelmäßig kontrollieren.[432] Weiter ist er gemäß § 471 Abs. 2 HGB verpflichtet, den Einlagerer zu unterrichten und Weisungen einzuholen, wenn nach der Einlagerung Veränderungen an dem Gut entstanden oder zu befürchten sind.

Der Einlagerer ist verpflichtet, die vereinbarte Vergütung zu zahlen. Ihn treffen gemäß § 468 HGB Hinweis- und Unterrichtungspflichten, wenn gefährliches Gut eingelagert werden soll.

8. Abschnitt: Der Kaufmann im Zivilprozess

A. Gerichtsstand

380 Kaufleute können nach § 38 Abs. 1 ZPO die Zuständigkeit eines an sich unzuständigen Gerichts vertraglich vereinbaren.

Beispiel: Kaufmann A aus Berlin und Kaufmann B aus München schließen einen langfristigen Handelsvertrag über verschiedene gemeinsame Projekte. In dem Vertrag vereinbaren sie, dass für Streitigkeiten aus dem Vertragsverhältnis die Gerichte in Hamburg zuständig sein sollen. Keine der Parteien ist in Hamburg ansässig oder auch nur tätig. Die Regelung soll gewährleisten, dass keine Partei einen „Heimvorteil" in einem Rechtsstreit hat.

Eine solche **Gerichtsstandsvereinbarung** („Prorogation") kann sowohl durch Einbeziehung entsprechender AGB[433] als auch durch ein kaufmännisches Bestätigungsschrei-

---

431 Die aktuellen ADSp finden sich auf der Internetseite des Deutschen Speditions- und Logistikverband e.V.: www.dslv.org/dslv/web.nsf/id/pa_de_adsp.html.

432 Oetker/Paschke § 467 Rn. 17 ff.

433 BGH NJW 2004, 3706.

ben[434] erfolgen. Voraussetzung ist indes, dass alle an dem Rechtsstreit beteiligten Parteien Kaufleute, juristische Personen des öffentlichen Rechts oder öffentlich-rechtliche Sondervermögen sind. Eine bereits vor dem Entstehen einer Streitigkeit geschlossene Gerichtsstandsvereinbarung mit einem Verbraucher oder nichtkaufmännischen Unternehmer ist unwirksam.[435]

Beispiel: Kaufmann K mit Sitz in Frankfurt a.M. betreibt ein bundesweites Netzwerk von Fitness-Studios. K möchte vermeiden, dass Kunden am Ort des jeweiligen Fitness-Studios klagen können und regelt deshalb in den AGB der Fitnessstudios, dass ausschließlicher Gerichtsstand Frankfurt a.M. sein soll. Diese Klausel ist unwirksam, weil die Voraussetzungen des § 38 ZPO nicht erfüllt sind.

Daneben können Kaufleute durch Vereinbarung den vertraglichen Erfüllungsort be- **381**
stimmen und dadurch den besonderen Gerichtsstand des Erfüllungsortes (§ 29 ZPO) festlegen.

B. Kammern für Handelssachen

An den Landgerichten können nach §§ 93–114 GVG besondere **Kammern für Handels- 382**
sachen (KfH) gebildet werden. Diese sind nach § 94 GVG anstelle der regulären Zivilkammern zuständig für die in § 95 GVG genannten Handelssachen, insbesondere für Klagen gegen einen im Handelsregister eingetragenen Kaufmann aus einem beiderseitigen Handelsgeschäft (§ 95 Abs. 1 Nr. 1 GVG). Die Verhandlung eines Rechtsstreits vor der Kammer für Handelssachen kann in der Klageschrift durch den Kläger (§ 96 Abs. 1 GVG) oder durch den Beklagten (§ 98 Abs. 1 S. 1 GVG) beantragt werden.

Die Kammern für Handelssachen entscheiden in der Besetzung mit einem Mitglied des **383**
Landgerichts als Vorsitzenden und zwei ehrenamtlichen Richtern, § 105 Abs. 1 GVG. Ehrenamtliche Richter („Handelsrichter", § 45 a DRiG) sind in der Regel erfahrene Kaufleute, § 109 Abs. 1 Nr. 3 GVG.

Aktuell befindet sich der Entwurf eines Gesetzes zur Einführung von Kammern für internationale Handelssachen im Gesetzgebungsverfahren.[436] Dadurch sollen besondere Kammern eingerichtet werden, die Verfahren über internationale Handelssachen in englischer Sprache durchführen können. Dies scheitert nach geltendem Recht an § 184 GVG und wird allgemein als Wettbewerbsnachteil der deutschen Justiz angesehen – mit der Folge, dass bedeutende wirtschaftsrechtliche Streitigkeiten entweder im Ausland oder vor Schiedsgerichten verhandelt werden.

434 BGH NJW 1971, 323.
435 Musielak/Voit/Heinrich § 38 Rn. 10.
436 BT-Drucksache 19/1717.

Stichwortverzeichnis

Die Zahlen verweisen auf die Randnummern.

RÜ
Ihre Examensfälle von morgen
RechtsprechungsÜbersicht
Ihre Examensfälle von morgen – schon heute in der RÜ!
Von erfahrenen Repetitoren ausgewählte Entscheidungen im Gutachtenstil gelöst. Genau so, wie Sie den Fall in Ihrer Examensklausur lösen müssen!
Probeheft bestellen unter: as.info@alpmann-schmidt.de